农业产业化发展读本

齐亚菲 编著

中国建材工业出版社

图书在版编目（CIP）数据

农业产业化发展读本／齐亚菲编著. —北京：中国建材工业出版社，2016.12（2022.1重印）

ISBN 978-7-5160-1572-8

Ⅰ.①农… Ⅱ.①齐… Ⅲ.①农业产业化－中国 Ⅳ.①F320.1

中国版本图书馆CIP数据核字（2016）第230964号

内 容 提 要

我国农业产业化正在蓬勃发展之中，亿万农民的大胆创造，各地千差万别的特点，都将使这种经营方式不断得到丰富和完善。本书编者更多地深入农村，总结经验，探索规律，意在指导实践，为实现农业现代化多做贡献。

本书共分十三章，内容包括：农业产业化发展概论、农业产业化与农地流转、农业产业化经营、农业产业化契约安排和农地流转、各地农业产业化发展经验与财政支持政策、农地入股与股份制合作社的实践、农业产业化龙头企业成长影响的实证分析、规模连片经营与土地使用权的集中、农业产业化龙头企业绩效的影响因素分析、重庆北碚区在农业产业化和农地流转方面的实践、我国实施农业标准化的意义及形势、农业标准化与国际贸易、国外农业产业化发展经验与财政支持政策。

本书可作为农民大学专科学历教育教材和农村干部培训教材，亦可供广大农村干部和具有中等以上文化程度的农民自学使用。本书亦适合农业经济、产业经济等相关专业的高校师生以及专家学者、政府官员参考阅读。

出版发行：中国建材工业出版社
地　　址：北京市海淀区三里河路1号
邮　　编：100044
经　　销：全国各地新华书店
印　　刷：大厂回族自治县益利印刷有限公司
开　　本：710×1000　1/16
印　　张：14
字　　数：240千字
版　　次：2016年12月第1版
印　　次：2022年1月第2次印刷
定　　价：26.80元

本社网址：www.jccbs.com　微信公众号：zgjcgycbs

PREFACE

前　言

农业产业化是推进农业现代化的重要途径，是农业体制的创新和生产经营方式的变革，是在巩固家庭联产承包责任制的基础上，把小生产变为大生产，实现农业规模化、集约化、企业化经营的有效途径，也是农村稳定，农业增效，农民增收的有力措施；扶持、引导扩大农民加快传统农业向现代农业转型，走农业产化之路，是当前农村工作重中之重。

虽然近几年发展农业产业化集群取得较大成绩，但还有一些突出问题亟待解决。一是部分龙头企业以获得最大利润为目的，不能与农户形成利益共同体和建立风险共担的利益机制，起不到很好的带动作用。二是缺乏与龙头企业、农户连接的标准制定、技术服务、农资供应、产品回收的行业组织，龙头企业不可能直接与一家一户建立产销合同，需要有一个中介组织进行连接。三是基地建设需进一步加强，规模化、标准化和质量安全有待进一步提升。四是产业化集群链条短，产业化集群是一个产供销、农工商为一体的产业链条，加工、物流、市场等体系还不太完善，需要进一步延链补链。

农业产业化作为一种崭新的来自于实践的农业生产经营组织形式，它的产生和发展有着其内在理论基础和客观必然性，实践呼唤着理论指导，理论的深化必将加快农业产业化的健康发展，编者从农业产业化发展的丰富实践活动入手，力图使实践上升为理论，从中探索农业产业化的发展规律。农业要发展，农村要繁荣，农民要富裕，只能是在改革上寻求突破，在创新上增添动力。

在新阶段推进社会主义新农村建设、发展现代农业，必须以提高农民收入为根本出发点，以农业产业化经营为突破口，以提高农业竞争力为主线，优化农村产业结构，立足于创新经营模式和机制、改善农业发展环境。既要转变农业发展方式，又要完善农业经营制度，更要调整工农业关系和城乡关系。

本书系统地总结了农业产业化的基础知识、理论成果以及实践经验，深入总结探讨我国农业产业化发展的理论与实践，提出相应的对策与政策建议，为推动我国农业产业化跨越式发展提供理论依据、经验借鉴和决策参考。本书内容丰富，结构合理，具有较强的实用性、新颖性和针对性。

本书在编写过程中，参阅了大量专业的书籍和资料，在此对相关作者表示诚挚的感谢。因编写时间紧，加之编者水平有限，难免有疏漏之处，敬请读者在阅读和使用中多提宝贵意见，以便进一步丰富和完善。

编　者

2016年8月

CONTENTS

目 录

第十二章 农业标准化与国际贸易

第十三章 国外农业产业化发展经验与财政支持政策

第一章　农业产业化发展概论

第一节　农业产业化的概念与意义

我国农业产业化发展的构想要追溯到20世纪80年代中后期。1986年山东省枣庄市首先试行了农民养羊、农行贷款、工厂贴息和建立基地、搞好服务、完善购销合同、厂农挂钩的办法，在市场经济条件下，初步探索出了一条通过利益调节，进行农工商、产加销一体化经营的路子。1990年以后，这种农村经济发展模式在河南、安徽、江西、河北、浙江等省相继出现。同时，随着农业产业化的兴起，学术界对农业产业化逐步开展研究，给出许多不同的定义。

一、农业产业化的概念

农业产业化是以国内外市场为导向，以提高经济效益为中心，对当地农业的支柱产业和主导产品，实行区域化布局、专业化生产、一体化经营、社会化服务、企业化管理，把产供销、贸工农、经科教紧密结合起来形成“一条龙”的经营模式。

从农业产业化形成的雏形及农业产业化的概念来看，农业产业化包含四层意思：第一，农业产业化发展要以市场为导向，根据市场需求将农业生产、加工、贸易等诸多环节与市场需求紧密结合；第二，实行种植养殖业、加工、产供销、农工贸易于一体的产业化经营，第三，保障农产品销售渠道畅通，促进农业增收；第四，体现生产专业化、布局区域化、经营一体化、服务社会化、管理企业化。实际上是按照社会主义市场经济体制的要求，全面地、系统地提高农业和农村经济的战略思想和实际运作。简言之，农业产业化的实质是当前农业及农村经济发展的一种经营模式。

农业产业化是以市场为导向，以效益为中心，依靠龙头企业带动和科技进步，对农业和农村经济实行区域化布局、专业化生产、一体化经营、社会化服务

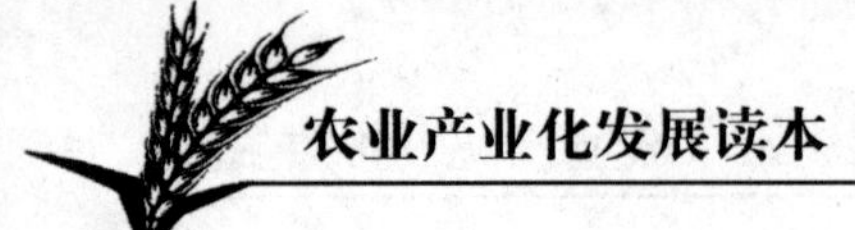

和企业化管理，形成贸工农一体化、产加销一条龙的农村经济的经营方式和产业组织形式。简言之，就是指在改造传统的自给半自给的农业与农村经济和市场接轨的条件下，在家庭经营的基础上逐步实现农业生产的专业化、商品化和社会化经营管理。其基本类型主要有：市场连接型、龙头企业带动型、农科教结合型、专业协会带动型。农业产业化的本质特征为：一是市场化，市场是农业产业化的原始动力；二是专业化，其生产、加工、管理、市场等均应实施专业化；三是集约化，实行集约化生产和管理，改变粗放经营模式，以求得规模效益；四是社会化，建立健全全方位、多层次、多功能的社会服务体系；五是一体化，即种养加、产供销、贸工农一条龙。

二、农业产业化发展应遵循的原则

（一）科技优先原则

科技创新是推进产业化经营快速发展、促进产业优化升级的动力之源。农业产业化的发展归根到底要靠科技进步和劳动者素质的提高。科技优先就要求企业优先做好科研攻关，采取产、学、研一体化发展，积极开展科技成果的推广与应用，带动整个产业链的发展。同时，要以技术为主线，不断向生产全过程扩展，形成自我服务、自我发展的生产经营体系。

（二）非均衡发展原则

迅速壮大龙头企业群，要避免建设上“平面推进”，重点在经济实力和技术实力相对雄厚、资源优势明显的地区进行布局和建设，实现重点产业或区域突破，带动整个产业发展。

（三）大农业经济原则

农业产业化的出现打破了传统农业的观点，实现向多种经营、整个区域经济延伸。在推进农业产业化时，实施科学种田、集约经营、提高单产、增加总产。要树立大农业经济观念和改革创新意识，破除传统、狭隘的小农经济意识。应用股份制和股份合作制，通过资金、土地、技术、设施、物资、品牌等入股，大力发展集团经济，使生产诸要素配置更加合理，形成更粗、更长的产业化链条。

（四）以市场为导向原则

要充分发挥市场配置资源的基础性作用，按照市场需求开发项目、组织生产，实现生产要素的优化组合。农业产业化是在市场经济条件下，解决当前一系列制约农业和农村经济发展深层次矛盾和问题的必然选择，是区别于传统农业生产方式和组织形式的一种新机制。市场机制的发挥是农业产业化发展的决定性因素。以市场为中心，建立健全市场体系，积极推动引导农民和农业产业化组织把握市场脉搏，抢抓市场机遇，提升产业效益。

（五）特色优先原则

在资源优势明显的地区，尤其是生态脆软的中西部地区，农业产业化要十分注重走特色化发展道路。产业结构调整要立足于实际，因地制宜，合理布局。特色产品要发展壮大，提升产品竞争力。

（六）可持续发展原则

可持续发展是关系到子孙后代生存发展的百年大计。农业产业化发展一定要正确处理好发展速度、资源开发力度和环境承受能力三者之间的关系。严格执行项目准入制度和环境影响评价制度，坚决关停严重破坏生态环境的涉农企业。在生态功能保护区或生态脆弱区，实行优化开发；在生态环境严重退化和受保护区域范围内实行限制开发。同时，要大力推行生态农业和清洁生产模式，积极发展无公害产品、绿色食品和有机食品。实现经济效益、生态效益和社会效益的统一。

三、农业产业化发展的战略意义

（一）农业产业化发展，促进“三农问题”的解决

农业产业化经营实质就是发展特色经济和规模化经济，发展农产品精深加工，拉长农业产业链条，把企业经营引入农业领域，解决市场经济条件下农民面临的就业难和“小生产、大市场”的矛盾。利用技术、资金、人才和市场的结合，激活区域内的劳动力以及土地等资源，使农民增产增收。农业产业化经营模式中农户按龙头企业的订单生产，龙头企业搞加工转化增值，并在加工、流通等环节对农民进行二次分配，提高了农业的综合效益，成为增加农民收入的重要途径。走农业规模化经营道路，提高农业的比较效益，有利于解决现阶段农民增收难的问题。

（二）农业产业化在新农村建设中发挥积极的作用

1. 提高农户技术水平。

我国农业要走向现代化需要解决农业技术、市场信息、投资进农村难和农产

品与富余劳动力出农村难的现状。发展农业产业化经营就是通过龙头企业、农民合作经济组织把农业实用技术带到农村去传授给农户。培训新型农民，提高农民政策水平和科技文化素质，进一步提高广大农民建设新农村的本领，促进农村生产力水平的提高。

2. 推进农村体制创新。

新农村建设的目标要求基层农村体制创新。农业产业化发展既符合党的基本政策，又符合现代农业发展方向。这种经营模式坚持了农村土地家庭承包责任制不动摇，发展龙头企业和农民的专业合作，延伸了农业产业链条，促进区域经济、规模经济的发展，是农业土地规模化经营的体制创新。

3. 提高农业市场化程度。

农业产业化经营有利于千家万户小规模经营进入统一的大市场，提高农业市场化程度。

4. 推进传统农业向现代农业转变。

农业产业化经营用现代科学技术和装备武装农业，加快农业科技进步，推进传统农业向现代农业转变。

（三）有利于合理开发利用自然资源，保护生态环境

农业产业化经营，其生产经营活动的区域化、专业化、规模化程度较高，有利于从总体上合理配置自然资源，便于环境保护监督管理，做到“靠山养山、靠田养田、靠水养水”，实现资源永续利用，保护生态环境。

（四）有利于解决新时期面临的农业资源和市场需求的双重约束

市场对农产品多样化、优质化的要求愈益旺盛，按照传统方式生产的质次农产品与市场需求脱节，通过农业产业化经营，按照市场需求进行农产品加工，并根据加工工艺的需求组织农产品原料生产，把市场信息及时传递给农户，促进农民调整农业生产结构。这样既解决了农产品供需之间结构不对称的矛盾，又可使农产品转化增值，提高了资源利用效率。

第二节　我国农业产业化的发展历程

农业产业化最早产生于20世纪50年代的美国，并迅速传入西欧、加拿大等西

方发达国家。西方国家农业产业化发展道路大多是从农业生产的专业化逐步走向产业化的发展模式。这些国家的农业产业化是以工业化向纵深发展为基础，种、养、畜、加等分工细化，从种、养业的专业化向农畜产品加工的专业化发展，由此走上农业经营的企业化、农产品生产购销的一体化、农业服务的多元化和农产品利益的共享化，即农业产业化经营的道路。

我国农业产业化产生的背景与西方国家不同。我国农业产业化的产生与发展是农村改革的产物，它以家庭承包经营制度为基础，伴随着农村改革不断深化、农业产品商品化程度不断加强、市场化机制不断成熟与完善，在农业和农村经济发展道路的探索过程中逐步产生，并不断发展壮大。党的十一届三中全会后确立的农村家庭承包经营制度为农村经济发展与改革打下了基础。家庭联产承包责任制极大地解放了农村生产力，促进了农村商品经济发展和农产品流通体制逐步改革。随着商品经济的发展，多种经营的开展，促进了农业结构的调整、乡镇企业及农产品加工业的发展。农产品流通渠道、流通环节的变化，专业批发市场的兴起，农业中介服务组织的产生与发展，促进了农业产业化的快速发展。从农业产业化发展的历程来看，我国农业产业化发展大致经历了三个阶段。

一、孕育阶段

从20世纪70年代末期到80年代中期是我国农业产业化的萌芽时期。农村家庭联产承包责任制的推行，解放了农村生产力，使农民生产积极性大大提高，农业出现大发展。农业丰收，全国粮、棉、油等主要农产品总产量连年上升，农村经济活跃起来。同时，乡镇企业、农产品加工企业也快速发展起来，农村产业结构不断发生变化。农业和农村经济的改革与发展，促进了农村商品经济、农业多种经营和二、三产业的发展，一批农业专业户、种粮大户、种养殖户和乡镇企业相继崛起。农业商品剩余和农业种植结构的变化促进了农产品大量交易和流通。这时，小农户与大市场的矛盾日趋严重，农业效益低、抗御市场风险弱的矛盾也日益突出。在实践上解决这些矛盾的农——商、农——工、农——贸等合作组织相继产生，逐步形成了产加销一条龙、农工商一体化的新型农业发展模式。

二、产生阶段

我国农业产业化形成于20世纪80年代中期到90年代初期。1983年我国彻底废除了人民公社，在全国普遍推行家庭联产承包责任制度。农村劳动生产力进一步

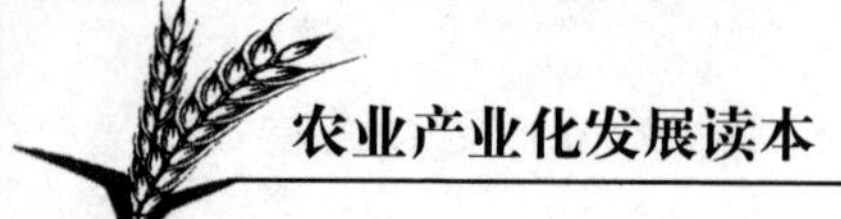

全面解放，随之而来的是小规模农户生产与市场经济的矛盾日趋显露出来。随着农产品流通体制的改革和农业市场化程度的提高，农村经济体制改革越来越受到整个经济体制改革的影响。在东部经济发达地区，农业开始由原来单纯的种、养结构，向加工、营销等环节延伸，发展高产、优质、高效农业。到了20世纪90年代初期，我国农业产业化经营在农业生产实践中初具雏形。

三、发展阶段

1992年邓小平南巡讲话和党的十四大召开，确立了我国社会主义市场经济体制。在经济发达地区，传统农业向现代农业快速转化。这一时期，农业生产形势发生了较大变化，农产品生产供给有余，农户小生产与大市场矛盾突现。1993年山东省潍坊市率先提出“依靠龙头带动，确立主导产业，发展规模经营”的思路。1994年4月25日《人民日报》发表《论农业产业化》的署名文章后，农业产业化成了全国农村经济发展的热点。1995年12月11日《人民日报》社论《论农业产业化》阐述了农业产业化的概念和内涵。1996年中央2号文件提出要发展贸工农一体化经济。1997年，艾丰在总结山东潍坊区域农业发展先进经验的基础上，提出“农业产业一体化”“产加销一条龙”“农业企业化”等提法。第八届全国人大第四次会议通过的《国民经济和社会发展“九五”计划和2010年远景目标纲要》中也有类似的提法。1998年10月，第十五届三中全会上中央对农业产业发展给予了肯定。

1999年2月，在南京市召开了“全国农业产业化办公室主任工作会议”，部署了建立农业产业化经营运行监测体系等中心工作。同年6月，农业部农业产业化办公室与人民日报社经济部在郑州市联合召开了“农业产业化龙头企业研讨会”，万宝瑞副部长出席，并作了题为“适应农业新阶段，推进农业产业化”的专题报告，深刻阐述了农业产业化经营的意义、特点和应处理好的几个关系，特别是要处理好领导支持与尊重群众创造的关系、发挥市场机制作用与加强宏观调控的关系、龙头企业与农户的利益关系、农业产业化经营与发展乡镇企业、小城镇建设的关系等。

进入21世纪以来，我国农业和农村经济结构进入战略性调整期，国家制定一系列支农、惠农政策。这一时期也是进入改革开放以来民营经济发展最好的历史时期，一大批民营企业成长了起来。各级政府进一步加大了对农业产业化经营的支持力度，纷纷出台扶持政策和推进措施，农业产业化发展促进农民增收获得的成效越来越显著。2009年6月，农业部农业产业化办公室和人民日报社经济部在安徽淮北联合举办了“推进农业产业化促进农民增收座谈会”。农业部副部长陈晓华在会上讲话时强调，要大力推进农业产业化经营，努力促进农业稳定增长、农民持续增收。据介绍，2008年我国各类农业产业化组织总数达到20.15万个，带动农户9 808万户，农户参与产业化经营年户均增收1 797元，分别比2007年增加17.4%、3.1%和9%，各类产业化组织从业人数4 701.81万人，比上年增长12.4%。可见，农业产业化经营在国家政策的大力支持下，各种产业化基地建设加快，农民获益面和获益量增大，一大批国家级和省级重点产业化龙头企业脱颖而出，民间中介组织进一步发展，订单农业迅速兴起，农业产业化经营正进入蓬勃发展阶段。

第三节　农业产业化发展的理论基础

我国农业产业化来自于农业生产实践，是在市场经济条件下，在土地家庭承包改革中产生的农业发展模式，其产生与发展也遵循一定的理论基础。

一、产业组织理论

产业组织理论（Industrial Organization）是研究市场在不完全竞争条件下的企业行为和市场构造，是微观经济学中的一个重要分支。它是以特定产业内部的市场结构、市场行为和市场绩效及其内在联系为主要研究对象，以揭示产业组织活动的内在规律性，为现实经济活动的参与者提供决策依据，为政策的制定者提供政策建议为目标的一门微观应用经济学，其理论渊源可追溯到马歇尔的经济理论。该理论的研究目的是寻找最有利于资源合理分配的市场秩序和充分发挥价格机制功能的现实条件。在产业组织论者看来，垄断是一定市场结构中的各种市场行为产生的一种市场效果，影响市场结构和市场行为的主要因素是产品的差别化，新企业的进入壁垒，市场需求的增长率，企业的价格政策、产品政策、压制竞争对手的政策等。每个企业都追求规模经济，而每个产业的市场规模都不是无限的。这样，有限的市场规模和企业追求规模经济所产生的市场行为都会使市场

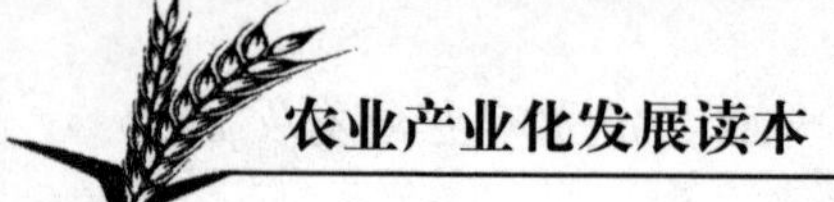

结构趋向垄断。垄断的形成则会使少数企业通过企业间的合谋、默契、领导价格制和构成卡特尔等形式控制产业价格，形成扼杀竞争的垄断价格，破坏价格在合理分配资源上所起的作用，阻碍资源随供求关系移动，引起资源分配的“X非效率”，减弱企业改善经营管理和推动技术革新的动力，最后造成经济发展的停滞。因而，为了获得理想的市场效果，需要国家通过制定产业组织政策干预产业的市场结构和市场行为，通过降低卖者的集中度、减少进入壁垒、弱化产品差别化趋势、控制市场结构和通过反托拉斯法控制市场行为等抑制垄断的弊端，维护合理和适度的竞争秩序。现代产业组织理论在相当程度上依靠博弈论，其主要内容包括：市场的构造和组织，技术和市场构造，营销和信息的作用。其中市场的构造和组织的市场形式包括：完全竞争、垄断性竞争、垄断、寡头，以及产品的差别化、产业集中度、兼并、进入壁垒等。技术和市场构造包括研究开发、兼容性、标准，营销包括广告、产品质量、耐久期间、保障、定价战术、市场战术、价格差异化等；信息的作用包括政府补贴、政府管制、搜寻理论等。

产业组织理论是20世纪30年代以来在西方国家产生和发展起来的。最早的产业组织理论见于哈佛大学的梅森（E·Mason）教授和其弟子乔·贝恩（J·Bain）的相关研究中。马歇尔为产业组织理论的形成起到了重要的奠基作用。马歇尔（Marshall，1890）在《经济学原理》一书中将组织和劳动、资本、土地一样看做是生产要素。马歇尔认为垄断在一定程度上阻碍了资源优化配置，降低了社会福利，但是垄断不是经济运行中的常态，垄断最终是要回复到完全竞争状态的，在长期发展中市场价格机制的自发作用能够实现资源的最优配置。1933年，罗宾逊（Robinson）和张伯伦（Chamberlin）分别出版了《不完全竞争经济学》和《垄断竞争论》，指出现实中的市场结构并不是完全竞争的，而是处于垄断竞争状态。在政策主张上，他们都认为应当实施政府干预政策来保证市场竞争的有效性。

随着产业组织理论的发展，西方产业组织理论在发展过程中出现不同的学派，如哈佛学派（Harvard School）、芝加哥学派（Chicago School）和新产业组织理论（New Industrial Organization）。哈佛学派的产业组织理论发起人是哈佛大学的梅森（E·Mason）教授和其弟子乔·贝恩（J·Bain）。1959年，乔·贝恩所著的第一部系统阐述产业组织理论的教科书《产业组织》出版，标志着哈佛学派正式形成。哈佛学派以实证的截面分析方法推导出企业的市场结构、市场行为和市场绩效之间存在一种单向的因果联系。市场结构的机密程度决定了企业的市场行为方式，而市场行为方式又决定了企业市场绩效的好坏。即产业组织理论特有的“结构——行为——绩效”（structure-conduct-performance）分析范式，简称SCP。SCP分析范式，为早期的产业组织理论研究提供了一套基本的分析框架。20世纪70年代后期开始，以斯蒂格勒（Stigler）为代表的一些芝加哥大学学者在对哈佛学派的观点进行抨击的过程中，逐渐形成了产业组织理论的“芝加哥学派”。进入20世纪80年代以来，随着各国经济的外向型发展，世界经济一体化发展和国际经济贸易往来活动的加强，巨型跨国企业集团已成为现代产业结构的一个重要特征，西方国家的产业组织政策也日益向保护本国企业在国际竞争中的优势地位方面倾斜。在这样的背景下，产业组织理论领域发生了若干深刻的变化，提出了一系列新的理论和主张。

（1）策略性行为（Strategic Behavior）理论。该理论主要包括影响未来市场需求函数与成本函数的策略性行为和影响竞争者对事件估计信念的策略性行为。核心内容是寡头竞争企业的策略性行为。

（2）可竞争市场理论。代表人物主要有鲍莫尔（Baumol）、潘萨尔（Panzar）和威林（Willing），代表性作品如《可竞争市场与产业结构理论》。该理论认为：只要市场是完全（或近似完全）可竞争的，潜在的竞争压力就会迫使任何市场结构中的企业采取竞争行为。政府应当放弃反垄断政策，并放松对某些垄断性行业的政府管制。

（3）交易费用理论。代表人物科斯（Coase）、威廉姆森（Williamson）、阿尔钦（Alchian）等人。该理论认为企业的边界不单纯由技术因素决定，而是由技术、交易费用和组织费用等因素共同决定，其主要观点为：①借助于资产专用性、有限理性和机会主义等概念，认为当市场交易活动产生的交易费用大于企业内部的组织费用时，企业规模应当扩大，企业之间应当实行兼并、联合；反之，企业规模应当缩小。②指出企业组织也是对资源进行配置的一种合理、有效的方式，企业组织这只“看得见的手”和市场机制这只“看不见的手”共同参与对资源的配置。

（4）企业代理理论。集中探讨代理人目标偏离及其治理问题。如“现代企业外部约束机制”理论和“企业融资约束机制”理论。

（5）企业产权理论（GHM理论）。格罗斯曼和哈特（Grossman and Hart）、哈特和莫尔（Hart and Moore）被合称为GHM理论，构成了产权理论

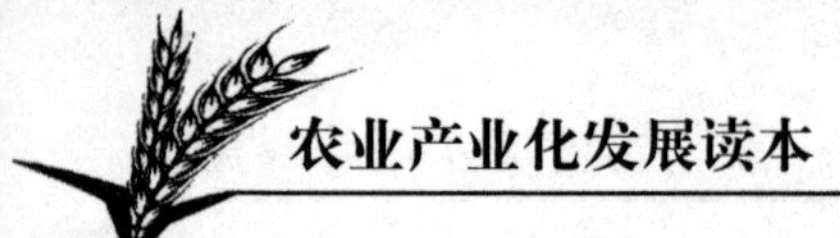

（Property-Rights Theory，PRT）。

二、比较效益理论

比较效益是指农业效益与工业效益之比较。在传统的农业生产方式下，我国农业经济在生产过程中的初级原料性产品生产、加工和深度加工、购销、服务等活动相互脱节，农业的产前、产中、产后环节严重脱节，并分归不同的行政部门管理，破坏了农业作为产业系列所应包括的各个环节间的内在联系，割断了农业生产环节与其前、后环节本应密切联系的利益分配关系，从而大大降低了农业比较效益。在农业产业化经营中，将农业产前、产中、产后各个环节联结起来形成一个完整的产业链条，同时把分散的农户与市场联系起来，实行生产、加工、销售、服务一体化经营，开展专业化、规模化、社会化生产，充分发挥组织协同和产业协同效应，加快农业技术的引进、推广和应用，提高农民素质，从而增加农业产业的市场竞争力，提高农业比较效益。

农业产业化经营提高农业比较经济效益是通过以下途径实现的。第一，农业产业化经营是通过降低农用生产资料的价格及其购置的交易、运输成本，降低其来源价格。农业产业化经营组织通过向农业生产产前环节的延伸，实现农业生产服务社会化，把分散农户零星的生产资料购置转化为批量购置，可以享受供货方的批发甚至出厂价格优惠以及送货上门服务，降低农用生产资料直接价格，并节约运输成本，省去分散农户零星购置的信息搜集、谈判和交易成本，从而使农用生产资料的总体价格水平明显降低。第二，农业产业化经营实现农业规模经营，降低了农业技术引进与推广的成本和效率。第三，农业产业化经营有助于农民素质的提高。生产力三要素中首要的要素是劳动者的劳动，劳动者素质的高低是决定生产力发展水平高低的重要因素。第四，农业产业化经营可以促进农业技术创新。农业产业化经营能够降低收入流水来源价格、提高劳动者素质、推进农业科技发展、形成规划及特色化经济发展模式，从而提高农业的比较经济效益。

三、利益共同体理论

共同体又称作集体，马克思、恩格斯的《德意志意识形态》对个人利益与共同利益的关系等问题以及虚幻共同体理论有着深刻论述。共同体成员有着共同的目标、声誉、利益和行动，它强调集体的共同性或公共利益。但是，当共同体的目标、声誉或名义被某些人利用而脱离其成员的共同利益和目标时，甚至成为损害其成员利益和价值追求的东西时，便成为虚幻的共同体。农业产业化经营是由多元经济主体组成，包括龙头企业、基地农户以及其他各种途径投资入股的经济组织或个人。这些经济主体通过产业链条和利益共同体形成合力，以追求更大的经济效益，形成“风险共担、利益共享”机制，成为利益共同体。

在农业产业化经营中，利益共同体管理模式，可能是农业产业化发展的最佳管理模式。因为企业是一种功利组织，企业为谁谋利益的问题必须解决，否则企业不可能长远发展。农业产业企业也不例外，它更需要解决为谁谋利益的问题。农业产业企业不仅要解决企业员工、各种入股人的经济利益问题，还要解决农产品原料供给者——基地农户的利益问题。虽然企业不具有承担解决农民致富增收的社会责任，但是农产品加工销售企业，如若想得到充足的源源不断的高质量的农产品加工原料，就必须通过基地农户入股、协议等形式，将农户纳入到企业利益共同体中来，降低基地农户的风险，保障基地农户利益，形成稳固的经济利益共同体，从而获得农户的长期支持与合作。

龙头企业和基地农户以及其他经济体形成稳固的经济利益共同体，实现公司双赢或多赢局面，农业企业就必须保障各参与主体对农业产业化经营系统的投入（劳动、资金、技术、产品、知识、专利）和他们在其中的资产产权得到承认，并从中获得合理的收益和回报。保障利益共同体的权益需要通过健全的制度，即需要逐步完善组织保障、制度保障、“非市场安排”、利益分配机制和运营约束机制。这五大制度建设，形成经济共同体的基本制度框架。其中“非市场安排”是农业产业化经营的特殊服务机制，是龙头企业与基地农户之间的特殊利益关系，其主要内容包括龙头企业提供给基地农户的资金支持、无偿或低偿服务、低价供应或赊销生产资料、保护价格、风险基金制度等。只有企业通过各种保障机制与基地农户结成了利益共同体关系，农业产业发展才算真正实现了农业产业化经营。

四、区域发展理论

从20世纪50年代起以区域经济增长为核心的区域经济发展理论开始大量出现，并日趋完善，主要包括经济均衡增长理论和非均衡增长理论。均衡增长理论认为，发展中国家脱离贫困的唯一途径是大力发展工业，将资金同时并全面地投资于工业、农业、消费品生产、资本生产等各个国民经济部门，这样才能彻底改变落后的经济结构，为投资规模的扩大、经济的增长创造条件。均衡增长理论过分强调计划性均衡增长的重要性，在现实中因受到资源不足、资金短缺、技术落后、管理滞后等多种因素的限制，使其在指导经济发展中缺乏现实基础。区域经济非均衡增长理论主要代表人物有佩鲁、布代维尔、缪尔达尔、赫希曼和威廉姆逊等。佩鲁认为经济增长在不同的部门、行业或地区按不同速度增长，即非均衡增长。某些主导产业部门或有创新能力的企业或行业集中分布于特定的地区或大城市，形成一种资本与技术的高度集中，具有规模经济效益，自身增长速度快并能对邻近地区产生强大辐射作用的增长。布代维尔、巴佩鲁认为经济发展过程在空间上并不是同时产生和均匀扩散的，而是从一些条件较好的地区开始，一旦这些区域由于初始优势而比其他区域超前发展，这些区域就能通过累积因果过程不断积累有利因素，从而进一步强化和加剧区域间的不平衡。威廉姆逊认为在国家经济发展的起飞阶段，随着整个国家经济发展水平的提高，区际差异呈扩大的趋势，区域经济倾向于非均衡增长；起飞阶段之后，区域间的不平衡程度逐渐趋于稳定；当经济发展到成熟阶段，区际差异将逐步缩小，区域经济增长呈均衡趋势。进入21世纪以来，在新的区域发展背景下，区域发展形成了一些新理念，如整体协调发展理念、城乡一体化理念、可持续发展理念、以人为本理念等。

我国在区域发展理论上也有突出的贡献。党的十六大明确提出要加强东、中、西部经济交流与合作，实现优势互补和共同发展，形成若干各具特色的经济区和经济带，十六届三中全会提出加强对区域经济发展的协调和指导，形成促进区域经济协调发展的机制。党的十七大报告阐明了区域协调发展理论，提出了在区域协调发展中，必须注重实现基本公共服务均等化、按照形成主体功能区的要求，完善区域政策和调整经济布局，形成若干个带动力强且联系紧密的经济圈和经济带，形成辐射作用大的城市群，培育新的经济增长极等新观点。这是我国区域发展理论的最新成果。

在党的区域发展政策指引下，我国逐步建立了泛珠江三角区域合作、长三角区域经济合作、环北部湾区域经济合作、环渤海湾区域经济合作、中部地区经济合作等区域经济合作，形成了宽领域、多层次和全方位的区域合作新格局。我国东、中、西部省区相继开展了探索区域协调发展、互联互动发展、区域间优势互补、互利共赢合作的新模式。丰富的实践也有待于理论界不断总结经验，提升和发展区域经济合作和区域经济发展的新理论。未来区域经济学的研究方向应该包括学科基础理论建设和当前我国区域经济发展的前沿问题。

五、帕累托最优理论

帕累托最优（Pareto Optimum）是由意大利经济学家维弗雷多·帕累托（Vilfredo Pareto）提出来的，其基本含义是，社会无法进一步组织生产或消费，以增进某人的满足程度同时却不会减少其他人的福利，或者说，此时没有一个人的境遇能在不使别人的境遇变得更糟的情况下变得更好。帕累托最优也称为帕累托效率、帕累托改善，是博弈论中的重要概念，并且在经济学、工程学和社会科学中都有着广泛的应用。帕累托最优是指资源分配的一种理想状态，假定固有的一群人和可分配的资源，从一种分配状态到另一种分配状态的变化中，在没有使任何人境况变坏的前提下，使得至少一个人变得更好，这就是帕累托改进或帕累托最优化。即在社会成员的福利都不减少的条件下，已经无法通过生产与分配的更新安排和组合来增加任何社会成员的福利，这时就达到了资源配置的最优状态。帕累托改进是达到帕累托最优的路径和方法，是公平与效率的“理想王国”。广义上讲，帕累托效率是一种综合效率，指的是生产、消费和交易都有机地组织在一个经济系统之中的效率，是一个完全效率的概念。帕累托最优回答的是效率问题。从社会福利角度出发，用效率来评价总体经济运行有其合理性。

一般来说，达到帕累托最优时会同时满足交换最优、生产最优和产品混合最优等三个条件。其中，交换最优是对任意两个消费者、任意两种商品的边际替代率是相同的，且两个消费者的效用同时得到最大化；生产最优是对任意两个生产不同产品的生产者，需要投入的两种生产要素的边际技术替代率是相同的，且两个生产者的产量同时得到最大化；产品混合最优要求经济体产出产品的组合必须反映消费者的偏好，此时任意两种商品之间的边际替代率必须与任何生产者在这两种商品之间的边际产品转换率相同。如果一个经济体不是帕累托最优，则存在一些人可以在不使其他人的境况变坏的情况下使自己的境况变好的情形。普遍认为这样低效产出的情况是需要避免的，因此帕累托最优是评价一个经济体和政治方针的非常重要的标准。

六、信息不对称理论

信息不对称（Asymmetric Information）指信息在相互对应的经济个体之间呈不均匀、不对称的分布状态，即有些人对关于某些事情的信息比另外一些人掌握得多一些。信息不对称会造成两种后果，一种是逆向选择，另一种是道德风险。信息不对称理论是指在市场经济活动中，各类人员对有关信息的了解是有差异的。掌握信息比较充分的人员，往往处于比较有利的地位，而信息贫乏的人员，则处于比较不利的地位。信息不对称是经济领域普遍存在的一个经济现象。该理论是20世纪70年代美国经济学家约瑟夫·斯蒂格利茨、乔治·阿克尔洛夫和迈克尔·斯彭斯提出来的。2001年的诺贝尔经济学奖授予了对信息不对称理论作出开拓意义的三位经济学家。该理论认为：市场中卖方比买方更了解有关商品的各种信息；掌握更多信息的一方可以通过向信息贫乏的一方传递可靠信息而在市场中获益；买卖双方中拥有信息较少的一方会努力从另一方获取信息；市场信号显示在一定程度上可以弥补信息不对称的问题；信息不对称是市场经济的弊病，要想减少信息不对称对经济产生的危害，政府应在市场体系中发挥强有力的作用。

农业产业化经营中“公司+农户”模式最为常见。这种发展模式通过“商品契约”实现公司与农户之间的有效联结，既促进了农民增收，又满足了企业发展农产品加工销售的规模要求，给契约双方带来了利益。然而在实际运作过程中，公司与农户之间的契约不稳定，双方经常出现违约现象，影响农业产业化经营发展。由于个人的有限理性，外部环境的复杂性和未来的不确定性，信息的不对称和不完全性，会产生不完全契约。在“公司+农户”模式中，双方拥有的信息无论在数量上还是在质量上，都是完全不对等的，容易造成公司欺骗农户的行为，致使该模式发展受阻。

七、制度创新理论

国际上对创新的研究起源于美籍奥地利经济学家熊彼特（J·Schumpeter）提出的创新理论，他于1912年在其著作《经济发展理论》中首次提出“创新”概念。按照J·熊彼特的定义，创新就是建立一种新的生产函数，在经济活动中引入新的思想、方法以实现生产要素新的组合。后来人们又把创新划分为技术创新和制度创新两大类型。1971年美国经济学家L·戴维斯和D·诺斯出版的《制度变革和美国经济增长》一书中，继承了J·熊彼特的创新理论，研究了制度变革的原因和过程，并提出了制度创新模型，从而补充和发展了J·熊彼特的制度创新学说。L·戴维斯、D·诺斯认为，促成制度更新的主要因素有：（1）规模经济性。市场规模扩大，商品交易额增加，促进制度变革，降低经营管理成本，获取更多经济利益。（2）技术经济性。随生产技术和工业化的发展，城市人口增加，企业规模扩大，促使人们去进行制度创新，以获取新的潜在经济利益。（3）预期收益刚性。社会集团力量为防止自己预期收益的下降而采取的制度变革措施。

制度创新是促进农业产业化发展的重要途径，贯穿于农业产业化发展的始终。张传宗等（2000）指出，我国农业产业化的诞生和初步发展的历程本身就是农业产业化发展的制度创新及其获取创新结果的过程。我国农业产业化经营模式发展中“公司+农户”“专业市场+农户”、股份合作制、合同产销制度等都是从无到有的创新过程，也正是这些创新推动了农业产业化的发展。现在，农业产业化的深入发展所面临的困境、矛盾和问题，如企业的全面创新、提高农户的组织化程度和政府构筑市场条件等，也只有依靠制度创新来解决。

第四节 农业产业化构成要素与运行机制

一、构成要素

农业产业化是在市场经济条件下孕育而生的，是市场经济发展的产物。其构成要素除了市场之外，还有农产品生产基地、签约农户、龙头企业、契约关系、中介组织、主导产业以及社会化服务机制等。

（一）市场

所谓市场就是指商品交易关系的总和，主要包括买方和卖方之间的关系，同时也包括由买卖关系引发出来的卖方与卖方之间的关系以及买方与买方之间的关系。其含义包括：一是商品交换场所和领域；二是商品生产者和商品消费者之间各种经济关系的总和；三是有购买力的需求；四是现实顾客和潜在顾客。市场是社会分工和商品经济发展到一定阶段的必然产物，是商品经济运行的载体或现实表现。社会分工越细，商品经济越发达，市场的范围和容量就越大。市场是农业产业化形成与发展的前提条件和基础，只有具备一定的市场或较大市场发展潜力的产业，才有可能推进农业产业化经营，否则，农业产业化经营不会取得成功。根据市场性质，市场可以分为产品市场和要素市场。产品市场有本地市场、外地市场、国内市场和国外市场。我国多数农业产业化经营规模不够大，市场开发首先要立足于本地市场和国内市场，同时要注意开拓外地市场、国外市场，树立品牌意识，提高市场占有率，使产业化经营不断发展壮大。同时，产业化经营要重视要素市场的建设和开发，如果相应的要素市场发育和发展滞后，也会阻碍产业化经营的快速发展。

（二）农产品生产基地

农产品生产基地是指围绕龙头企业或市场建立的，联结众多农户形成的某种主导产业的专业生产区域和生产组织形式。它是在龙头企业的牵头下，根据企业主导产业发展的需要，将分散的小农户联合成具有一定规模的生产组织形式，是解决分散小农户无组织生产状态的重要手段之一。目前，农产品生产基地存在不同的类型，按照不同的标准，有不同的划分类型。

1. 按照农业部门来分，基地可分为种植业生产基地、养殖业生产基地、畜牧业生产基地、渔业生产基地。各种基地类型再根据各个部门农产品生产类型可以进一步细分为许多不同的类型，如种植业基地可分为玉米种植业基地、水稻基地、棉花基地、油料基地、棉麻基地、瓜果基地等。

2. 按照发起农户与生产基地联结组织，基地可以分为：①自发型生产基地，就是农户按照自觉自愿自发组织起来的生产基地。②协会型生产基地，就是由协会发起将农户与基地联结为一体的基地类型。③行政指导型基地，即在政府部门的指导倡议下建立的基地类型。④合作社生产基地，是由农业合作社发起把农户组织成规模化生产的基地类型。⑤服务组织型基地，是由社会服务组织通过社会服务管理体系把农户联系起来形成具有统一目标的规模基地。

（三）龙头企业

发展农业龙头企业是推动农业产业化发展的核心。龙头企业通过发展订单、吸纳农牧民就业、农牧民入股和通过“公司+农牧户”模式等有效的利益联结机制，在农牧民增收和就业方面起到了十分重要的作用。发展龙头企业应面向市场，依托资源优势，扩大龙头企业的规模，加大龙头企业科技创新力度和经营机制改革步伐，全力打造龙头企业品牌，积极发展外向型龙头企业，切实加强企业与农民的利益联结。政府要加大政策扶持力度，为龙头企业的快速发展创造良好的环境。做大做强龙头企业，是农业产业化发展的重要环节，要不断提升龙头企业的整体素质，使其具有较强的市场竞争能力，同时要注重龙头企业并购重组，支持具有比较优势的龙头企业通过收购、兼并、租赁、控股和承包等方式，开展跨区域、跨所有制的联合与合作，盘活资本存量，培育一批起点高、规模大、竞争力强、带动力大的龙头企业和企业集团。

（四）农户

农户是农产品加工企业原料生产的基地。在农业产业化经营中农户是产业化发展的基础，农户是产业链条的基础端，是事关企业产品质量高低的原料来源与保障。原料基地建设成功的关键点之一，是大批原料基地建设的执行者——农户，农户素质的高低是农产品原料质量的重要保障。

（五）主导产业

主导产业是在区域经济中起主导作用的产业。它是指产业产值占有一定比重，采用了先进技术，增长率高，产业关联度强，对其他产业和整个区域经济发展有较强带动作用的产业。主导产业一般对区域经济贡献较大。一方面，在国民生产总值中占有较大比重或者将来有可能占有较大比重的产业；另一方面，是能够对经济增长的速度与质量产生决定性影响的产业。因此，农业产业化经营的核心是主导产业，应围绕主导产业进行经营。

（六）契约关系

契约，俗称合同、合约或协议，就是契约参与者为达成一致意见，彼此合意、表达所有参与者所承担的责任、义务、权利的明确界定。农业产业化经营中，公司与农户签订合约或者以双方认可的方式，在明确各自权利、义务的条件下把产供销统一起来，结成利益共同体，按“利益共享、风险共担”的原则，进行农产品的生产、加工、流通，但农户与公司之间仍保持各自独立的契约关系。

（七）社会化服务体系

方先尧（2008）认为，农业社会化服务体系是指按照社会分工和协作的要求独立出来的各种农业服务组织所形成的相互联系、互为补充的服务网络的总和。它包括专业经济技术部门、乡村合作经济组织和社会其他方面为农、林、牧、副、渔各业发展所提供的服务。农业社会化服务应该向农户提供生产资料、先进的农业生产技术、农作物病虫害预报、农机维修、农业生产管理知识等，使农业服务功能逐步向综合性、专业性方向发展，促进农村经济的健康持续发展，强化农业增效、农民增收。

二、运行机制保障

农业产业化正常的发展包括龙头企业、基地农户、中介机构以及与其发展相

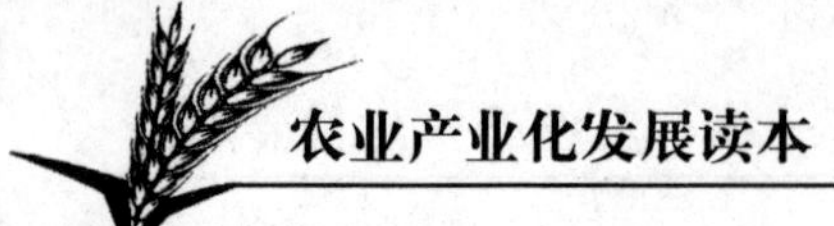

关的各种保障机制的建设与健全，这些运行机制的健康发展是农业产业化正常运行的重要的机制保障。

（一）组织机制

农业产业化发展具有一定的组织结构，较早形成的是“企业+农户”的组织形式。就是龙头企业和农户联合，形成利益共同体。龙头企业与农户之间合作关系比较松懈，约束机制不健全。农户生产和企业收购都缺乏稳定的预期，关系不稳定。这种模式主要靠龙头企业的信誉和经济实力。农户法制观念淡薄，农民组织化程度低，农户在合作中完全处于被动状态。在市场波动或行业不景气的时期，农民的利益很难得到保障。

“企业+中介组织+农户”这种组织结构相对进步。农户和龙头企业等经济主体是通过合同契约进行市场交易活动的，受到合同约束。在农户与龙头企业相对独立的生产经营中，如果企业或农户出现违约，利益难以保障时，中介组织可以独立法人的资格介入其中，维护受害者的利益，在一定程度上破解分散农户维权难的问题。

随着农业产业化的发展，适合现代农业经营理念的组织结构进一步完善。农民协会、金融风险投资、农民入股等相继形成与发展，逐步深入到农业产业化经营过程中，使得利益复杂化、组织结构合理化，与此同时，农户与企业关系越来越紧密，使企业和农户结成更为紧密的利益共同体，有利于做到“利益均沾，风险共担”。目前，农业产业化出现了合伙经营、共同出资、承包制、租赁制、股份合作制和股份制等运作形式，组织结构越来越复杂。

（二）分配机制

企业的本质是追求利润最大化。合理的利益分配机制是进一步合作和实现单个经济体追求利益最大化的重要机制。农业产业化中与利益最直接的创造者是农户和龙头企业，都是整个产业体系的价值创造者，都有追求利益最大化的动力，具有根本利益的一致性。其他各经济主体同样也有获取利益的权利与愿望，如何合理进行利益分配，主要取决于各经济体的贡献大小、创新、风险承担、垄断程度、产业化效益以及外部环境等。从我国的利益分配角度看，农户与龙头企业地位不对等，利益分配很难做到公平合理。根据国外的先进经验，发展农民合作组织介入利益分配与保障农户利益机制，极大地推进了农业产业化发展。我国农业产业化发展水平低，企业风险防范能力差，企业利润较低。这种状况下，过早、过分地强调公平，企业就会因丧失效率而难以快速发展。目前，农户利益和收入不能完全让企业来承担，还需要政府的政策扶持和补贴，农户与企业的利益实现公平分配还需要很长的一段路要走。

（三）约束机制

约束机制是指通过一定的方式对各个经济主体行为进行规范，以提高产业组织的整体功能、效率功能和抗逆功能。农业产业化经营良好的运行需要完善的约束机制，规范、约束各经济体的行为，以保障系统良性发展。农业产业化发展产业链条中各经济主体约束机制主要有四条：一靠道德，良好的道德观念是建立整个约束机制的基石；二靠自觉，就是各经济主体自觉维护产业良性发展的规则；三靠法律，农户与企业通过建立合同，共同遵守合同法；四靠资产关系，通过产权的流转和重组，建立资产关系。道德与法律结合，是两种不同的约束途径。道德是软约束，是靠人们的优良品德实现的。法律是硬约束，具有强制执行性。我国广大农民具有勤劳、朴实等优良品德，也有传统小农意识滋生的自私性，因此，建立约束机制，要考虑我们的民族特征，结合各地的民规乡约，达成共识，订立协约。同时，农业产业化发展必须面向世界，面向未来，必须通过产权流动或资产重组，融合为一个大的经济集团或经济集体，逐步建立完善的与现代企业发展相适应的约束机制。

（四）风险防范机制

农业产业化经营除了具有一般企业需要面对的各种市场风险外，还要应对农业生产的不确定性风险以及农户高弃约率的风险。因此，农业产业化经营风险较高，必须建立完善的风险防范机制。风险防范机制是农业产业化组织抗逆性能的重要标志，是产业化健康、稳定发展的前提条件。龙头企业一手连着市场，一手牵着千家万户，是转化这两大风险的有效组织形式。农业生产不确定性风险主要是自然风险。农业生产受气候、地质灾害的影响很大，一些恶劣气候条件或病虫害大爆发等都可能使农业颗粒不收。因此，防御自然风险，主要根据各地区自然灾害的特征，建立预警机制，把各种自然风险发生率和人民生命财产损失降到最低限度。农户高弃约率风险防范也很重要，在农产品市场价格高于企业收购价格时，农户可能选择将部分或全部产品卖向市场，选择弃约。农户不履约的重要原因是农户的法律意识淡薄和违约成本低。因此，要想使农户守约，必须建立完善的社会化服务体系和风险基金制度，切实维护农户的利益。对于市场风险的防范，要求龙头企业做好市场调研和预测工作，增强市场风险防范意识。

（五）宏观调控机制

宏观调控是指政府对宏观经济运行进行干预和调节，以达到一定的目标。我

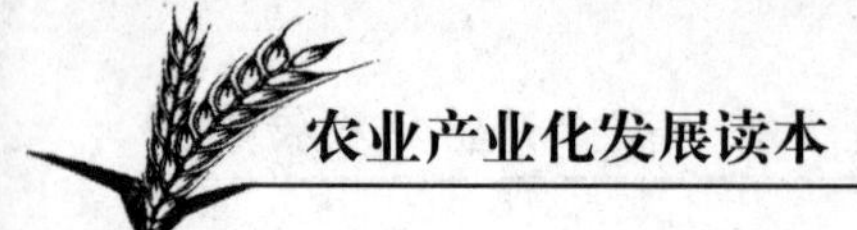

国宏观经济调控的主要目标是促进经济增长和增加就业。经济增长是经济和社会发展的基础。持续快速的经济增长是提高人民生活水平及实现国家长远战略目标的首要条件。就业是民生之本，是社会稳定、人民群众生活条件改善的基本前提和基本途径，关系到人民群众的切身利益、改革发展稳定的大局，也关系到全面建设小康社会的宏伟目标和实现全体人民的共同富裕。宏观调控主要通过法律手段、经济手段和行政手段等的调控作用保障社会经济协调健康发展，实现社会经济发展的目标。

农业是我国的基础性产业，也是弱势产业，农业、农村和农民发展问题是国家重点扶持的对象。农业产业化发展对解决农民增收、农业快速发展、增加农民就业都有积极的作用，政府在资金、补贴和政策上应给予支持、扶持，使农业产业化健康发展。从世界各国农业产业化的历史看，政府在农业产业化中扮演着重要的角色，政府的宏观调控和广泛有力的引导、支持、服务是农业产业化顺利实现的基本条件。农业生产风险大，资本有机构成低，比较效益差，需要政府的扶持与支持。政府必须转变观念，发挥宏观调控作用，完善农业产业化经营的服务体系，为农业产业化经营营造有利的条件。

（六）制度保障机制

农业产业化经营健康持续发展，需要一套与其发展水平相适应的制度体系作为保障。这些制度包括现代企业管理制度、组织制度、风险保障制度、农地制度、国家管理制度、科技创新制度、财政监管制度、政府扶持制度等。农业产业化经营的主要组成要素是农户和龙头企业，在内部联系上是龙头企业与农户的联合关系。农业产业化经营具有企业性质，但又不同于传统意义上的企业。农业产业化发展需要企业经营发展所需要的市场化管理制度、国家监管制度、现代企业制度、企业组织制度、科技创新制度等。同时，又由于其特殊性，它还需要农用土地制度、风险制度、政府扶持制度、财政监督制度等针对其特殊性而必备的相关制度作为保障。

第五节　农业产业化的发展方向

农业产业化是市场经济的产物，产生于市场，从诞生起就面对市场发展的机遇和市场带来的挑战。当前，在社会主义新农村建设和全面建设小康社会的新型条件下，农业产业化面临极大的发展机遇，同时，也面临许多挑战。农业产业化发展必须彻底抛开传统农业发展的思维约束，向组织一体化、生产集约化、分工专业化、关联紧密化、服务社会化等方向发展。

一、市场化

没有市场也就没有农业产业化。我国农业产业化是在彻底废除了人民公社制度，确立社会主义市场经济体制的基础上孕育产生的。农业产业化必须依靠市场改变传统农业的小农经济自给自足、自我服务的封闭式发展模式，必须面向市场，走资源合理配置、生产要素优化组合、生产资料和产品购销等靠市场机制进行基础性调节与配置。

二、专业化

我国农业产业化必须向农业生产专业化方向发展。农业生产、加工、销售、服务等社会分工也日益发达。社会分工越发展，商品经济越兴旺，个别地区或个别生产单位的生产内容越趋向单一，农业专业化水平越高。专业化可以使每一种农产品都将原料、初级产品、中间产品制作成为最终产品进入市场，从而有利于提高产业链的整体效率和经济效益。我国农业产业过程不同于西方产业化的发展过程。西方国家农业产业是在农业生产专业化的基础上走向了农业产业化，其农业专业化程度高。而我国是在农村经济发展面临小农户与大市场的矛盾时，为解决小农户与大市场的矛盾孕育而生的，专业化水平很低。特别是作为农业产业化经营的农副产品生产，要求把小而分散的农户组织起来形成规模，进行专业化生产。

三、规模化

生产经营规模化是农业产业化的必要条件，生产基地和加工企业只有达到相当的规模，才能增强辐射力、带动力、竞争力，才能提高规模效益，达到产业化的标准。一是农产品原料基地具备一定的规模。为适应日趋激烈的市场竞争，扩大农产品加工原材料供给，要积极鼓励和引导农民发展专业合作经济组织，提高农业的组织化程度，扩大农产品生产基地规模。二是企业要具有一定的规模。只有农产品加工企业具有一定规模，企业才具有带动能力和市场竞争力。各级政府应该通过资源整合，把散、小、弱的企业整合为企业集团，成为带动能力强

的龙头企业，实行跨行业、跨地区、跨所有制经营，提高企业的抗风险能力和市场竞争力。

四、一体化

农业产业一体化是农业产业化的实质，是龙头企业的经营方式、战略手段，具有两方面的含义。一层含义是指龙头企业采用的经营组织形式，即在一个或数个产品连续的生产和流通阶段，龙头企业同时从事连续的两个或者两个以上阶段的生产和流通活动；另一层含义是指龙头企业采取的经营手段，即在一个或数个产品连续的生产和流通阶段，龙头企业利用兼并或者增添新的设备介入其他阶段生产或流通活动。通俗地讲，农业产业一体化就是产业链条形成产加销一条龙、贸工农一体化经营，把农业的产前、产中、产后环节有机地结合起来，形成“龙”型产业链。

五、社会化

农业产业化经营的社会化服务是农业产业化区别于传统农业经营模式的重要标志。它把农业生产经营过程中诸多服务职能分离出来，这些服务职能分别由各类社会组织承担，为农业产业化链条上的各单位提供专业化、全程化的服务。农业产业化水平决定社会化服务水平，反过来，社会化服务对农业产业化发展起重要促进作用。社会化服务的内容越多，服务范围越广，反映农业产业化发展的程度就越深。农业产业化发展先进的国家，其社会化服务体系也越完善。相比农业发达国家，我国农业产业化相对落后，社会化服务发展滞后，且服务水平较低，服务手段落后。农业劳动力主要集中在农业生产领域，农业社会服务领域劳动力比例很低。美国直接从事农业生产的劳动力与为农业生产服务的劳动力之比是1∶7，而我国则近10∶1。我国科技成果推广费用低，按国际惯例，科研成果转化过程中科研、中试、推广三个阶段所需经费的比例为1∶10∶100，而我国的实际比例为1∶5.5∶13。另外，我国农业产前、产中和产后的物资供应、政策咨询、信息搜集、科学技术、资金信贷、加工转化、储藏运输，市场营销、生活消费、社会保障、法律支持等各种服务产业发展较慢，不能满足快速发展的农业产业化需求。

为此，我国必须加快建设适合我国国情的社会化服务体系。建立健全社会化服务体系，要坚持政府扶持和市场机制相结合，充分发挥各级党委、政府的组织优势，以社会化组织为主体，构建多元化、多层次的农村社会化服务体系。在社会化服务体系建设中，要以政府支撑为保障，以市场运行机制为原则，以经济效益为中心，以农产品产前、产中、产后服务为重点地建立健全适合我国的社会化服务体系。

六、标准化

农业产业化标准体系建设应在现有的国家标准、行业标准、地方标准的基础上，参照相关国际标准，制定包括从农产品加工原料生产环境、生产过程、产品品质、加工、包装等各个环节的标准，把农业产业链的每一个环节都纳入标准化管理的轨道，形成完备的全过程的标准指标体系。因此，农业产业标准化体系建设是一个系统性工程。完整的农业产业化标准体系应该包括农产品（或特色农产品）产地环境质量标准、农产品质量标准、农业监督检测标准、农业产业加工标准、农业产业产品质量标准、农业产业产品包装标准及其相关标准。

七、区域化

农产品加工原料基地建设，首先应打破行政区划界限，要以企业需求为坐标，根据农业产业规模化发展需要，充分利用区域资金、品牌、资源优势，以产业经营理念和方式扩建原料基地，实施区域内的特色农业资源整体规划，统一开发。对同类产品的生产加强跨区域合作，增大区域内资源规模，为农产品加工业提供源源不断的原料支持。农业产业区域化发展就是将农业产业化的农副产品生产集中在一定区域范围内，形成比较稳定的区域化的生产基地，以防生产布局过于分散造成管理不便和生产不稳定，便于规模化生产与管理。

第二章　农业产业化与农地流转

农业产业化和农地流转问题一直是学术界探讨的两个热点问题，相关的文献浩如烟海，难以尽述。本书主要是在促进农业产业化发展的框架下讨论农地流转制度创新的问题，因此我们将选择性地对这两类文献加以评述，具体包括农业产业化与农地流转的相互关系、农业产业化框架下的农地流转两个方面。

第一节　农业产业化与农地流转

一、农地流转是农业产业化产生和发展的必然前提

关于农业产业化的内涵特征，尽管学术界的看法仍未完全一致，但是均强调以市场为导向、以经济效益为中心，要求农、工、贸、科一体化、规模化经营，农户、企业、合作组织等各经济主体自愿结成共赢的利益共同体，将农业生产的产前、产中、产后各个环节整合成一个产业系统（牛若峰，1998；赵爱英，2003；等等）。就农业产业化的经营模式而言，理论界的看法也大同小异。聂亚珍（2004）将我国农业产业化的经营模式归结为四类：龙头企业带动型、主导产业带动型、市场带动型和中介组织带动型。在农业部农业产业化发展报告编委会（2007）的分类中没有主导产业带动型，且将其他三类进行了细分，其中龙头企业带动型细分为“公司+农户”、“公司+基地+农户”、“公司+合作社+农户”、“公司+行业协会+农户”、“公司+经纪人+农户”等，市场带动型细分为“合作社+农户”和“专业协会+农户”两种类型，并讨论了不同模式的具体运转方式和优劣。不难看出，农业产业化实际上是关于产业链联结的契约集合，而其具体的经营模式实际上是这些契约的表现形式。

周立群和曹利群（2002）认为这些契约可以分为要素契约和商品契约两种类型。要素契约主要表现为土地租赁企业先租用农户现有的土地使用权，再把依

附于土地上的农民变为土地上的工人；商品契约主要表现为订单农业，企业与农户签订合同，依照合同收购相应的产品，有时还包括产前、产中的配套服务及规范标准。对于要素契约而言，必然涉及农地流转问题。而对于商品契约而言，Lajili et al.（1997）发现在生产过程中专门性投入越高的农户，参与订单农业的可能性越大；郭红东（2005）利用我国15个省的微观数据分析得到相似的结论，即农户生产的专业化和商品化程度对其参与订单农业的行为有显著的正面影响。自1978年开始实行土地制度改革以来，农地在集体内部均分，出于平等的需求，往往根据地块的肥沃程度、距离远近进行分块，好坏搭配均分给农户，在我国地少（耕地少）人多（农民多）的国情下，这种初始分配方式直接导致农户承包地的高度零碎化。[①]这种零碎化直接影响了农户的生产效率（谭淑豪等，2003；赵阳，2007），降低了市场竞争力，限制了农户生产的专业化和商品化，不利于农户参与商品契约。此外，在目前中国城乡二元经济体制下，农产品价格波动频繁，农户为避免市场风险，利用零碎化的土地，追求较为保险的兼业经营，既妨碍了农户生产的专业化，又进一步固化甚至提高了耕地零碎化的程度（温铁军，2001），也无法形成区域化优势和品牌优势，从而进入一个恶性循环中。因此，无论是要素契约还是商品契约，农业产业化的运转必然依赖于农业用地的流转，农业用地的流转机制创新问题是农业产业化产生和健康发展的基本前提和核心问题。

沈雅琴（2004）认为目前的农业产业化研究在一定程度上忽视了土地制度问题尤其是土地产权制度对农户行为的影响。土地产权制度直接影响农业产业化的主体——农户的行为，包括农户对产业结构的调整，进而影响到农业产业化。既定的产权结构和产权约束不利于农地流转，导致严重的兼业化，造成土地无法形成规模经营、农业产业化的专业化水平不高、产业化程度不深、效率不高等后果。因此，她建议在解决农户的社会保障问题、提高非农就业机会和农户人力资本水平的前提下实行农地所有权归农户，从而提高农业产业化绩效。她分析强调土地产权制度对农业产业化发展的单向关系，在一定程度上忽略了两者的双向关系，即很少涉及农业产业化发展对土地制度创新作用的分析，而这恰恰与其政策

① 1984年的调查显示，平均每户经营9.7块土地，块均面积仅为0.06公顷（黄贤金等，2001）；1999年全国户均耕地面积仅为0.53公顷，分为6.1块，块均面积为0.087公顷（谭淑豪等，2003）；根据田传浩等2000年的调查结果，苏浙鲁三省户均耕地块数为4.8块，块均耕地面积为0.99亩，其中山东为6.07块（田传浩等，2005）。中国的农地零碎化程度、户均经营面积也比其他国家更为严重（谭淑豪等，2003）。

建议中的假设前提密切相关，这些前提需要农业产业化健康发展的支撑。此外，该文在理论分析上只强调土地承租合约的期限问题，主要关注农户与集体组织和国家在土地所有上的关系，而没有在农业产业化框架下对农地流转制度进行深入的理论分析。尽管前者对后者有决定性的影响，但目前对前者的问题基本上已经形成定论，赵阳（2007）将目前农地产权制度特征归纳为“共有私用”，根据《土地管理法》规定，我国的农地实行集体所有权制度；2001年中共中央18号文件《中共中央关于做好农户承包地使用权流转工作的通知》、2002年8月通过的《中华人民共和国农村土地承包法》、党的十七大报告以及十七届三中全会提出的《中共中央关于推进农村改革发展若干重大问题的决定》均强调“以家庭承包经营为基础、统分结合的双层经营体制，是我国农村的基本经营制度”，农户天然享有承包本集体所有农地的权利。18号文件明文规定，在承包期内，农户对承包的土地有自主的使用权、收益权和流转权，有权依法自主决定承包地是否流转和流转的形式；农户的土地收益包括承包土地直接经营的收益，也包括流转农地的收益，农地流转的收益归承包农户所有。目前的承包期限规定为30年，而且中央领导多次提到30年以后也没有必要变、甚至是永远不变（陈锡文，2007）。这一农地产权制度的选择既有历史、意识形态的原因，但更多的是从中国的国情出发，是尊重历史和民意的必然选择（陈锡文，2007）。[①]所以，如何在坚持家庭

① 这一制度的确也存在权利界定不清晰的问题，如土地调整现象在一定程度上造成农户地权不稳定，进而影响农户的决策，使农户缺乏长期投资的激励，从而造成效率损失；而地权的私有化有助于农地流转进而改善资源配置效率，且可以通过在金融市场上的抵押获得资金。这些理论上可能成立的土地产权私有化的得益在经验研究上仍没有得到证实（Deininger and Feder，2001）。在关于中国的经验研究中，Li et al.（1998）和姚洋（2004）发现地权的稳定性对土地投资有激励作用。但是，姚洋（2004）同时纳入土地转让权因素的分析后，土地调整度对投资的影响变得不显著了，而土地转让权作用显著，尤其是随着非农就业以及进城打工机会的不断提高，土地在农户间的转移越来越重要（Carter and Yao，1999），Kung和Cai（2000）指出农户的投资行为并不受地权稳定性的影响，而且这种出于公平目的的土地调整受到村民支持（Kung，1995）。赵阳（2007）认为打破小组界限的土地调整而不是土地调整频率影响农户的投资行为。事实上，在近年来中央出台的一系列法律、法规、政策均强调承包权的稳定性，在一定程度上避免了上述弊端，而且相关的分析表明激励作用并不是很大。与此同时，土地私有制也面临着诸多成本，包括产权的界定、实施、监管、争端解决等交易成本以及由土地公有制所提供的公共安全网络丧失的巨大风险（Deininger and Feder，2001）。尤其是后者，在中国目前农村社会保障体制非常不健全的前提下，农地的共有性质在社会公平、稳定和农户的社会保障方面有着难以替代的作用（姚洋，2004；陈锡文，2007），且有助于劳动力的非农供给的增加（姚洋，2004）以及生产率的提高（Benjamin and Brandt，2000）。此外，也有学者提出所谓的国有永佃制，在操作层面上面临着诸多问题。比如如果直接赎买，财政资金从何而来，低价或无偿征收可能损害农民利益，导致该制度少有人问津。因此，在平等和效率、发展和稳定的权衡下，坚持农地的集体所有制，同时强化承包权的稳定性和长期性是在相关约束机制下的最优选择。

承包责任制的基础上解决农地流转存在的问题才是关键，故本书也将在这一农地产权制度的基础上讨论农地流转问题。

二、商品契约、要素契约和农地流转

邵春杰（2005）认为中国农业产业化绩效不高的原因在于家庭承包制既有的产权结构和产权制度约束了农业产业化的发展，均分化的地权不适应农业产业化经营的规模化要求，强调农业流通领域的市场化和农业生产过程的企业化，尤其是后者，实际上是要求用要素契约的方式来组织农业生产，使土地集中于农业资本手中。这一建议的重要依据在于，以订单农业为表现形式的商品契约因为“先天不完全”的特征，在缺乏有效制度约束的前提下，因逆向选择和道德风险造成契约执行的失败，难以满足农业产业化、规模化的要求。刘凤芹（2003）也认为订单农业的合约，尤其是短期合约，具有“注定不完全性”，如信息不对称会引发隐藏知识和隐藏行动的行为，而界定或完善合约条款的成本过高，而由资产专用性引发的敲竹杠等问题会造成履约困难。此外，因为农户与订单发起单位（主要是企业）地位不平等，从而陷入更大的生产风险（Little et al.，1994），且目前的不完全合约理论难以找到规制这类合约的有效方法（施瓦茨，1999）。

不过，尹云松等（2003）在案例研究和理论分析的基础上发现，在公司选择守信的前提下，产品专用性是决定商品契约稳定性的首要因素。他们认为，在产品专用性弱和中等的情况下，应通过组建中介组织、发展大农户等来改变目前小农户占优势的农户结构，从而有效地改善商品契约的稳定性。显然他们的分析忽视了企业的机会主义行为问题。周立群和曹利群（2002）则认为商品契约在资产专用性和声誉机制的约束下在长期内达到稳定，足以保证龙头企业长期支配农户的土地和劳动力要素，从而达到与要素契约相同的效果。但是，他们在商品契约的分析中只关注对企业机会主义的约束机制，而商品契约的另一方农户同样存在的机会主义动机和行为，该文并没有进行分析。如果考虑到对农户机会主义行为的规避，商品契约的作用效果还需作更进一步的研究。

邵春杰（2005）基于商品契约的缺陷而否定农业产业化过程中的契约安排，强调要素契约的重要性。的确，与商品契约相比，要素契约具有直接性、长期性、稳定性的优点（周立群和曹利群，2002）。对于不耐储藏或者需要及时加工处理的农产品，如牛奶、家畜、家禽以及甘蔗、甜菜、橡胶等经济作物

（Rehber，2000），或者市场交易环境不确定性很大，如市场距生产地较远、市场价格波动大的农产品而言（Sartwelle et al.，2000），要素契约的稳定性、长期性对于降低不确定性和协调组织生产的成本具有重要的意义。此外，在要素合约下，农业产业化龙头企业可以大规模租赁耕地，坚持要素合约的学者往往强调土地规模经营中的规模经济，如张忠根和黄祖辉（1997）、韩俊（1998）主张大面积连片经营的机械化农场模式，可以获得劳动力、水利设施、农业机械满负荷工作效率以及采购销售上的谈判好处。农地经营中是否存在规模收益递增现象，这一问题是要素契约是否具有优势的关键假设，也备受农业经济学研究的关注。

农地经营规模和经济效率的关系，是正相关、负相关、不相关，还是存在一个最优规模，在理论研究和经验研究上一直存在着争议。通常，由于资本的不可分性，如农业机械的使用往往要求土地达到一定的规模，同时，土地规模的扩大产生雇工的需求，进而产生了因为信息不对称导致的监管成本和效率损失。因此，农场规模取决于两种资本成本和劳动力成本的对比（Binswanger et al.，1993）。Chavas（2001）对这一问题做了进一步的阐释，他从技术角度出发，认为不同的技术往往导致不同的最优农地经营规模，当农地小于该技术所要求的规模时，呈规模报酬递增，但是一旦超过最优规模后，通过技术变迁以适应更大的农地规模，就是在技术变迁和农地规模变动的相互适应的过程中，在不同的技术间形成一个最低平均成本包络线，因此土地规模和经济效率在长期中基本上表现为不相关。他还讨论了其他影响农地经营的规模经济的因素：（1）劳动力机会成本的核算问题，比如如何将农业劳动的效用估算到机会成本中；（2）大农场可能在投入品的获得方面以及产品的销售方面有着更低的交易成本、更多的信息优势和更强的谈判权力，从而具有所谓的金融外部性，进而推动农地经营规模的扩张；（3）税收政策（Lowenberg and Boehlje，1986）、风险管理（Chavas，1993）、产品质量、市场细分、环境保护等问题也对农地经营的规模经济有正面或者负面的影响。因此，对于这一问题的解决在理论上众说纷纭，需要稳健的经验研究证据。关于发达国家的经验研究认为，平均成本和土地规模呈L型，即类似于Chavas（2001）的论述。但是，对发展中国家的部分经验研究却发现土地规模和生产率之间呈负相关关系（Eswaran and Kotwal，1986；Binswanger et al.，1993）。因此，经验证据难以支持农地经营的规模收益递增。在对中国的经验研究中，万广华和程恩江（1996）、Chen和Brown（2001）等的研究也没有找到农业生产存在规模经济的证据。东北地区相对于中国的其他地区而言，人地关系紧张程度较低，刘凤芹（2006）对东北地区的经验研究也表明，大规模土地经营与小规模家庭农户相比，并没有显示出全要素节约优势和单位产量优势。她进一步指出，土地的小规模经营没有影响农业机械化的发展，租赁方式解决了资本的不可分性问题，农业机械对劳动力的替代取决于两者的相对价格，与经营的土地规模大小无关；土地的规模经营受制于农村劳动力转移和农地流转的速度和程度。目前的经验研究主要针对粮食作物的研究，对于经济作物而言，规模经济的好处是否存在，还有待进一步的分析。如果土地规模经济不存在了，要素契约论就丧失了一定的理论支持。

笔者之所以在此不惜笔墨地讨论要素契约和商品契约的问题，主要是因为不同的契约类型决定着农地流转的方式和规模。商品契约下，农地的流转建立在家庭农户经营的基础上，要素契约条件下，农地的流转则建立在企业化的大农场经营的基础之上。根据2001年18号文件，中央强调投资开发农业的工商企业主要从事产前、产后服务和“四荒”资源开发，采取公司加农户和订单农业的方式，带动农户发展产业化经营，即强调以商品契约为主。“中央不提倡工商企业长时间、大面积租赁和经营农户承包地，地方也不要动员和组织城镇居民到农村租赁农户承包地”，即是对要素契约的排斥。该文件认为，企业对农户的替代，“隐患很多，甚至可能造成土地兼并，使农民成为新的雇农或沦为无业游民，危及整个社会稳定”。从笔者要素契约和商品契约的文献评述来看，当前的研究并没有达成一致。笔者认为而作为连接农业产前、产中、产后的契约，两种契约是可替代的，替代的边界在于两种契约安排下的生产效率、交易成本以及社会安全等的比较。不同的地区、不同的农业产品在这两种契约下表现出的生产效率、交易成本以及社会安全问题可能也不尽相同，因此，完全支持要素契约或者完全支持商品契约以及在这一基础上选择农地流转制度可能存在一刀切的问题，需要做进一步深入、细化的研究。

三、我国农业产业化的其他问题

我国农业产业化发展过程中出现的问题是目前农业产业化研究的热点，对于如何推动我国农业产业化健康发展意义重大。农业部农业产业化发展报告编委会（2007）将农业产业化发展中的问题归纳为三个方面：一是利益联结机制不紧密，目前主要以合同方式为主，更加精密的合作方式如股份合作等比重偏低；二是订单农业比例少，违约率高；三是龙头企业规模小、科研能力弱、产品档次低、竞争力不大，带动力不强。郑凤田和程郁（2005）则认为我国农业产业化过程中，过分强调龙头企业的作用，忽视了配套产业、配套设施和服务体系的建设和发展；过分强调纵向连接而忽视了同一生产环节中的横向联系和产业聚集的外部经济；在主导产品的选择上缺乏科学依据、统筹规划和协调发展；农户规模小而分散，交易成本高；农村经济合作组织对农户的带动能力弱，管理欠规范，可持续发展能力弱。王姮（2004）认为中国农业产业化的发展处于金融抑制的环境，融资问题突出：农村商业金融组织体系呈萎缩趋势，有资格在资本市场融资的企业数量有限，农村合作金融流于形式，对农业产业化的政策金融供给明显不足，民间金融无合法地位，风险补偿不完全导致信贷供给不足等，造成农业产业化中的各经济主体融资困难。宋青梅（2004）认为政府行为不当阻碍了中国农业产业化的健康发展，如容易将计划经济条件下的工作思路和工作方法带入到以市场为导向的农业产业化进程中。郑文凯（2004）认为，目前对农产品加工行业的税负较重，政府扶持力度不够；农产品生产、加工、流通链条短；农民进入市场的组织化程度较低，农业合作组织、涉农行业协会发展滞后。

目前关于农业产业化发展过程中出现问题的研究中，基本上是对各类问题的罗列，就问题本身谈问题，而没有注意到各类问题之间的相互联系，难以找出根本性的矛盾。不难发现，上述问题的发生和解决与土地制度密切相关，如利益联结机制问题、订单农业发展过程中的问题、农户规模和合作组织的问题等，都与商品契约和要素契约相关，进而与农地流转制度密切相关；又如农业产业化融资困难的问题，有些学者倾向于将目前土地承包的债权转化为物权，并赋予其抵押等权利；再如农户分散经营问题，无力发展农产品的深度加工，既难以培育大型龙头企业，也无法吸引外来大型龙头企业的进入；此外，在农业产业的选择上，农户市场信息不灵，因而在生产决策上盲目趋从，导致农业生产的严重雷同，供求结构严重失衡，农业经济效益急剧下滑，最终使农业产业化经营遭受挫折。因此，我们应该避免就单个问题提政策建议，而是要分析问题之间的相互影响关系，注重政策建议间的协调性。

第二节　农地流转的现状和问题

目前，国内学者对我国农地流转的研究已经涉及各个方面，例如，农地流转现状与问题、原因与条件、道路与模式、利益分配、机制创新、法律规范等，还有不少进行了较为深入的调研。如前文所述，在本部分综述中将不讨论农地所有权流转即土地征用的问题，主要回顾农地使用权的流转问题。

一、农地流转的现状

田传浩（2005）将农地使用权的流转分为两种模式，农户供给型和集体供给型。农户供给型主要包括农地转包、转让、代耕代营和互换等农户之间的自发交易。Brandt et al.（2004）在1988年和1995年的调查数据表明，相对于1988年，1995年中国农地租赁的比例从0.6%上升到2.9%，在其样本中，浙江农地租赁水平最高，从1.6%增加到6.9%，山东和云南较低，1995年的水平仍为1.1%和0.9%，云南则呈下降之势。金松青和Deininger（2004）对贵州、湖南西部和云南等地区的调研显示，农地流转市场在1995～2001年间发展较为迅速，租入农地农户的比例从1996年的2.3%提高到2001年的9.4%。但是，愿意租出和愿意租入的土地面积都远高于实际租出和实际租入的农地面积，这也表明存在农地流转的障碍。赵阳（2007）综合各方面的资料估计我国农地使用权转让的情况，转包农地从1990年的0.44%增加到2004年的5%，各地差异也比较大，仍是浙江最高。从流转对象来看，目前的农地使用权转让主要局限在本组之内，特别是直系亲属之间，前者占73%，后者为36%（赵阳，2007），对外来户的排斥比较严重，不利于农地使用权市场跨社区流转，且缺乏正式合约（田传浩，2005）。张照新（2002）通过对六省农村土地流转市场的调查分析，得出受非农就业机会的限制，农村土地流转市场供给低于需求；通过对各样本土地转让方式的统计分析，得出目前土地转让存在以下几种情况：土地转让规模较小；增加劳动收入是农户进入土地市场的主要目的；范围以组内转让为主，对象并不仅限于亲属；土地流转期限较短且不稳定；大多数转包无书面合同，没有经过村组集体同意；转包费

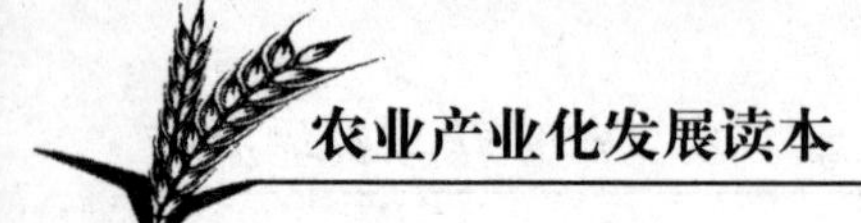

支付方式多样化。总之，农户供给型的农地流转从1994年来有一定的发展，但是发生率仍然较低，农户的流转意愿并没有得到很好的实现，且欠规范。

集体供给型由集体经济组织出面组织的土地使用权流转，主要包括“两田制”、反租倒包、股份合作制、四荒地拍卖等。1992年全国有170万个村组实行“两田制”，占村社总数的32.3%，耕地面积达5.9亿亩，主要分布在中、东部地区，尤其是中部地区增长最为明显（赵阳，2007）。根据叶剑平等（2006）的数据，自2001年中央发布第18号文件以后，实行返租倒包的村庄中有26%是2001年以后开始的，72%以上的村庄规模经营的耕地比例不到20%。田传浩等（2005）对苏浙鲁的农户调查显示，集体出租耕地显著大于集体分配耕地的块均面积，而且从集体租赁耕地的农户比重、耕地面积数、耕地面积比重均高于从农户租赁（田传浩，2005）。目前，农地流转机制的创新实际上也主要集中在集体供给型的模式上。

再来比较农户供给型和集体供给型这两种农地流转模式。理论研究可能更偏向于前者，因为前者是农户之间自发交易的，能够体现市场交易平等、自愿的原则，充分尊重了农户的自身意愿且体现市场经济的基本精神，起到了提高效率和公平的双重作用（金松青等，2004），因此，在Feder et al.（1992）、Yao（1999）、赵阳（2007）等人的研究中，都用农户之间农地交易量衡量农地使用权市场发育的程度。而对于集体供给型的农地流转模式而言，村集体在一定程度上取走了农民拥有的部分土地使用权以及收益权（赵阳，2007）。还有，集体供给型模式还存在村干部对土地和农户信息了解不完善的问题（金松青等，2004）。另外，对政策制定者而言，最担心集体供给型模式在缺乏必要监管的情况下，可能会出现强迫农户流转、阻碍农户自由流转、寻租、侵吞农户利益等问题。但是，也有学者持反对意见。如田传浩（2005）认为农户供给型模式存在缺乏规范的土地交易契约、农地租赁期限短、交易费用高等缺点，而集体供给型模式则具有能够提供稳定长期的农地交易契约、降低交易费用、促进土地规模经营和农业经营结构调整的优点。黄英良（2005）对市场组织、政府组织（主要指村集体经济组织和乡镇基层政府）和专门的中介组织这三种农地流转组织形式的交易成本进行分析和比较后，提出介于市场组织和政府组织之间的中介组织是最有效率的，提出应该设立多种形式的中介组织来实现农地使用权的流转，提高农地流转效率。不过，农户供给型模式的缺陷是由农地制度、市场机制的不完善造成的还是这种模式自身必然存在、无法避免的，还需要进一步深入的讨论和分析。此外，对于我们重点关注的耕地零碎化问题，农户自发交易和集体调整这两种方式的取舍也没有达成一致。有些学者认为通过完善农地市场、通过农户自发交易来降低耕地零碎化程度（黄贤金等，2001；郭铁民等，2001）。但是，目前农地市场发育程度和耕地零碎化的关系问题存在相互冲突的经验证据。也有学者认为土地市场发展反而会提高耕地零碎化程度，如出于风险分散（McCloskey，1975）和缓解劳动力供给不足的需要（Fenoaltea，1976）。田传浩等（2005）认为耕地零碎化是外部制度和市场机制共同作用的结果，需要统筹考虑上述两种机制，其关于苏浙鲁三省的经验证据表明，村集体介入农村市场能够降低土地交易费用和土地零碎化程度，而农户自发交易的作用却不显著。但是村集体的介入可能容易导致类似于集体供给型模式的弊病。因此，这一问题也需要进一步研究。

二、影响农地流转的因素及问题

目前关于影响农地流转因素的研究，主要集中于农户供给型模式。首先，史清华（2001）以固定跟踪观察农户资料为基础，以内地山西和沿海浙江为对象，对1986～2000年间两地农户间农地要素流转行为进行经验分析，认为农户家庭农地流转所遵循的原则依然是经济理性原则，提高农地利用效率是农地流转行为发生的根本动机。因此，关于农地流转问题的分析起点还是应该从农户理性的角度出发。

其次，农户非农就业机会和非农收入的增长，降低农户对农地的依赖度，促使在非农工作上具有比较优势的农户租出农地，进而导致农地租金下降，进而具有农业生产比较优势的农户租入农地，有助于农地流转市场的发育，这一点已被绝大多数经验研究所证实（赵阳，2007；金松青等，2004；Kung，2002）。但是，非农就业机会和非农收入的增长要有一定的稳定性和可持续性，如果产生波动，导致农民工回流，会影响农地流转市场的稳定发展。

第三，农地产权制度对农地流转的影响，一直是这一领域分析的重点。钱忠好（2002）认为其法律属性不明确导致农地承包经营权的不完全性，降低了农户农地经营收益和农地交易价格，提升了农地交易成本，降低了农地市场交易的净收益，最终削弱了农户的农地需求和供给，必须按物权理论规范我国农地承包经营权制度，从产权安排上克服我国农地市场发育的产权制度瓶颈。而且，承包权在法律上的规范性也很重要，叶剑平等（2006）发现土地承包合同或证书的发放有利于农地流转市场的发育。他们的调研数据显示，签订承包合同或者发放证书的农户参与农地流转的比例明显高于没有签订或者发放的，而且前者有现金补偿交易的比例明显高于后者。何静（2001）认为必须赋予农地使用权流转一定的法律保障：在法律法规中界定“农村土地使用权”的具体权利；强化使用权的可继承性；明确使用权有偿转让的合法性，并对有偿额进行量化；规定各种流转形式的流转期限及因农地流转涉及的乡村税费负担问题。同时，地权稳定性也是经常被讨论的影响因素，通常认为稳定的地权有助于稳定农户预期，促进农地流转，而土地调整与土地市场交易之间可能存在替代性。赵阳（2007）认为土地调整的不确定性会阻碍从事非农工作的农户出租土地，村干部可能将出租土地看成是一种信号，即收回出租的土地并分配给其他村民。但是，在赵阳（2007）的经验研究中，土地调整的幅度和频率与农户转包行为基本上没有关系，而跨村组的土地调整则对农户转包行为有明显的负面影响，这可能与跨村组土地调整产生更高的交易成本有关。此外，在金松青和Deininger（2004）的研究发现，作为第一个实行土地使用权比其他地区长的省份，贵州的土地租赁市场活跃程度远不如湖南西部和云南。显然，好的土地产权不是土地租赁市场发育的唯一条件。

第四，在中国，土地在很大程度上承担农民社会保障的功能。李录堂（1994）认为，要使农地流转起来，首先要解决农村劳动力转移过程中的农民职业保障问题，而解决这一问题的最佳选择是利用保险手段，以保险公司的社会职业保障功能代替农地使用权对农民的职业保障功能，并在这种代替过程中通过保险公司形成一种实现农地流转集中的机制。

第五，初玉岗（2001）认为农地流转不畅的根本原因不在于流转制度和土地供给方面，而在于流转方面有支付能力的需求不足，现有需求所决定的流转代价不足以调动起外出务工等农户出让其承包土地使用权的意愿。但是，金松青和Deininger（2004）对贵州、云南和湖南西部的调研数据显示不存在需求不足的问题。不过，大力培育企业家型的农户和农民应是当前促进农村土地流转的重点之一。

第六，车裕斌（2004）分析了我国农地流转系统驱动力机制（重点分析了农地流转的市场机制和宏观调控机制、管理机制）的作用机理与我国农地流转机制缺陷及其产生的原因，认为我国特殊的农地产权利益集团格局和农地流转机制的缺陷，使农地流转的实际作用效果偏离了农地流转的宏观目标，现行的农地流转并未达到农地流转制度设计的目标，近期应重点建设与农地市场化流转需求相应的宏观调控机制。

第七，农地流转市场的发育还与乡村政治密切相关。村干部可能会利用土地作为奖励或惩罚的工具，确保国家利益和自身利益。如利用土地周期性调整抽取租金，包括金钱形式的和非金钱形式的，如在计划生育等其他方面提供配合等来完成上级政府交予的任务（Johnson，1995）。这一方面使得村干部有积极性进行频繁的土地调整从而影响农地流转；另一方面，可能会直接限制农户自由地流转农地，如规定农户间农地流转必须经过村集体组织同意等，而且使村集体有积极性选择集体型土地供给模式。金松青和Deininger（2004）的经验研究表明，村干部对土地租赁的态度对农户参与行为影响很大。目前，大多数学者认为公开的村级政治过程有助于此类问题的解决。

最后，在一些利用计量手段的经验研究中，会纳入一些农户的控制变量。如金松青和Deininger（2004）、赵阳（2007）对户主的年龄、教育水平、非农资产、是否为干部、劳动力人数、总耕地面积、人均耕地面积、家庭依赖比率、农民负担等进行检验，结论基本上符合预期。

关于集体供给型的农地流转模式的问题，主要与乡村政治有关，涉及流转利益在农户、村集体、经营者之间分配的问题、农户权益保护的问题、农村社会安定的问题以及可能存在的寻租现象。上述问题的解决是集体供给型农地流转模式成败的关键，也是目前各种土地流转制度创新及推广的成败关键。目前关于这一问题的解决方法也主要是公开的村级政治过程（Johnson，1995）。但是作为中国整个政治过程的一部分，村级政治过程显然受国家宏观政治过程的影响，上述问题的解决可能不仅仅是一个村级民主的问题。

在国外研究中，由于土地制度的差异，大部分国家实行土地私有制度，农地可以直接进入市场进行交易，并没有明确的“农地流转”概念，各种研究多是农地市场、地租、地价、产权及交易等。威廉·配第、亚当·斯密、李嘉图以及马克思、恩格斯是较早对土地地租、土地交易进行系统深入研究的经济学家。由于农地流转的本质是产权交易，因此国外很多学者的研究侧重于土地产权和土地市场的研究。Feder et al.（1993，1998）认为产权清晰的土地资源对提高农业投资和农业生产力有重要作用；明确地权还会降低交易成本，将生产要素配置给最有

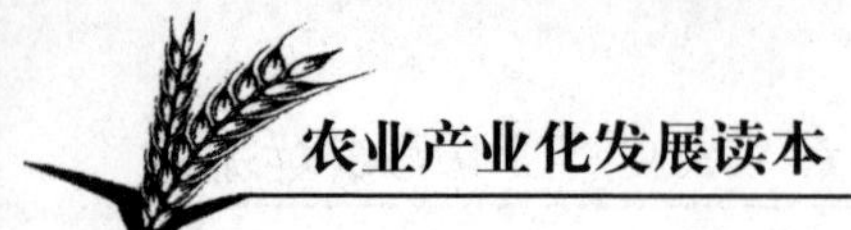

效率的农户，形成规模经营，最终提高农业生产力。Ruden（1999）认为土地产权的安全，不仅受到农业生产类型和农户家庭的影响，更受到市场中土地、劳动力及资金等要素不同配置的影响。Binswanger（1994）指出持续存在的土地、劳力、信用及商品市场的扭曲是资源利用率下降和经济迟缓的主要原因；土地所有权和使用权的流转交易会使土地资源配置更有效，并刺激土地资源开发的深度投资，减少农户的风险规避行为。Claudio Frischtak（1995）认为政府干预会影响土地市场，导致土地市场的低效率和对穷人的歧视，主张改革土地交易管理制度，认为好的土地交易管理须具备完善的制度体制：建立土地信息系统，提供土地价格、附加投资以及地租等信息；建立地界纠纷处理系统专门调节土地划分的变动，促使土地以较快的速度和合理的成本进行交易；解决土地交易争端和实施所有权；建立土地估价系统，依据地块大小、所有权关系、产量、投入和产出估计地块的市场价；鼓励土地登记；地方政府和社区提供专门的土地技术支持；对以公共目的进行的土地征用进行合理补偿。Matthew Gorton（2001）通过对Moldova地区现有小规模土地经营现状的分析，认为鼓励农业生产的联合经营会减少土地交易的障碍，但如果没有界定清楚的土地所有关系和正式授权的土地证书，土地市场的功能仍然是微弱的。Douglas C. Macmillan（2000）从经济学的角度分析土地市场，认为土地可以在公开市场进行自由交易，但是在交易过程中市场会失效，造成土地利用的动荡，因此财政部门应支持政府干预市场以弥补市场缺陷。这些国外关于土地市场和土地交易等研究对我国完善和创新农地流转机制有很大的借鉴作用。总之，因为国外土地的产权清晰，有完善的土地市场，他们的研究多是关于如何解决土地市场面临的一些问题或土地交易中的负面影响等，如土地、资源和环境等相关保护问题。而国内的研究是在我国土地产权的特殊性条件下进行的，如果直接搞土地市场化，其制度变迁成本是非常大的，因此国内的研究观念具有渐进特性，先使土地使用权在市场上流转，在一定程度上使土地达到优化配置和充分利用。

第三节　对已有研究的总结

综上所述，在中国，农地流转是农业产业化产生和发展的必然前提，这一问题已达成共识。农业产业化过程中的商品契约和要素契约直接决定了农地流转的程度和规模，中国的农业产业化到底是走以商品契约为主还是以要素契约为主之路仍然存在争议，进而农地流转是基于农户之间的小规模调整还是基于耕地向大资本集中也尚存争议。目前，对于两种可相互替代的契约的研究而言，需要统筹分析的框架和思路，并在此基础上讨论区域和行业的细分问题，避免政策建议一刀切的现象，这些都需要在理论和经验研究上做进一步的发展。此外，成功的农业产业化将提供更多的非农就业机会、提供更高的土地收益以及租金，促进城市化尤其是小城镇的发展，这些将有利于解决农地流转过程中的一些问题，如流出方关注的土地租金、非农就业以及社会保障问题和流入方关注的收益问题等。当前的文献对于农业产业化对农地流转的促进作用以及可能产生的影响尤其是产业化过程中交易成本节约、效率提升的收益分配问题、农户福利问题的分析不多，需要在这些方面做进一步的研究，这些问题的解决有助于土地健康、有序、顺畅的流转。

基于中国的农地产权结构，农地流转制度分为农户供给型和集体供给型两种模式。前者发展水平较低，但是近年来发展迅速，不过农户的流转意愿并没有得到很好的实现，且欠规范；后者发展迅速，但是问题突出，遭遇制度、政策瓶颈。两种模式各有优劣，在促进效率、平等和解决耕地零碎化程度上，相关研究仍处于争论之中。影响农户供给型农地流转的因素分析仍应从农户理性的角度出发，在非农产业的发展、农户的社会保障问题、乡村政治以及部分关于农户家庭特征的控制变量上，各项研究基本上达成一致，但是在各种细化的产权结构的影响、农户的有效需求方面仍存在一定的分歧。目前的农地流转制度创新主要集中在集体供给型这一模式上，如何解决流转利益在不同主体之间的分配等问题还需做进一步的深入研究。最后，我们要关注不同农地流转模式的优劣之处和影响农地流转的因素可能在各区域间以及农业与各行业间呈现不同的特征，这对政策建议的合理有效与否起关键作用。

第三章 农业产业化经营

第一节 农业产业化经营的概念与模式

一、农业产业化经营的概念

农业产业化经营是以市场为导向，以家庭承包经营为基础，依靠龙头企业和组织的带动，将生产、加工、销售各个环节有机地结合起来，实行一体化经营的新型农业经营方式。这是我国农村经营体制继家庭联产承包经营后的又一重大创新。农业产业化经营至少包括以下几方面的含义：一是必须以市场为导向；二是要实行经营一体化；三是要培植主导产业，并在主导产业的关键环节建立龙头企业，以带动整个一体化经营的强劲发展；四是形成一种利益互补机制，使农民真正从农业产业化经营中得到好处。

目前，农业产业化经营是当前农业产业发展的一种经营模式，具有联合体的内涵。农业产业化经营的组织形式基本上是“公司+基地”“公司+农户”或“公司+基地+农户”模式。我国在积极推进农业产业化的经营，提高农民进入市场的组织化程度和农业综合效益时，按照依法、自愿、有偿的原则逐步发展起来的规模经营，主要体现在经营机构新、经营权限新、管理机制新等方面，是农业发展思路的创新。我国农业产业化经营的内涵是以市场为导向，以千家万户组成的农产品商品生产基地为基础，以龙头企业为依托，形成农工商或农商有机结合的产业链和利益共同体的经营组织。它是以联合体的形式为组织结构，一般都是由龙头企业发起或带动的。龙头企业牵头，通过它的带动或者辐射作用，使成千上万的农户以供销关系或者通过土地作为资产入股，与公司以契约关系成为联合体的成员进入联合体。也有个人以科技入股的方式，把科技人员吸纳进来，形成自己的科技队伍，或者直接与科技院校挂钩，从而实现了产前、产中、产后的科技服务体系，使科研成果直接转化为生产力，有力地促进了农业和农村工业的发展。这既满足了市场需要，又保证了农户利益，有利于提高农民的生产积极性。

二、农业产业化经营的条件

（一）有可以依托的龙头企业

农业产业化经营一般是以龙头企业为主导发起或建立起来的运作模式。必须把龙头企业建设作为发展农业产业化的关键环节。在农业产业化发展过程中，龙头企业起到“火车头”的作用，其经济实力的强弱和带动能力的大小，直接决定着农业产业化发展的程度和水平。在农产品生产基地附近或经营模式中，要有一个或几个具有较强经济实力和带动能力的龙头载体为依托。龙头企业必须具有签约农户农产品的收购、加工或经销的能力，发挥连接基地农户和市场之间的桥梁和纽带作用。农业产业化对龙头企业的性质、经营内容等要求不高，龙头载体可以是国有企业、民营企业、私营企业或外资企业等，可以是农贸企业、加工企业、经销企业、专业市场、中介组织、科技集团等。

（二）具备规模化的农产品生产基地和一定组织化程度的基地农户

农业产业化规模化发展需要越来越多的零散或小群体农户加入进来，形成足够数量的农产品商品生产基地，并能达到一定批量的商品产量和产值，才能实现专业化生产、区域化布局、集约化布局和社会化服务。如果没有大批农户并生产出批量的商品，就表明生产基地尚未达到一定规模，形不成农业产业化经营。另外，对农户的组织化程度也要有一定的要求。要以农户易于接受的组织形式，使农户在自愿互利的基础上形成各种不同类型和规模的互助合作组织，加强与龙头载体及市场的联系。基地建设就是一种生产组织形式建设，为了维护共同的利益，它能够将一盘散沙的个体农户通过谈判等形式组织起来，克服一家一户的管理困难的局限性，发挥群体的优势。

（三）龙头企业和农户之间形成利益共同体

在实施农业产业化的过程中，各种不同的社会经济主体包括国家、工业资本、商业资本、银行资本和农业合作社等都参与了农业产业化的发展，但是，无论什么样的社会经济体都必须与基地农户之间建立起相对稳定的联系，形成相对稳定的产业链和一定程度的利益共同体。这种联系可以是较松散的信誉型市场交易利益共同体，也可以是通过书面契约或章程建立起的紧密型合同制和合作制利益共同体，形成有机结合的农工商或农商型产业链，并形成不同联系程度的利益共同体。这是保障基地农户和企业共同发展的重要基础。

（四）具有符合市场需求的主导产业和产品

主导产业是指具有一定规模，能够最迅速、有效地吸收创新成果，满足大幅度增长的需求而获得持续高的增长率，并对其他产业有广泛的直接和间接影响的产业。主导产业是现阶段区域经济发展的支撑力量，是区域经济增长的火车头和驱动轮，离开主导产业的支撑去发展区域经济只能是空中楼阁。我国地区间经济发展水平、资源条件等差异较大，各地区应该重点发展本地区具有优势的产业，能否正确地选择区域主导产业，合理地确定其发展规模和速度，关系到区域经济建设的成败和区域可持续发展。

（五）成熟的社会化服务系统

基地范围内要有较完善的社会化服务系统，是基地建设实现规模化、集约化的重要保证。要以健全乡村集体经济组织为基础，以国家专业技术部门和龙头企业为依托，以农民自办服务组织为补充，从良种繁育、种苗提供、饲料供应、技术服务、加工、运销、信息等方面建立起全方位、多渠道、多形式、多层次的服务系统。

三、农业产业化经营模式

（一）龙头企业带动型

这种模式一般是形成“公司+基地+农户”的产销一体化经营组织。它以公司或企业集团为主导，重点围绕一种或几种产品的生产、加工、销售与生产基地和农户实行有机联合，进行一体化经营，形成“风险共担、利益共享”的经济共同体。龙头企业具有市场开拓能力，进行农产品深度加工、为农民提供服务、带动农户发展商品生产，是产业化组织的加工中心、营运中心、服务中心和信息中心。该模式在农作物种植业、畜禽养殖业，特别是外向型创汇农业中最为流行。

（二）市场带动型

专业市场+基地农户，这种模式是以专业市场或专业交易中心为依托，拓宽商品渠道，带动区域专业化生产，实行产加销一体化经营，扩大生产规模，形成产业优势，节省交易成本，提高运销效率和经济效益。通过建设当地市场，开拓外地市场，拓宽产品销路，牵动优势产业扩大生产规模，形成专业化、系列化生产。可以采取以一个专业批发市场为主的形式，也可以形成几个基地收购市场组成的市场群体，其中区域性专业批发市场应具有较完备的软硬件服务设施和措施，并且具有较大的带动力，带动周围大批农户从事农产品商品基地生产和中介贩卖活动，形成一个规模较大的农产品生产基地和几个基地收购市场，使区域性专业批发市场不仅成为基地农产品集散中心，而且成为本省乃至全国范围的农产品集散地。通过专业市场与生产基地或农户直接沟通，以合同形式或联合体形式，将农户纳入市场体系。农民快捷地接受市场信息，灵敏地作出反应，从而做到一个市场带动一个支柱产业，一个支柱产业带动千家万户，形成一个专业区域经济发展带。

（三）主导产业带动型

根据区域资源特色，发挥资源优势，以“名、优、新、特”产品开发为目的，对那些资源优势最突出、经济优势最明显、生产优势较稳定的项目，进行重点培育，加快发展，形成支柱产业，围绕主导产业发展产销一体化经营。这种具有区域性资源特色的主导产业，适用于资源禀赋独特，能够生产“名、特、新、优”农产品的地区。

（四）综合开发集团带动型

开发集团+基地农户，这种模式是以开发集团为核心，由公司提供技术、资金，由农户出土地和劳动力，并由开发集团负责企业管理和全程服务。一般是企业集团发展某种支柱产业项目，通过合同条款转包给农民，实行统一品种、统一技术措施、统一收获期、统一收购、统一加工销售，开发集团为农户提供全方位的服务，基地农户与综合开发集团形成利益共同体的一种产业化经营的模式。该模式适用于经济发展条件较差，但具有某项资源优势的地区。例如，内蒙古的鄂尔多斯羊绒制品股份有限公司，先后建设2万公顷的山羊基地，开发牧场3 000公顷，种草3.4万公顷、植树100多万株，在羊绒主要产区建立了11个原料收购分公司，形成了工牧直交、贸工农间交的供求网络。

（五）中介组织联动型

农产联+企业+农户，中介组织包括农民专业合作社、供销社、技术协会、销售协会等。该模式以中介组织为依托，组织产前、产中、产后全方位服务，使众多分散的小规模生产经营者联合起来形成统一的较大规模的经营群体，实现规模效益。在行业协会的组织下，产品开发要利用先进技术，实行跨区域联营，提高企业竞争力，扩大生产规模，生产要素大跨度优化组合，集生产、加工、销售联结于一体的经营企业集团。该模式是一种投资低、收益高的联合模式，适用于技术要求比较高的种植业、养殖业。

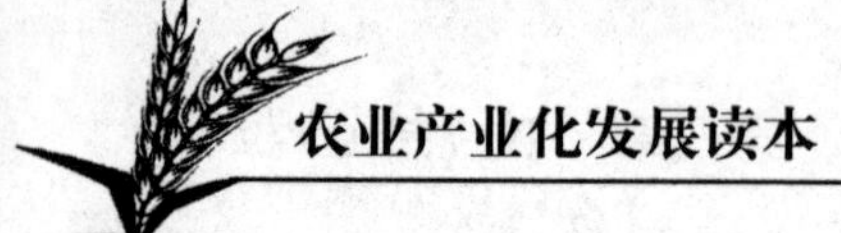

（六）示范推广型

在农业产业化发展较好的地区，集中人才、资金、技术创办农业产业示范区。例如，咸阳市杨凌示范区农业产业一体化农业产业示范区。该示范区利用杨凌国家农业高新技术产业示范区的农业专家、高科技人才、科研成果和咸阳丰富的农业资源、得天独厚的自然条件，发展粮食、果业、畜牧、蔬菜等优势产业，加强两地农业产业一体化合作，实现优势互补，对于发挥杨凌的示范辐射带动功能，加快咸阳的农业产业化进程，对推动关中腹地经济发展有重大作用。

第二节　农业产业化经营的指标体系

农业产业化指标体系就是要根据农业产业化发展的目标和要求，依据统计的现有基础和条件，设计和筛选一系列的指标，以较全面地反映和测评某一经济区域农业产业化发展的水平和程度，以便进行动态分析和横向比较，为各级政府及其主管部门、为各级农村经济主体明确农业发展方向，推进农业产业化发展提供决策依据。

一、指标体系设置的原则

农业产业化经营是一个动态的发展过程，在建立指标体系的过程中，需要遵循综合性、层次性、可操作性以及统一性等原则。

（一）综合性原则

农业产业化经营涉及农业生产的产前、产中、产后各个环节，还涉及农民、职工的生产和生活。所以，建立的指标应具有综合性，能够反映农业产业化经营的本质特性。

（二）层次性原则

农业产业化经营涉及龙头企业、基地、农户、合作组织及其各个层面上的各种复杂关系，因此，在建立指标体系时，需要各项组成要素的层次关系。

（三）可操作性原则

选取的评价指标既要具有代表性，又要容易量化，以便进行定量化评价和分析，使指标体系具有较强的可操作性。

（四）统一性原则

农业产业化经营指标的名称、内涵、单位、计算口径与指标要统一，并尽量与各级统计部门的指标一致，便于量化、计算并使计量结果更具有可比较性。

二、指标体系的构建

农业产业化经营就是要提升农业比较效益、改善产品结构、增加市场竞争能力，通过优化资源配置来推进农业经济发展，加快农业的现代化进程，达到农村实现小康的目标。为了更好地依据农业产业化发展的总目标构建指标体系，科学、合理、客观、公正地反映各地区的农业产业化发展水平和程度，学术界提出了不同的农业产业化经营指标。

（一）刘树（1997）在农业产业化指标体系研究中提出农业产业化指标体系主要包括以下9类指标：

1. 农业产业化的基础条件指标

（1）反映农业发展的基础条件的指标

①农业机械总动力；

②农产品加工机械总台数；

③有效灌溉面积。

（2）用发展速度指标反映农业产业化的基础条件指标

2. 农村产业结构优化指标

（1）农业及其相关产业产值各自占农村社会总产值的比重；

（2）农业及其相关产业产值比重；

（3）在农业总产值中，林牧渔业产值比重；

（4）在农业产品产值中，名、优、特、新产品产值比重。

3. 生产经营规模化指标

（1）主导产业经营规模指标：主导产业总产值；

（2）龙头企业规模：生产、加工、储运、销售的农副产品数量；

（3）农产品商品生产基地的生产经营规模：总面积、总产量、总投资；

（4）养殖业：畜禽总头（只）数、种苗投放尾数。

4. 经营一体化指标

（1）农业生产单位与加工、储运、销售单位之间的契约化程度；

（2）农业相关部门对农业的投资占农业总投资的比重；

（3）对农业的利润返还占农业利润总额的比重或占农业增加值总额的比重。

5. 服务社会化的指标

（1）产前服务包括农业经营方式、农药、农机、燃料动力供应等；

（2）产中服务包括农业生产的技术指导、农业经营指导、发展因地制宜指导和农业作业服务（包括机耕、机播、植保、机械收割等）；

（3）产后服务包括农产品市场形成指导、产品收购、产品加工、半成品储运和销售等服务。

6. 管理企业化发展程度

（1）模式化栽培面积占播种面积的比重；

（2）大型农机具等生产资料的共同利用率；

（3）委托经营户数所占比例，即农户的农业生产全过程或部分农业作业委托给专业协会服务组织的比例。

7. 农业产业化的科技进步指标

（1）生物化学性技术：优种普及率、配方施肥率、配方饲料率等指标；

（2）机械性技术：农业机械、农业生产设施等固定资产的开发和改良；

（3）组织性技术：农业产业组织化程度。

8. 资源利用率和效率指标

（1）资源利用率指标：农产品的耕地单位产量或每公顷的农产品的产量，平均每公顷耕地的农业纯收入额；

（2）农业资源的资金、劳动力等要素：资金利税率、劳动生产率；

（3）农业产业化的效益指标。

①农产品商品率；

②农产品加工、储运、销售增值率；

③农民人均纯收入增长率。

9. 农业相关产业群发展程度指标

（1）农业产业化发展的衡量指标。

①机械工业总产值中农业用机械产值所占的比重；

②化学工业中，化肥、农药、农用调节剂等农业化工产品产值所占的比重；

③加工业的产值中，农产品加工品产值所占的比重。

（2）相关产业发展对农业发展的保证程度角度指标

①单位面积耕地平均拥有的化肥产量（折纯量）、农药产量、农业用调节剂产值；

②单位面积耕地平均拥有的农用机械工业产值、农用电供应度数。

（二）张国强等（1999）建立的农业产业化经营指标体系，第一级指标选取7个，分别为农业产业化经营的规模、龙头企业、农业产业化经营结构、农业产业化经营体系的市场竞争力、技术实力、资金筹集与运用、发展前景，第二级指标选取15个及其相对应的计算参数。

1. 农业产业化经营的规模

（1）劳动力规模；

（2）产值规模；

（3）规模效益；

（4）生产规模。

1）支柱产业规模

①支柱产业的劳动力指标；

②固定资产指标；

③产值指标；

④收入指标。

2）商品基地规模龙头企业规模

2. 龙头企业

（1）龙头企业实力

1）偿债能力指标

①反映企业长期偿债能力的指标；

②反映企业短期内偿债可能性指标；

③反映企业短期内实际偿债能力指标。

2）运营能力指标

①账款周转率；

②存货周转率。

3）盈利能力指标

①资金利润率；

②销售利润率；

③成本费用利润率。

（2）龙头企业对基地农户的带动力

3. 农业产业化经营结构

（1）产业链长度；

（2）农业产业化经营的紧密程度。

4. 农业产业化经营体系的市场竞争能力

（1）市场占有率；

（2）市场开拓能力；

（3）产品销售市场。

5. 技术实力

（1）技术创新能力；

（2）产品技术含量。

6. 资金筹集与运用

（1）资金融通能力；

（2）资金成本。

7. 发展前景

（三）赵慧 峰等（2000）提出的农业产业化经营评价指标体系及其实例分析，对农业产业化经营评价指标体系提出两级指标体系，主要内容如下：

1. 效益化

（1）农产品综合增值率；

（2）产业化经营总产值占农业总产值的比重；

（3）农民收益率；

（4）相关产业增值率。

2. 一体化

（1）农民组织化程度；

（2）龙头企业对农户利润返还率。

3. 规模化

（1）加工业产值占整个产业产值的比重；

（2）专业村比率；

（3）专业户比率。

4. 专业化

（1）专业化产品率；

（2）市场占有率。

5. 商品化

（1）农产品商品率；

（2）农用物资外购率；

（3）产中接受社会化服务率；

（4）就业贡献率。

第三节　农业产业化经营契约

一、农业产业化经营契约类型

根据尹云松（2003）的研究，在公司选择守信的前提下，可以将影响公司与农户间商品契约稳定性的因素分为两大类：一类是与公司签订商品契约的农户的类型；另一类是签约产品的专用性。

（一）按签约农户的大小来划分，可以将公司与农户的商品契约类型分为公司与小农户的商品契约和公司与大农户的商品契约。

（二）按签约产品的专用性强弱来划分，可以将商品契约分为以下三种：

1. 专用性弱的产品的契约。大宗种植业产品的契约，这类农产品的销售范围和销售对象非常广，几乎不受时空条件的制约，专用性较弱，商品契约受市场波动的影响较大，稳定性较差。

2. 专用性中等的产品的契约。如普通养殖业产品的契约，在市场行情有利时，农户有可能将产品转售给市场以谋取更大的收益，契约的稳定性一般。

3. 专用性强的产品的契约。特种种植业产品的契约，如特种药材，因为此类农产品用途较单一，销售渠道少，生产者只能将产品按合同卖给公司。因此，该类商品契约的稳定性较高。

二、农业产业化经营风险

农业是风险较高的产业，尤其我国自然灾害频繁发生，农业自然风险较高。

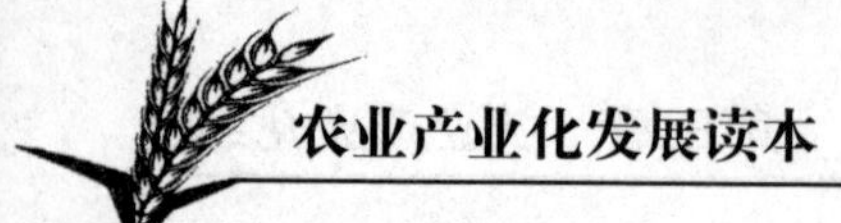

同时，由于市场信息滞后、销售渠道不畅通等，农业往往出现增产不增收的现象，进一步增加了农业的生产经营风险。根据孙良媛（2003）的农业产业化风险分类，我们把农业产业化经营风险归为以下5种类型。

（一）自然灾害风险

我国是灾难多发的国家，泥石流、滑坡、涝灾、旱灾、冰雹、霜冻等对农业生产破坏性较大，危害我国局部区域的农业生产。自然灾害对于农业及其相关产业来说，具有不可回避性。基地农户和企业规避自然风险的途径主要是企业和农户参加保险，由社会分担一部分自然灾害风险；另外，农业产业化可采取分散经营。

（二）市场信息不对称风险

产业化经营的农业是商业性农业，市场农业，也是风险农业。市场供需机制决定农产品及其加工业产品的市场价格，价格波动形成价格风险。企业如不能准确判断市场供需平衡，企业利润就会受到市场价格波动的影响。同时，农副产品受国际市场的影响也较大。企业在产品市场交易领域仍然面临许多不确定因素，一旦企业产品滞销、市场价格发生剧烈波动或受国际市场的冲击，企业就会面临市场风险。如当企业风险损失过大无力承担时，其风险就会通过企业传递给农户，农户则间接承担了市场风险。

（三）产业化技术风险

从农业发展的历程来看，技术进步是农业产业革命的动力。每次农业革命都离不开科技革命。现代生物技术大发展大大拓宽了传统农业的生产可能性边界，降低了农业对自然资源的依赖，提高了农业生产力。在农业产业化发展的进程中，更离不开农业产业技术发展与创新。但是，人们在享受农业产业技术进步带来的农业硕果的同时，也应当承担农业产业技术发展过程中不成熟技术、技术泄露或使用不当带来的巨大风险。

1. 农业生产工艺技术秘密外泄，出现非签约农户“搭便车”问题。农业生产场所具有开放性，农业生产技术工艺过程保密性差，比较容易被人模仿，出现新技术的使用者不可能独占该项技术成果的现象，可能导致产品供给增加，价格下降，使实际的收益小于预期收益。

2. 先进的农业生产技术与农民的低素质不相协调，导致低文化水平农户与企业合作失败。

3．农业技术在生产实践中发挥作用，需要一定的外部环境条件支撑，如果技术不够成熟或利用不当，农业技术很难达到其预期的收益或目标，甚至离预期目标相去甚远。

（四）时滞风险

技术成果转化、市场信息的指导作用、宏观调控与管理措施的落实等，都需要一定的时间，即每一项决策的执行到发挥作用都有一个时滞过程。而决策的时滞性与市场瞬息变化的矛盾，产生农业产业化经营过程的时滞效应，导致农业产业化经营的时滞风险。

（五）契约风险

农业产业化、规模化、一体化发展主要是以契约为纽带实现的。基地农户与企业通过契约关系形成农业关联企业与农户之间相对稳定的联合关系。但是，这种契约联合关系，在许多风险下，存在诸多不稳定性因素，形成企业与基地农户联合关系的契约风险。一般来讲，在市场不成熟，农业产业化发展机制不健全的条件下，弃约率较高，企业或农户的权利很难真正得到保障。

三、农业产业化经营契约不稳定性

公司与农户通过契约规定双方在生产、销售、服务及利益分配和风险分摊等方面的权利和义务，建立“利益共享、风险共担”的合作关系。这种契约关系貌似把公司和农户紧密联系在一起，形成稳定的“利益共享、风险共担”利益共同体，其实不是这么简单。现实中农业产业化经营存在诸多不稳定性因素，弃约率很高。造成我国农业产业化经营弃约的因素很多，具体归纳为以下几点。

（一）信誉度差和信誉机制不健全

我国农业产业化经营还处在发展壮大阶段，许多农业产业化经营公司的合作农户规模较小，企业资金不雄厚。若企业和小农户签约，就会面临小农户弃约的风险。因为小农户偏向于短期、眼前的收益，缺乏长期的经营计划和收益预期。当市场行情发生波动，当农产品市场价格高于农户签约价格时，小农户选择弃约比率很高，导致的违约等机会主义行为非常明显，因而一般信誉较差。同样，对于一些小型企业也存在这样信誉度不高的问题，当小企业遇到不可抗拒外力或市场行情不好时，企业亏损严重，很难承担风险，同时违约代价远远低于市场损失时，小企业通常会选择放弃信誉。

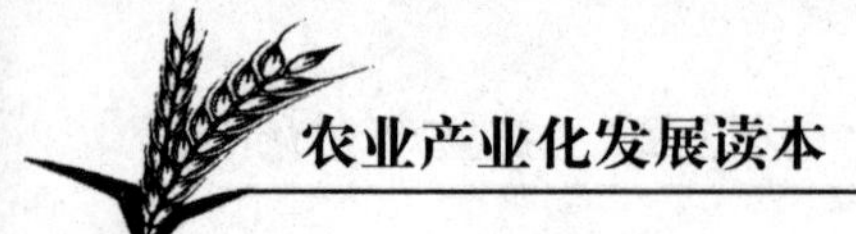

国内一些中小企业在信誉机制建设方面还存在一定的问题。无论是农户还是企业，一旦选择了欺骗，将永远不再得到信任。农户往往在短期收益和可能的长期收益的现值进行比较后做出选择，只有在农户可能的长期收益现值大于短期收益的情况下，农户才有积极性选择诚实守约，双方的合作行为才会一轮一轮地出现。这就是无限重复博弈所创造的信誉机制。按照无限重复博弈所创造的信誉机制的要求，企业必须始终让农户看到继续合作的利益和弃约的长期损失，并在短期合作里提供农户较高的利润配额。否则，企业的信誉机制很难建立。

（二）契约双方的主体地位不对称

现代市场经济的实践证明，市场经济平等竞争、公平交易的前提是交易主体之间的地位对等。在我国以“公司+农户”为主要形式的农业产业化经营组织模式，无论从技术、资金、资产、信息等，还是对企业利益分配与控制等方面，企业都具有绝对的垄断地位。企业是合作的强势主体，基地农户是契约的弱势主体。合作双方主体地位是不对称的，双方可选择机会差异大。实力雄厚的经营大品种的公司可在多个地方任意选择农户，农户只能处于被选择的地位。农户和“龙头”企业的关系实质上是从属或依附关系。因此，农户与公司的交易、签约和利益分配处于从属地位，农户很难合理分享交易利益，更谈不上获得平均利润了。农户成了公司致富的手段，契约难以持续长久维持。

（三）信息不对称和契约的不完全性

在农业产业化经营中，经济主体信息存在巨大的差异。越是大公司相对于农户的信息越不对称，尤其是大公司对小农户。受机会主义行为的驱使，信息不对称程度越大，信用市场中产生逆向选择与道德风险的可能性就越大，双方契约关系内在的风险性也就越大，契约风险度就越高，商品契约也就越不稳定。

在“公司+农户”模式下，农产品购销合同是不完全的。在公司与农户签订产销合同时，无法对未来农业生产和商品市场提前做出准确的预期，在公司与农户的有限理性下，契约给双方都留有一定的风险空间。另外，公司与农户签订契约的交易成本高昂。交易双方就会依据理性原则订立不完全契约。这种不完全契约给契约双方留下许多规避风险的空间，同时为这种交易模式正常运作带来许多隐患。不完全契约的约束力相对低，在软约束契约下，违约或其他机会主义的情况下，很难保证契约的正常实施，导致履约问题得不到解决。契约软约束的存在降低了商品契约的稳定性。

（四）主体双方利益的对立统一

“龙头”和农户之间的利益关系既存在统一又存在对立。所谓统一是追求各自利益时必须以不能损害整体利益为前提，整体利益的损害对各经济主体都是损失；所谓对立是双方均各自追求自己的利益最大化。因合作而产生的减少交易成本等方面增值利润本应大部分给农民，因加工增值的利润部分也应分给农户。但因现实生活中利润界限不清，信息不对称，主体地位失衡的状况等原因，龙头企业往往利用优势地位获取两部分利润，农民利益无法合理获得与保证，所以真正理想的“风险共担、利益共享”的利益机制是非常不容易建立的。

（五）契约执行过程中的逆向选择和道德风险因素

逆向选择是指不诚实守信的经济主体，在信息不对称的条件下，通过私人信息签订利己的不合理合约。道德风险是指农户和企业单方或双方，不按合同规定诚实履约。农户偷工减料、以次充好，而公司压价、压级收购农产品，各自以实现自身利润最大化为目标。无论是逆向选择还是道德风险，都将损害农户和公司双方的利益，导致违约现象。

（六）违约收益高于违约成本

在经济市场发生波动、农产品的市场价格高于契约价格时，会诱发农户的违约行为发生。农户不按照规定的数量、价格、品质等履行契约，倾向于把农产品销售到市场；同样，当农产品的市场价格低于契约价格时，公司为避免损失倾向于选择从市场上购进农产品或压低农户的农产品价格。在诉诸法律的成本高于获益的情况下，无论是公司还是农户，往往都会选择不起诉，从而导致契约自然失效。

四、契约不稳定性政策建议

从我国农业产业化经营实践中可以看出，农业产业化发展形成的公司和农户的契约关系存在许多问题，致使违约率较高。有效解决小生产与大市场的内在矛盾，还依赖于制度创新和产业化政策的积极引导。

（一）积极扶持农民专业合作社，大力发展农民保护协会

基地农户比较分散，相对于企业完全处于劣势地位。要想提高农户的地位，必须把分散的农户联合起来，形成一个团体。把农户组织起来不外乎两种途径：一是农户直接联合，形成农业合作社。鼓励和支持农民联合，制定扶持农民专业

合作社的措施。通过发展农民专业合作社，提高缔约时的谈判地位，保护农户的合理利益，加强公司与农户契约的稳定性。二是中介组织的介入，如农户保护协会。一些代表农户利益的非营利团体的介入，可以监督企业、威慑企业避免给农户签订不合理和虚假契约，同时，企业出现违约时，中介组织可以通过法律的途径保障农户的合法权益不受侵犯。

（二）鼓励和支持专用性资产投资

增加公司与农户专用性资产投资，提高契约双方的退出成本，强化契约双方的互利关系，保障契约的长期稳定。提高公司良种站、农产品加工厂、储运冷藏厂、购销网点、技术服务站等专用性资产的投资额度，强化农户对种养基地、生产设备及其维护、专门技能培训等方面的投资，提高公司与农户双方违约的成本，从而提高契约的稳定性。

（三）完善风险保障机制

小公司和基地小农户抵御农业及其衍生产业风险的能力都较低。探索多种途径、多形式的农业产业化发展的风险保障机制，弱化市场风险对双方合作的冲击，提高双方抵御风险的能力，增强契约稳定性。在政府的积极引导和支持下，银行、中介或金融机构创办风险基金，当农产品的市场价格低于合同价时，对按合同价收购农产品的公司或龙头企业，实行基金补偿，降低企业违约率；当农产品市场价格高于合同收购价格时，可以从风险基金中给予农户部分补偿，避免农户违约，保障农户的利益不受损失。

（四）探索有效的契约行为监管机制

农业产业化经营模式具有农户相对分散性和龙头企业高度集中性的特征。农户的分散性特征是小农户和大市场真正实现有效管理的难点，也是契约丧失约束力的根本原因。如果企业违约，分散农户不容易凝聚成一体，农户联合维护自己的合法权益成本太高，使合同对企业的约束力大大降低。当农户违约时，企业追查各个农户的责任的代价很高，清查成本可能高于违约损失，致使企业无心追查，使合同约束机制流于形式。再加上，契约不完全性的存在，为机会主义行为提供了有利条件。因此，建立有效的契约监管机制是解决小农户和大市场监管困难的关键。

（五）建立信誉等级评价机制

一般来讲，大企业比小企业相比抗风险能力较强。企业规模越小，抵御市场风险的能力就越低，信誉就相对差一些。在农业产业化发展不成熟阶段，探索建立农业产业化经营中公司与农户信誉等级评价机制，十分重要。它直接关系农业产业化经营能否健康发展的问题。企业和农户之间一旦出现不守信的问题，企业或农户将失去以后继续合作的机会，企业长远的生机或农户经济发展都将受到严重的影响。目前，农业产业化经营企业和农户的信誉度差，信誉机制不健全，很大程度上降低了农户与企业间交易合同的履行效果，增加了契约的不稳定性。

第四章 农业产业化、契约安排和农地流转

基于第二章的文献回顾，本章尝试构建农业产业化和农地流转的理论分析框架，从而为案例研究和政策建议提供必要的理论基础。农业产业化作为一种农业产前、产中、产后垂直协调的过程，是中国农业现代化进程的必然演进方向。农业产业化涉及垂直协调的契约安排，包括契约安排决定主体的确定、影响契约安排的因素分析，指出最优的契约安排取决于具体农业产业化行业的交易成本特征以及契约所嵌入的社会、文化、法律结构等。显然，具体的经济制度也会影响契约安排，特别是就农业产业化项目而言，往往是土地密集型的，因此，无法回避农地制度的影响。所以，我们进一步结合中国农地产权制度，讨论农地流转和农业产业化以及垂直协调契约安排之间的相互关系。

第一节 农业产业化与垂直协调

一、垂直协调：农业产业化的本质

20世纪50年代以来，世界农业生产组织方式经历了一场深刻的变革：首先，农业生产联结数目发生了明显变化，农产品生产环节的联结数目增多，家庭农场的投入品包括化肥、种子，种植（养殖）过程中技术服务以及运输、储藏服务，越来越依赖于家庭农场之外的企业或组织，而在传统农业生产中，这些往往在家庭农场内部完成；同时，通常分别由各个企业完成的环节，比如批发、零售以及投入品的生产和组织等逐渐内部化，由单个企业或相关的组织完成；其次，也是最为关键的是，这些上下游之间的垂直联结方式从以开放的、非人格化的现货市场（Spot Market）为主演变为以协商性的、人格化的甚至是非常紧密的契约关系为主（Boehlje and Schrader，1998），即对农业生产的各个环节进行越来越多和越来越强的各种形式的垂直协调。垂直协调是指协调上下游价值增值体系中的各类功能的过程，使各部分功能的联结变得和谐（Sauvee，1998）。在农业生产中呈现的各环节、阶段联结方式的根本性转变和农业产品生产企业间的联合这一现象，被称为农业产业化（Industrialization of Agriculture）（Urban，1991；Barry et al.，1992）。因此，从西方学者对农业产业化的定义来看，垂直协调是核心特征。

在我国，在计划经济体制下，产业链上各个不同的生产环节和投入产出的交易环节，包括农业的种植、加工、销售和投入品与信贷的供给，是由中央计划体系来决定和协调的。这种协调体系源于政治目标，服从于重化工业优先发展的赶超战略，政府人为压低农产品价格，导致农产品供给缺口扩大，从而不得不实行农产品的统购统销和农业经营的人民公社化，农户被限制在农业生产环节，农业生产的物资投入、农业技术的供给以及农产品的加工销售由政府通过行政组织体系统一调拨。一方面因为计划制定者缺乏足够的信息，难以保证计划体系通畅运行，而市场价格体系的缺失导致生产过程和交易过程的无效率；另一方面，更为重要的是，由于调拨机制的僵化、缺乏竞争性、非利润导向等诸多因素影响，农业生产过程中的投入、种植（养殖）、加工、销售等环节相互脱节，分属于不同的条块部门，农业产业链实际上被人为割裂，农业生产组织形式与当时世界主流的农业生产组织变迁方式背道而驰。

改革开放以来，家庭联产承包责任制的出现和农产品价格管制的逐步放开，改变了农户的激励机制，促进了农业的发展、农村的进步和农民收入的提高。但是，分户单干尽管解决了长期以来阻碍中国农业发展的激励问题，却因为人多地少的国情，导致单户规模偏小、土地细碎化程度偏高，在原先国家统一控制的垂直协调体系瓦解的同时，农业生产过程中的各个环节也被割裂了。①不过，随着体制束缚的打破和市场化进程的推进，而整合这些生产交易环节的制度创新的收益不断提高，农业生产组织形式的创新在部分地区应运而生，通过对被割裂的产业链的重新联结、整合来寻求农业生产效率的提升、农业生产利润的提高和农民生活福利的增进。这一过程实际上选择了当前国际农业生产组织和结构变迁的主流路径，即农业产业化。

关于中国农业产业化的内涵特征，尽管学术界的看法仍未完全一致，但是均强调农户、企业、合作组织等各经济主体以市场为导向、以经济效益为中心，利用各种契约形式将农、工、贸、科等相关组织以及所涉及的各个环节结合起来，

① 这种现象广泛地存在于20世纪80年代的转型国家和地区，详细见Swinnen和Maertens（2007）的分析。

把农业整合为一个完整的产业链条，将农业生产的产前、产中、产后诸环节整合成一个产业系统（牛若峰，1998；赵爱英，2003；等等），强调以市场为导向、以经济效益为中心。国内学者通常将这一产业链比喻为中国传统的图腾——龙，根据产业链上各个关键节点和环节的垂直关系，将其分为“龙头”（产后环节）、“龙身”（产中环节）和“龙尾”（产前环节）（周立群和曹利群，2002）。因此，产前、产中、产后诸个环节的垂直协调也是中国农业产业化的核心特征。

二、垂直协调的必要性

垂直协调的作用和形式在农业生产组织方式创新中的主导地位不断强化的原因被sauvee（1998）归纳为四个方面：提高效率、获取市场优势、降低不确定性和获得（或降低成本）融资。Marion（1976）认为技术和市场规模的变迁、决策行为、市场结构是农产品生产垂直组织的决定因素；Helmberger et al.（1981）强调上下游间技术的互补性和不完全竞争也是垂直协调发展的激励因素。但是，与纯粹的即时市场进行比较，垂直协调面临着缔约成本、激励问题、政府规制等制约。因此，垂直协调在农业生产中的作用发挥取决于其收益和成本的比较（Boehlje and Schrader，1998）。

（1）垂直协调的收益

产品多样化和风险问题及其结合是农业生产领域垂直协调产生的直接推动力。就需求方面而言，随着社会经济的发展，消费者对农产品及其加工品的需求呈现多元化，对营养、健康和食品安全更为关注，产品的价值对产品特征的敏感性加大。因此，消费者所需求的最终产品特征的信息在农业生产中显得尤为重要。最终产品特征的形成取决于“产前”、“产中”、“产后”各个环节。就“产前”而言，种子等投入品通常决定了最终产品的生物基因特性，如何避免投入品价格波动的风险，往往需要正式契约等垂直协调方式。就“产中”而言，这一过程中农药、化肥或者饲料的提供以及具体技术在时间、空间上的选择都将影响产品的特征。此外，农产品往往因为自然、人为等各种因素导致产量不稳定，进而引发投入品和农产品价格的波动。为了避免产品在数量、价格方面的波动，对于单个企业或者农户而言，除了农产品期货市场之外，主要依赖订单农业或者垂直一体化的垂直协调方式。而质量控制也依赖于垂直协调，如具体的技术指导和服务，甚至完全一体化。而“产后”的加工环节，因为产品特征的专用性，可能需要更多的资本投入，产品的加工、包装、运输等各个阶段都需要稳定的产品数量和约定的产品质量来满足机器设备的利用能力，而数量和质量的波动在纯市场环境下难以解决，需要垂直协调各个环节。“产后”的销售环节则直接和消费者接触，从而更容易获取相关的信息，但是如何保证产品质量和需要的供应数量，尤其是食品安全、环境保护等方面的问题，是值得思考的，一旦缺乏与前述环节协调，可能会带来更大的风险。

由于农业生产的特殊性，公开现货交易市场在表现、传递这些涉及产品特征（数量、质量、时机等）方面信息的过程不如垂直协调（Boehlje and Schrader，1998）灵敏，如农业生产一般都需要一个自然周期，生产者对价格信号的反应存在滞后性，而垂直协调体系则通过上下游决策者之间更高频率和更直接的交流来促进信息的流通以及行动、策略的及时调整。

最后，从目前世界各国，尤其是和中国体制背景比较接近的转型国家、发展中国家（包括中国）的实践来看，农业部门垂直协调有助于提高农户生产的效率，甚至促进农户间的平等（Swinnen and Maertens，2007），具有积极的经济和社会效益。

从效率层面上来看，首先，参与订单农业等垂直协调的农户可以获得产品需求方在投入品方面的资金支持、获得必要的培训和技术指导、得到及时足额的支付和有保障的销售价格和销售量、降低营销成本，因此提高了产量和产品的质量，从而提高了农户的收入。这种效应在对塞内加尔、印度、泰国、菲律宾及东欧国家蔬菜、牛奶、园艺、水果、粮食等诸多行业的经验研究中得到证实（Mae—rtens et al.，2007；Gow et al.，2000；Swinnen，2006；Gulati et al.，2005；Dries and Swinnen，2004；Birthal et al.，2005）。中国部分地区的经验研究也支持这一结论，如垂直协调在“生产技术标准”、“技术服务和培训”、“病虫害防治服务”、“统一品牌（包装）”、“保鲜服务”、“种苗供应服务”、“农资采购服务”、“市场信息”、“按保护价收购成员产品”和“代理销售”等方面的服务促进了浙江仙居杨梅种植农户收入的增长（李曼琳，2008）；又如祝宏辉（2007）对新疆天山地区番茄种植户的研究发现，订单农业生产方式对农户产量、收入的增加作用显著，并且相对于非订单农业生产方式而言，订单农业的要素使用效率更高，是对资源、环境更为友好的农业生产方式；对中国总体数据的时间序列分析表明，财政支持农业产业化项目对农户收入增长具有明显的作用。其次，在垂直协调体系中，下游企业或其他组织与农户的合约中往往确定了保护价，并确保收购一定产量的农产品，因此，对于农户而言，避免了高度波动的市场风险，这对于农业保险市场不完善的地区而言，尤为重要。农户预期收益的稳定和及时支付体系的建立，可以放松农户的信贷约束，促进其在农业生产和其他方面的投资。[①]而且，从Swinnen（2005）、Maertens et al.（2007）等关于农户参与垂直协调动机的调研结果来看，有保障的农产品销售量和销售价格以及稳定收入是决定农户是否参与的重要动机。除了上文提及的相关机制之外，从中国的实践来看，垂直协调有效地解决了小农户和大市场之间的矛盾，促进了区域特色农业经济的形成和发展，通过规模化、专业化和集约化的发展，形成区域品牌，提高了产品的附加值，提高了农户生产效率和收入。此外，垂直协调体系有利于推动中国在内的发展中国家农业现代化进程。垂直协调过程一般伴随投入品的改善、农业生产技术的改良以及产品质量或产量的提高，有利于促进现代农业的发展；同时，农业产业化伴随着第二产业和第三产业的发展，为劳动力非农就业提供了保障，也为加快城镇化进程提供了必要的产业支撑。

垂直协调对农户收入分配的影响较为复杂，结论不如其对效率影响那么显著。平等（Equity）问题主要涉及两个方面。第一个方面是垂直协调所形成的效率提高和福利增加如何在体系内各参与主体之间分配。在新古典经济学的框架下，这种分配取决于各主体对增进福利的贡献程度。显然，垂直协调的福利增加需要下游的加工企业、出口商、零售商和农户之间的合作，参与农户可以从中实现福利增进，这种帕累托效率改进的幅度可能受到其贡献度的约束。但是，在放松新古典经济学的严格约束后，由于下游企业凭借信息、规模等方面的优势会形成垄断力量，会通过设定各种条件与农户建立不平等的契约关系，攫取绝大部分利益（Warning and Key，2002）。[②]然而，上文关于各国的经验研究表明，农户利益增进还是显著的，在一定程度上否定了上述推论，但这又产生了第二个问题，是否在参与农户和未参与农户之间产生了不平等效应。垂直协调对参与农户的选择可能存在财富偏向效应，出于交易成本的考虑、投资的需要和能力技术的要求，垂直协调倾向于土地面积大、富裕且有能力的农户，因而可能会造成贫富差距的进一步扩大和农村内部社会阶层的进一步分化。不过，也有研究对这一问

① Gulati et al.（2005）对南亚和东南亚的研究和Henson（2004）对乌干达蔬菜行业垂直协调的经验研究都证实了这种效应的存在。

② 实际上，利益分配方式取决于具体的契约形式，在不同的契约形式中，农户的地位以及相应的收入分配亦不同。我们将在后续内容中讨论契约形式的选择问题。

题加以反驳，认为这种财富偏向效应在现实中并不明显，案例研究发现参与垂直协调体系的农户仍以中小农户为主；大农户尽管在管理等交易成本上具有优势，但是在合约制定和执行过程中更具谈判力，从而增加了下游企业的交易成本；而且，较小规模的农户可以通过劳动对资本、技术的替代，从而并不影响成本效率。[①]所以，通过财富偏向效应进而扩大贫富差距的机制并没有起明显作用，Swinnen和Maertens（2007）对相关经验研究总结为此提供了证据。中国在这一方面的经验研究主要集中在第一方面即利益在协调体系内部的分配问题上，对第二个问题的研究几乎是空白。

（2）垂直协调的成本

垂直协调面临着各种约束所带来的成本，侵蚀垂直协调的利益。比如，订单农业面临较高的缔约成本，关于价格和数量的确定、质量评级、风险分担等问题达成一致可能需要耗费大量的资源，尤其是在契约不完全程度较高的情况下，供需主体数量和信息上的不对称，容易引发基于高资产专用性的敲竹杠（Hold—Up）等现象，导致交易成本大幅提升。垂直一体化的要素契约通常面临工人监管、激励问题以及较高的科层费用；垂直协调后形成过大的市场权力可能遭受到反托拉斯法对垄断问题的规制；在农村劳动力过剩的中国，可能还会面临社会稳定成本，完全垂直一体化后可能会造成土地大规模集中以及资本、技术和土地对劳动力的替代，农村显性或隐性失业的增加，农村土地作为劳动力蓄水池的功能丧失[②]，尤其在经济衰退期，不利于社会稳定。此外，经营者个体的效用函数通常是“独立感”的增函数，垂直协调往往需要经营农户部分权利的让渡、工作时间的非自愿性调整等，造成农户效用下降；垂直协调体系对贫困农户的排斥等可能造成农村贫富差距的扩大和阶层的分化；现货市场运行制度环境的改善，会降低垂直协调利益空间等。这些都在绝对或相对意义上生成了垂直协调的成本（机会成本）。

（3）小结

农业生产组织方式中是否选择垂直协调取决于上述收益和成本的权衡。随着社会经济的进一步发展，对产品特质需求多样化的程度将不断提高，这是推动垂

① Tan、Heerink、Kruseman和Qu（2008）关于中国的经验研究发现，经营地块大小和地块数量的分布并不影响单位产值的总成本，只是影响成本的具体构成，规模小的农户倾向用劳动投入替代资本和技术投入。

② 在中国，农村土地除了承担社会保障功能之外，还发挥农村劳动力蓄水池的功能。当经济高涨时，非农劳动需求的扩张吸收农村劳动力；而当经济衰退时，非农劳动需求下降，大量农村劳动力返乡，农地起到了安置这些剩余劳动力的作用。

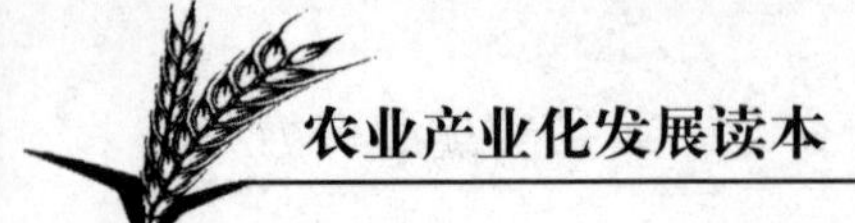

直协调的主要动力；生物技术的不断进步，改变了产品特征和加工过程，成为在供给方面推动非市场垂直协调的重要力量；垂直协调在提高农户收入方面显示出突出的绩效；信息技术的发展降低了监管等垂直协调的成本，同时也提高了纯市场的效率，但是技术进步的预期净效应将偏向于非市场的垂直协调（Schrader，1986）。所以，垂直协调进而实施农业产业化是农业产业组织形式变迁的主流路径。

第二节　垂直协调契约安排决定主体的确定

上一节论述了农业产业化的本质是垂直协调，而垂直协调必然涉及具体的契约安排。显然，契约安排取决于交易成本和生产成本的最小化。但是，农业产业化过程中各参与主体的利益并不是完全一致的，因此不同主体成本最小化的契约安排可能并不一致。所以，在讨论契约安排时，我们有必要首先确定契约安排决定主体，即在这一垂直协调体系中处于控制地位的主体。这种控制地位也决定着垂直体系所实现的效率增进在不同参与主体之间的分配状况。

一、对已有研究的回顾

在垂直协调体系中，或者说是在农业产业化的产业链上，控制权是如何分布的?早期的研究认为，控制权来源于主体的规模，参与主体对垂直协调体系的控制权和市场规模呈正比。那么，参与农业产业化各参与单位的规模决定了契约安排的决定主体。根据这一观点，只有企业或者农业合作组织，而不是分散的农户才能成为契约安排决定的主体单位。

Boehlje和Schrader（1998）对这一问题做了进一步的拓展。他们认为，除了规模权力（Size Power）之外，由于处于农业产业化不同阶段的主体对关键性信息获取能力的不同，从而产生了所谓的位置权力（Position Power）。随着社会经济的发展，产品需求的多样化以及对应投入品的不可替代性，不但推动了垂直协调的发展和深化，也使产品需求和投入品特性的信息成了垂直协调体系中最关键的信息。处于产业链末端的加工、销售终端主体，凭借其与消费者的紧密联系，在获取消费者对产品特性需求的信息上，具有明显的优势，而且为了获取信息租金而尽可能不公开，使信息私人化。而种植（养殖）过程中的主体很难与最终消费者形成紧密的联系。因此，为了满足有效需求（Effect Demand），垂直协调体系内的其他主体不得不受约束于产业链末端的主体。此外，最终产品特性的形成，往往依赖于投入品的特性以及种植（养殖）过程的特性，替代弹性低且对最终产品特性形成贡献大的投入品的生产知识，也成了农业产业化链条上控制权产生的源泉之一。所以，垂直协调体系中控制权的非均匀分布，通常集中于产业链的起点和末端。

Boehlje和Schrader（1998）的分析在强调信息的关键作用时，忽视了规模以及信息和规模的相互作用，而不同类型信息的规模经济程度不同；而且我们不能排除在农业生产（种植）养殖过程中在关键私人信息的可能性；此外，集中在产业链起点和末端的控制权应该对应于何种形式的组织，他们的研究没有给出答案。契约形式选择主体的确定还需要做进一步的探讨。

二、垂直协调契约安排决定主体的确定：信息、规模及相互作用

从垂直的产业链来看，私人信息分布于投入品生产和供应环节、农业生产环节、产品直接进入消费市场环节或者产品进入加工环节并最终进入消费市场（见图4-1）。

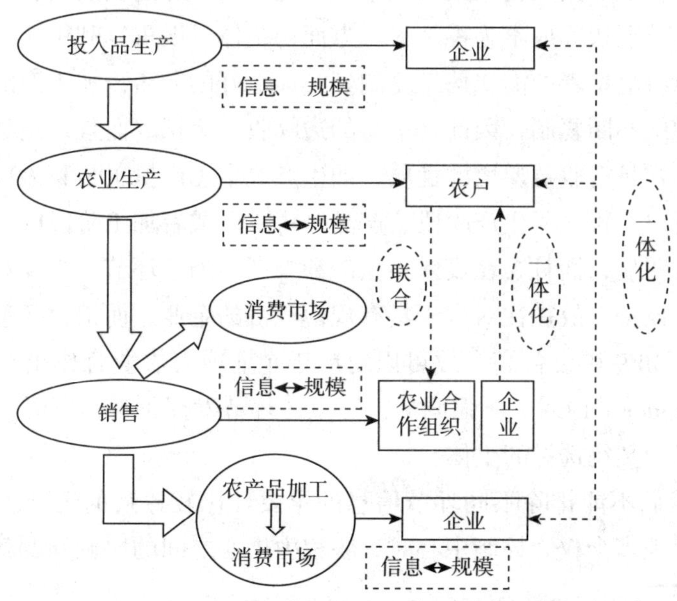

图4-1　信息、规模与契约形式选择主体

首先，不同环节信息的重要性[①]不尽相同，这种信息重要性的环节分布会因为具体农业行业的特性、社会环境、公共政策的不同而不同。比如，对于直接面向消费市场的传统大田作物而言，消费市场接近于完全竞争。种子、化肥等投入品的替代性很强，反而在种植过程中存在一定的私人信息，比如劳动者的努力程度等，因此对于这一较为极端的行业而言，农户反而居于核心地位，在契约形式的选择上具有一定的话语权。而且，如果政府在农业政策中偏向于市场信息的公开，如建立高效的市场价格、需求发布体系，通过公共财政资助投入品研发并向社会普及研发成果，那么，农户私人信息在垂直协调体系中的重要性将进一步提高。需要注意的是，不同环节信息的规模经济其表现亦不同，农业生产过程中的私人信息如难以监督的劳动者努力程度，不存在通过复制而获得经济收益的可能性即不存在规模经济，因此，当农业生产过程中的信息起到关键作用时，个体农户在契约形式选择上居于主导地位，这通常对应于垂直协调程度最低的现货市场。

不过，投入品生产环节、产品销售环节或者加工环节的私人信息，往往存在明显的规模经济。一方面，上述环节信息的获取，需要一定的规模经济为基础，如消费者对产品特性需求的信息分布依赖于足够大的规模去获取足够量的样本，而且部分私人信息的获得需要大量沉淀成本的投入，如在投入品生产阶段关于基因技术的获取需要支付大量的成本，不过，其信息的复制具有明显的边际成本递减效应，甚至边际成本为零。另一方面，主体可以重复利用这一信息获利，比如超市可以将消费者的需求信息复制到其他新开的分店，加工商的产品加工知识在加工过程中不断复制，因此，信息的边际收益为正。而且，这类新知识和新信息的生产通常具有收益递增的性质，即生产成本（产量）与私人信息存量成反（正）比。所以，投入品生产阶段、产品销售阶段或者加工阶段的私人信息规模经济效应非常明显，而且，在投入品生产和农产品加工环节，需要资产专用性程度很高的专用设备，故往往对应于具有规模经济的企业，而销售环节投入的资产专用性一般不如专用设备高，故可以对应于企业或者农业合作组织。所以，如Boehlje和Schrader（1998）所强调的，当上述环节发挥关键作用时，企业或者农业合作组织成为契约选择的主体。[②]

此外，我们不能排除不同环节信息的重要性比较接近的情况。当在垂直协调体系内部出现多个权力控制中心时，各权力中心之间的协调问题就显得非常突

① 此处信息的重要性指某一环节信息在产品最终实现其价值的过程中所起作用的重要程度或不可替代程度。

② 企业和农业合作组织之间的关系我们将在下文和下一节详细讨论。

出，在非合作状态下往往形成囚徒困境。当投入品生产、供应环节与产品加工环节之间的信息重要性接近时，特别是当加工过程或者最终产品需要具备的特性和投入品的性质密切相关时，两个环节的企业往往通过一体化来完成上述协调，即一个企业同时参与两个过程，这也是我们通常所见到的农业产业化的形式，龙头企业一体化“产前”和“产后”的生产环节。当农业生产过程的信息重要性同上述两个环节势均力敌时，通常因为企业在规模上的优势而获得主导权，但是，即使如此，企业在契约选择的过程中也必须重视农户的行为，面临构建合理的激励约束机制、让农户显示其真实私人信息的问题。另外，农户为了克服规模上的劣势，可能通过组建专业合作社等农业合作组织来参与竞争，龙头企业也有可能通过直接一体化避免主导权的丧失（见图4-1）。所以，在这一情形下，契约形式选择主体较为复杂，一般以企业或者合作组织为主。

三、小结

综上所述，信息、规模及相互作用，决定了垂直协调体系参与主体的组织形式选择和权力体系的分布，表4-1给出了这一分析结果的总结。当农户成为契约选择主体时，一般对应于现货市场；而当凭借信息、规模上的优势，龙头企业或者农业合作组织成为契约选择主体时，垂直协调的契约形式选择就变得复杂了，如龙头企业与农业合作组织之间的竞合关系如何处理、企业会选择何种形式的契约形式降低垂直协调体系中的各种成本等。不过，当合作组织居于主导地位时，契约的安排仍是商品契约，而不是要素契约，只是在治理结构的设计过程中面临选择不同松散程度的安排而已，如只是简单的产品价格、数量的约定还是参与到技术、投入品和管理上去等。若涉及剩余索取权，比如合作组织占有剩余索取权时，此时合作组织实际上演变为企业了。因此，下一节主要从企业的角度出发讨论契约形式的选择问题。

表4-1　契约安排决定主体与条件

契约形式选择主体	条件				
	农业生产环节的私人信息	投入品和加工环节私人信息	农产品销售环节私人信息	农业生产环节的规模	投入品和加工环节的规模
农户	重要	不重要	不重要	小	大／小
合作组织	重要	不重要	重要	大／小	大／小
企业／合作组织	重要	重要	重要	大／小	大
企业	不重要	重要	重要	大	大

第三节 农业产业化垂直协调体系中的契约安排分析

龙头企业作为契约安排的决定主体，面临如何选择契约形式最小化垂直协调体系中各类成本之和的问题，这还涉及农户和龙头企业、合作组织之间的利益联结方式以及对农地流转形式的不同要求，因此，这是一个非常关键的问题，引发了大量的相关研究。从理论源泉而言，这一问题的理论分析主要基于交易成本经济学，此外，基于不完全契约的产权结构效率理论、历史比较制度分析等也为之提供了分析工具。从国内已有的研究来看，往往偏重于讨论哪种契约形式（契约治理结构）最优。比如比较商品契约和要素契约的优劣或者“龙头企业+农户”和“龙头企业+合作组织+农户”的优劣（周立群和曹利群，2002；钱忠好，2000；等等）。事实上，我们认为，不同的契约安排（治理结构）是否有效率取决于交易行为和标的物的特征。比如行业的特征，也取决于社会治理结构、文化结构等诸多因素，因此，我们在此更关注契约安排问题，即根据不同的条件选择适宜的契约形式。①

一、对已有研究的回顾

（1）对交易成本经济学的选择性回顾

交易成本经济学在分析契约安排和交易成本关系上提供了一个很好的理论框架，因而有必要对交易成本经济学在垂直协调领域里的发展做一个简要的选择性回顾。

在科斯提出交易成本概念之后，Williamson和Klein等人在有限理性、机会主义的假设下，考虑到契约的不完全性，开创了交易成本经济学。Williamson（1979）引入资产专用性这一核心概念以及交易频率和不确定性这三个刻画契约属性的维度计算交易成本，进而决定具体垂直协调的治理结构（即契约类型）的

① 在国内的研究中，尹云松等（2003）、吴秀敏和林坚（2004）等人的研究关注于何种条件下选择何种契约形式的问题。不过，从产品的专用性（可替代性）和农户规模的角度来论述，后者是在不完全契约理论基础上根据交易双方的资产生产力和资产互补性讨论契约形式的选择。王爱群和夏英（2006）对他们的研究进行了综合，但并不全面，需要我们做进一步的拓展。

选择，即选择交易成本最低的契约类型。资产专用性程度、交易频率以及不确定程度与垂直协调的紧密度[①]呈正相关，前三者越高，越容易出现敲竹杠等机会主义行为，不利于专用性投资的事后保护，因此越需要提高一体化的程度。鉴于早期TCE过度关注资产专用性交易费用的缺陷，Williamson et al.（1985）将分析框架扩展至生产成本，并考虑到垂直协调紧密度提高带来的激励能力的降低和官僚成本的提高。

显然，在各类契约或者治理结构中，存在着明显的委托代理关系。Mahoney（1992）试图将传统的交易费用理论和Eisenhardt（1985；1989）关于委托代理理论的论述整合到一个更一般的框架下。Eisenhardt（1985；1989）将完全契约下的委托代理理论引入到不完全契约的框架下。Eisenhardt（1989）认为委托代理理论中涉及的逆向选择、道德风险以及风险和风险转移成本分担这些核心问题实际上可以归结为三类成本之间的权衡，这三类成本分别为行为衡量成本和产出衡量成本以及将风险转移至代理人的成本，因而非常关注在委托代理关系中的控制问题。Eisenhardt（1985）引入任务的两种性质：过程可程序化（Programmability）和结果可分性（Separability）[②]。过程可程序化的程度越高，行为衡量的成本越低，在垂直协调中有利于要素契约的实施；结果可分性的程度越高，结果衡量成本越低，在垂直协调中有利于商品契约的实施。Mahoney（1992）在Eisenhardt（1985；1989）的基础上引入衡量成本（Measurement Cost），结合Williamson（1985）的交易成本来决定契约安排。垂直协调契约类型的选择应该最小化"协商、适应、监管和实施供求双方关系（Buyer-Supplier）"的成本。他强调交易属性中的资产专用性和任务属性中的过程可程序化及结果可分性，根据这三个维度给出了垂直协调体系中的契约安排问题（表4-2）。

表4-2　垂直协调的契约安排

	低过程可程序化		高过程可程序化	
	低资产专用性	高资产专用性	低资产专用性	高资产专用性
高结果可分性	现货交易	长期契约	现货交易	合资
低结果可分性	关系契约	Clan（科层）	内部契约	科层

资料来源：Mahoney（1992）。

① 从商品契约向要素契约的演变过程是垂直协调紧密度提高的过程。

② 过程可程序化是指观测工作是什么以及如何完成的能力，结果可分性是观测或者确认是谁做了工作的（即参与者的贡献份额）能力。

但是，TCE忽略了任何微观组织和制度都嵌入到一定的社会、政治、法律和文化结构这一事实，这些结构直接影响着经济主体的行为选择进而是组织和制度选择。比如Greif开创的“历史比较制度分析”曾分析了商人所处的文化结构（集体主义和个体主义）对马格里昂商人和热那亚商人交易制度选择的影响（Aoki，2001）。最后，Williamson（1993）曾将信任问题排除在交易成本经济学研究之外，认为关于信任的定义含糊且没有达成一致，但是，不可否认，信任有助于减少在达成、实施以及监督合约方面或者更多非正式讨价还价中的交易成本（Levi，2000）。

（2）交易成本经济学等理论在农业产业化垂直协调领域的应用

交易成本经济学对于契约形式（治理结构）的分析，很快应用到对农业垂直协调体系的研究上（Schrader，1986；Frank and Henderson，1992；Barry et al.，1992；Rehber，1998）。农业垂直协调的方式包含了一切使得垂直关系上相互依赖的生产和分配活动和谐的工具，从市场到各种形式的契约合同、直至完全一体化（Frank and Henderson，1992）。契约关系因为紧密程度的不同，在纯粹的现货交易（纯市场协调）和完全一体化（企业内部行政协调）之间表现为一个连续区间（Schrader，1986），具体如生产与营销合同、特许经营、策略性联盟、合资等（Young and Hobbs，2002）。

但是，为了分析的方便和从研究目的出发，我们着重讨论农业生产中较为常见的两类契约关系。一是商品契约，上游投入品生产商与农户、下游的加工商与农户、农业合作组织与农户、销售商之间签订商品合约[①]，通常会对产品的价格、数量、质量以及履约时间等有相应的规定，有时还包括“产前”、“产中”的配套服务及规范标准，有别于即时的市场交易，最为常见的是订单农业、特许经营等。在我国具体表现为“龙头企业”和农户之间、合作组织和农户之间签订农产品和投入品购销合同，签约双方法律地位平等，基本上不存在科层意义上的控制与被控制关系。二是要素契约，主要表现为企业先租用农户现有的土地使用权，再把依附于土地的农民变为土地上的工人（可能凭土地使用权入股而成为股东），企业拥有完全的剩余索取权，实际上就是把外部市场交易内部化为企业内部行政协调的科层体系，表现为股份合作制以及其他完全垂直一体化形式的农业

① 根据本章第二节关于契约形式选择主体的分析，我们可以将商品契约的实现方式简化为以下三类：“企业+农户”、“合作组织+农户”、“企业+合作组织+农户”。

企业。这两类契约的最根本的区别在于后者具有剩余索取权。这一本质的区别导致两类契约在不同的条件下具有不同的成本和收益。因此，我们面临着商品契约和要素契约的选择问题，即在什么条件下适宜采取要素契约，在什么条件下适宜采取商品契约。

在垂直协调体系中，龙头企业所面临的交易成本主要包括公司管理和运行成本，原材料（初级农产品）供应信息的搜寻成本，与供应商（合作组织）或农户的签约成本，原料供应和加工需求之间数量、质量、时机上的协调成本，以及合同纠纷引发的成本等；农业合作组织也面临类似的交易成本，包括组织管理和运行成本，与农户和龙头企业的签约成本，农业生产过程中的协调、指导、监督成本等。龙头企业和农业合作组织面临的问题是，如何根据交易关系中的契约特征选择最小化上述成本的治理结构。Satourius和Kirsten（2005；2007）在Jaffee（1995）、Dorward（1999）、Young和Hobbs（2002）等人工作的基础上，运用交易成本经济学的分析工具，建立了一个关于治理结构和交易特征的分析框架，从资产专用性程度、交易频率、不确定性三个维度讨论契约形式选择的问题，其中，将不确定性分解为交易方转换成本（Switching Cost）、初级产品的可替代性、契约的持续期、事前可控性（ex ante Control）[①]、事后重要性（ex post Importance）[②]、需要分享的信息量[③]、契约实施的管理方式[④]以及农业——生态条件的重要性[⑤]。

需要指出的是，事前可控性和事后重要性这两个指标实际上涉及不完全契约理论。在有限理性和机会主义行为倾向的假设之下，经济主体之间要达成完全契约[⑥]是不可能的，即使能够达成，也会由于费用太高而没有效率。Grossman和Hart（1986）、Hart和Moore（1988）以不完全契约为前提，根据交易双方资产互补性等因素分析产权结构的安排。吴秀敏和林坚（2004）将这一模型应用到农业

① 事前可控性是指在何种程度上能将全部契约条件和成本在事先确定下来。

② 事后重要性是指那些实际契约条件在多大程度上只能在契约执行过程中运作和处理的。

③ 需要分享的信息量是指农产品加工、销售环节与农产品生产、收割和供应环节需要协调的信息量，比如各环节在时机上如何配合从而降低成本或者不必要的损失。

④ 契约实施的管理方式包括基于法律、双边协调以及科层等方式。

⑤ 在农业方面的垂直协调体系中，不确定性和农业生态条件密切相关。如气候、灾害、疾病和产品质量异质性等。

⑥ 完全契约是指能够预测未来一切事件发生、并能够详细规定在这些不确定的事件发生时各方应该采取的行动的契约。显然事前可控性和事后重要性对应于与契约的不完全程度。这一理论分支实际上不同于交易成本经济学（杨瑞龙，2005）。

产业化契约形式选择的分析上，从交易双方的资产生产力和资产互补性出发，给出了商品契约和要素契约适宜的条件。

二、农业产业化垂直协调的契约安排：一个分析框架

基于已有的研究，结合本书所关注的问题，我们将从资产专用性程度、交易双方资产互补性、交易频率、不确定性、任务属性、农业生产规模经济六大维度的契约特征出发，结合传统交易成本分析中所忽视的信任、契约组织所嵌入的社会制度、文化结构，讨论商品契约（包括“企业+中小农户”、“企业+大户”、“企业+合作组织+中小农户”等形式）和要素契约的选择问题。具体结果见表4–3。

表4–3　农业产业化垂直协调的契约安排

契约特征	市场		商品契约		要素契约
	现货市场	企业+中小农户	企业+大户	企业+合作组织+中小农户	企业垂直一体化
资产专用性	低	较低	较高	较高	高
资产互补性	低	较低	较高	较高	高
交易频率	低	中等	中等	中等	高
不确定性	低	中等	中等	较高	高
转换成本	低	中等	较高	较高	无／高
可替代性	高	较高	较高／中等	中等／较低	较低
持续期	短	短／中等	中等／长	中等／长	很长
事前可控性	高	较高	较低	低	很低
事后重要性	低	较低	较低	较高	很高
分享信息水平	低	中等	中等	较高	很高
契约实施	法律	法律／混合	法律／混合	混合	科层
农业一生态条件	低	较低	较低	较高	高
任务属性					
过程可程序化	高／低	中等／低	中等	低	高
结果可分性	高	较高	较高	较低	低
农业生产规模经济	无	无	较明显	无／较明显	明显

（1）要素契约的决定因素

当某一交易方资产专用性程度很高时，如加工厂商专用加工设备的投资或者专用人力资本投资，且这种投资只针对一种特性的农产品，那么，在有界理性

的前提下，容易引发双方的敲竹杠等机会主义行为。尤其是在不确定性程度较高时，如面临高的转换成本、很低的甚至无替代性、合同存续期偏长、事前可控性很低、事后重要性高、信息分享量大、农业生态条件对不确定的影响程度高等影响因素时，这种机会主义行为更容易滋生，形成规避这种交易成本的契约安排非常关键。因而，当交易双方的资产专用性都较高且资产互补性明显时，也意味着一体化的要素契约这种产权安排是有效率的。同时，频繁的交易在现货市场和商品契约的环境下面临更高的缔约成本，反而可以通过科层体系来降低交易成本；而在农业生产过程中存在明显的规模经济且生产过程的可程序化高以及结果可分性低时，企业和工人之间的信息不对称程度下降，道德风险水平较低，企业对工人的监督与管理成本不高，从而降低了要素契约运行的成本。因此，在上述情况下，规模经济的收益、交易成本的节约、生产效率的提高等使得要素契约成为企业利润最大化的治理结构。通过表4–3可以看到，上述情况从反方向推向极端，则支持现货市场的选择。

（2）商品契约的决定因素

商品契约所适用的条件介于市场和要素契约之间，我们将之分为“企业+中小农户”、“合作组织+大户”①、“企业+合作组织+中小农户”三类形式②，并具体分析这三种形式的适用条件。

从已有的研究来看，主要评价“企业+中小农户”和“企业+合作组织+中小农户”的优劣，并认为后者优于前者（周立群和曹利群，2001；2002；张兵和胡俊伟，2004；等等）。实际上，合作组织的介入，本身意味着交易层级的增加和交易成本的增加，因此两者契约形式的优劣取决于具体的条件，他们的研究实际上给出了“企业+合作组织+中小农户”这一运作模式的适用条件。“企业十中小农户”这种模式主要表现为，龙头企业与中小农户通过签订具有法律效力的产销合约来确定双方的权利和义务关系，主要涉及农产品的价格、数量，更紧密的契约安排还包括农业生产过程中投入品、技术等方面的规定，农户按合约进行生

① 本书关于大户的定义是指从事农业生产经营的大户，有别于周立群和曹利群（2001）所定义的大户，后者从事类似于合作组织的中介、协调工作，实际上是农村经纪人，我们将这种方式归到“企业+合作组织+农户”的类型中。

② “合作组织+中小农户”这一形式和“企业+合作组织+中小农户”的运作机制和适用条件是极为类似的，只不过前者合作组织直接面对市场，初级农产品经过简单的包装进入消费市场，后者直接面对加工企业，经过加工后进入消费市场，所以，在此我们只讨论“企业+合作组织+农户”这一形式。

产，龙头企业按合约进行收购。从我国已有的实践来看，存在严重的违约问题。比如因为信息不对称，过程可程序化程度低，农户可能不按照合同规定的投入和技术进行生产，产生道德风险问题，企业则利用其信息优势进行逆向选择，如引诱农户购买其提供的劣质投入品。同时，面临市场价格波动，由于农业产业化的不确定程度较高，尤其是事前可控性程度较低，造成这类垂直协调契约的不完全性非常突出，为了获取更高的收益或者避免更大的损失，当市场价格高（低）于合同价格时，因契约的不完全性，农户（企业）履约率低。当企业或者农户的资产专用性较高时，机会主义行为导致的违约会带来巨大的交易成本。而在契约不完全性水平较高时，合同纠纷诉诸法律的交易成本很高，甚至难以通过正式诉讼解决；而且，无论是企业面对违约分散的中小农户，还是单个中小农户面对违约企业，诉诸法律的成本都偏高，且执行效果通常不理想。上述问题在一定程度上阻碍了农业产业化的垂直协调进程。因此，如何通过契约治理结构的创新来避免上述问题成为值得研究的重大问题。

中介组织，如农村经纪人或者农业合作组织的引入，为破解上述问题提供了好的思路。因为过程可程序化和结果可分性程度较低，无论企业选择要素契约还是直接与中小农户签订契约，均面临较高的监督成本；在资产专用性程度和资产互补性程度较高的情况下，较高的不确定性水平使企业或者农户面临严重的机会主义行为的威胁。在“企业+合作组织+中小农户”的形式下，一般而言，具体的农业生产过程仍由中小农户来完成，可以发挥市场的高能激励作用。合作组织作为中介机构，一方面与加工、销售的企业签订农产品的品种、数量、品质和技术标准，避免了企业与众多农户的签约成本，同时作为众多中小农户联合的委托人，形成较大的规模，在缔约过程中比单个农户更具谈判地位，避免农户利益被盘剥；另一方面，合作组织联结中小农户，将生产任务分解落实到各个农户，并为农户提供生产资料的购买等产前服务和技术服务指导等产中服务，由于合作组织各成员之间情况较为熟悉，并形成了相互监督机制，所以合作组织对农户生产行为的监督成本要低于龙头企业。最后，合作组织在产后负责农产品的集中并交付龙头企业用于加工和销售，企业将货款拨付给合作组织，并由合作组织分发给农户。因为相互了解和监督，农户很难针对合作组织进行机会主义行为，可以保障双方的履约率；同时，基于合作组织的规模和影响力，企业选择机会主义的成本高于针对单个农户。因此，合作组织的引入，会增加一定的运行成本，比如合作组织或者经纪人往往通过收购价和出售价之间的价差，或者通过生产资料购入价和售出价之间的价差获得收益，这实际上是对农户和处于产业链两端企业的利益侵占；另外，作为合作组织，其运作经常受到组织外部成员“搭便车”等机会主义行为的困扰，导致合作组织自身稳定性出现问题。但是，如果面临表4-3第5列所示情况时，这种契约形式安排的收益与成本之差高于要素契约或者“企业+农户”，成为效率较高的契约安排。

不过，当资产专用性程度和资产互补性水平较低、不确定性水平并不非常突出时，比如原料产品替代性较高、事前可控性较高、分享信息水平量中等以及持续期不长等，结果可分性较高，而又不存在规模经济，企业可以直接和农户签订合约，此时合约的不完全性问题并不突出，面临敲竹杠等机会主义行为的可能性，尤其是危害并不严重，违约后的司法救济成本不高，那么中介组织引入的成本可能大于其收益，所以“企业+中小农户”可能优于“企业+合作组织+中小农户”。而“企业+中小农户”与“企业+大户”之间的差异主要来自农业生产过程中是否具有明显的规模经济。如果存在明显的规模经济，中小农户的生产则不具有效率，基于规模经济的大户进入垂直协调体系顺理成章，而且，大户需要一定量的前期专用性投入，倾向于长期利益所得；自身资产专用性程度高于中小农户，机会主义倾向减弱；对于企业和大户合作的违约等引起的诉讼成本低于企业与中小农户的合作。而且，合作组织在解决中小农户中所起的作用对于大户而言，可以通过其自身来实现，没有必要再增加一级机构徒增新成本。所以，在这种情况下，“企业+大户”成为最优的契约治理结构。

（3）行业特征与契约安排：一个非正式检验

契约特征如资产专用性、交易频率、资产互补性、不确定性等决定着最优契约形式的选择，而这些特征一般和具体的行业紧密相关。不同的行业所需要的投入品不同、生产周期不同、生产技术不同、生产环境要求不同、加工设备不同、市场销售渠道不同等，这些差异直接影响到具体的契约特征。比如传统的大田作物，如一般的水稻、小麦、玉米等农产品，并不存在明显的规模经济优势，产品市场近乎完全竞争，几乎不存在专用性的资产投资，更谈不上资产互补性问题，不确定性问题较轻，因此，通常不需要设计复杂的垂直协调契约，通过现货市场就能实现交易成本的最小化。而对于橡胶等热带经济作物而言，农业生产过程中规模经济明显，资产专用性和互补性非常高，面临的不确定性很大，结果可分性较低，因此，通过企业垂直一体化，采取要素契约方式可能更为合适。而对于水果、蔬菜、烟叶等作物而言，其各项特征介于两者之间，倾向于商品契约方式，而涉及具体应该采取何种形式的商品契约方式也在很大程度上取决于行业的特征。比如，对于一些规模经济比较明显的行业，如肉鸡、生猪养殖、果树种植等，可能倾向于选择“企业+大户”；对于一些规模经济可能并不明显，但资产专用性程度较高、不确定性程度较高且过程可程序化程度较低、信息不对称程度较高的行业而言，如有机蔬菜、种子生产等行业，可能需要合作组织等中介组织的介入。对于一些农户劳动监督成本偏高但资产专用性和资产互补性较低、替代性较高且并无明显规模经济的行业来说，如普通烟叶，合作组织的介入未必能够降低交易成本，“企业+中小农户”的方式可能是最优的。

部分经验研究也支持这种观点。尹云松等（2003）对安徽部分地区的案例分析表明，“企业+中小农户”和“企业+合作组织+中小农户”两种形式的契约安排在大米行业遭到失败；杞柳（柳编工业品的原材料）、席草（用于编制草席）行业选择了“企业+中小农户／大户”这类契约模式，运行较为稳定；肉鸡行业则通过“企业+大户”的契约运作模式取得了较高的绩效。表4–4显示了Benfica et al.（2002）关于莫桑比克部分农业行业垂直协调契约形式分布的数据，现实的数据基本上和理论预测的结果相一致。表4–5是Swinnen和Maertens（2007）引自Dirven（1996）关于南美部分国家在部分农业行业垂直协调过程中选择的契约形式，可以看出，糖、出口型的蔬菜水果、西红柿等行业的契约形式更为紧密，并出现要素契约型的垂直一体化；烟草和肉鸡行业的契约紧密度次之，涉及技术、信用支持和投入品的规定；而芝麻、大米、乳业等行业的契约形式较为宽松，主要采取以约定价格和数量为主的简单订单形式。表4–6是我国部分农业行业产业化项目的契约安排，也支持了这一观点。所以，具体的农业行业特征在一定程度上决定了契约形式的安排，在讨论最优契约安排（治理结构）时，行业特征是需要首先考虑的因素，不同的行业对应着不同的最优契约安排。

表4–4　莫桑比克部分行业农业产业化项目的契约形式分布（单位：%）

契约形式	玉米	油籽	糖	茶	棉花	烟叶	腰果	水果
现货市场	91	76	33	12	7	33	100	100
订单	0	18	0	25	93	34	0	0

续表

契约形式	玉米	油籽	糖	茶	棉花	烟叶	腰果	水果
种植园	9	6	67	63	0	33	0	0
合计	100	100	100	100	100	100	100	100
理论预测	现货市场	现货市场	种植园	—	订单	—	—	—

资料来源：Benfica et al.（2002）。

表4–5　南美部分国家农业行业垂直协调的契约形式

行业／国家	目的地	商品契约					垂直一体化
		市场①	技术支持	信用	投入品	管理	
西红柿							
尼加拉瓜	国内	√					
巴拉圭	国内						√
厄瓜多尔	国内						√
墨西哥	国内	√					√
秘鲁	国内						
蔬菜和水果							
圭亚那	国内	√					
厄瓜多尔	国内	√					
特立尼达多巴哥	国内	√					
墨西哥	出口	√	√	√	√	√	√
危地马拉	出口	√	√	√	√	√	√
萨尔瓦多	出口	√	√	√	√		
秘鲁	出口	√					√
鸡							
特立尼达多巴哥	国内	√	√	√	√		√
牙买加	国内	√		√			
烟叶							
智利	na	√	√	√	√		
危地马拉	na	√	√	√	√		
糖							
尼加拉瓜	国内／出口	√	√		√		√

① 此处的市场并不是指现货市场，而是指约定价格和产量的订单式农业，只不过没有涉及技术支持等其他更紧密的契约安排。

续表

行业/国家	目的地	商品契约					垂直一体化
		市场[①]	技术支持	信用	投入品	管理	
危地马拉	国内/出口						√
芝麻							
尼加拉瓜	出口	√		√			
危地马拉	出口	√					
萨尔瓦多	出口						
啤酒大麦							
智利	国内	√	√		√		
秘鲁	国内	√		√	√		
大米							
特立尼达多巴哥	国内	√	√		√		
巴拉圭	na	√		√			
多米尼加	na	√					
乳业							
特立尼达多巴哥	国内	√	√		√		
牙买加	国内	√					
厄瓜多尔	国内	√					

资料来源：Swinnen和Maertens（2007）。

表4–6　我国部分农业行业产业化垂直协调的契约安排

行业	商品契约			大农场	垂直一体化
	企业+农户	企业+中介组织+农户	中介组织+农户		
稻米	√	√	√		
小麦	√	√			
天然彩棉	√			√	
番茄		√		√	√
茶叶		√			√
甘蔗	√				√
茧丝绸	√		√		√

资料来源：根据《农业产业化发展报告（初审稿）》（农业产业化发展报告编委会编）的相关内容整理而得。

（4）信任与关系型社会

任何一种具体的契约安排都嵌入到一定的社会、政治、法律和文化结构中，这些结构直接影响着经济主体的行为选择进而影响组织和制度选择，交易成本一定程度上内生于上述结构。比如，缺乏较强的公共基础设施和法律基础，交易成本会因为政治体系的不稳定而上升（Benfica et al.，2002），从而影响契约形式的选择，可能使契约安排倾向于现货市场和垂直一体化两个极端。信任也是影响交易成本的关键因素。如果忽视信任问题，传统的交易成本经济学难以预测正确的治理形式（Ring and van den Ven，1992；1994）。在信息不对称程度以及不确定性程度较高的情况下，较高的社会诚信水平有助于减少机会主义行为，减少交易方监管、控制以及预防性措施的制定和实施，从而降低商品契约中的交易成本，有利于更具弹性的契约安排。比较而言，垂直一体化的刚性契约安排可能会产生更高的成本（Satourius and Kirsten，2006）。不过，如果社会信任水平整体偏低的话，更加紧密的契约安排，比如垂直一体化可能更受青睐。

信任在不同交易主体之间的分布是不平衡的，如果信任分布较为平衡，通常表现为一个法治化较强的社会，而信任分布不平衡程度较高的社会则表现为关系型社会。这种不平衡的分布将直接影响契约形式并决定主体的治理结构选择。中国农村社会是典型的关系型社会，表现为以“己”为中心，以家庭为核心和基本单位，以血缘、亲缘和地缘为纽带，由近及远的差序格局（费孝通，2005）。主体间社会交往和经济交易频率的分布如石头投入水中后“水的波纹一般，一圈圈推出去，愈推愈远，也愈推愈薄”，关系越紧密的主体间交易频率越高，不同交易之间相互捆绑，对于交易双方而言，很难做到在不同事情上分别计算得失。而且，在关系型的差序结构中，关系紧密团体在长期博弈中形成了对声誉的要求，一旦在这一团体内失去信任，该主体很难在团体内进行经济交易，损失也高于一次机会主义行为所得。而对于交往频率较低的主体，尤其是在处于同心圈层外围的主体而言，声誉问题似乎并不重要，其机会主义行为很少受到同心圈核心层的制裁。因此，信任的分布，也如石头投入水中后“水的波纹一般，一圈圈推出去，愈推愈远，也愈推愈薄”。

这种信任的分布，有助于降低因为紧密血缘、亲缘、地缘相连的行为主体之间的交易成本，但是提高了这些关系之外的主体间交易成本。这样，在农业产业化垂直协调的契约安排方面，合作组织在不确定程度和信息不对称程度较高情况下的作用凸现。合作组织通常是同一村、组农户的自愿组合，相互之间的信任程度高，能够对分散农户的机会主义行为进行监督和约束，而且这种信任有助于避免“搭便车”等问题。[①]那么，一些因为不确定程度和信息不对称程度偏高而导致“企业+中小农户”契约安排失效而不得不依赖于垂直一体化的要素契约来解决的问题，可以通过“企业+合作组织+农户”来解决，避免了农户的机会主义威胁和垂直一体化所带来的科层管理成本与市场高能激励机制的丧失。因此，农村关系型社会的信任分布提高了“企业+合作组织+中小农户”契约的适用范围，缩小了“企业+中小农户”和要素契约的适用范围。

三、小结

综上所述，契约形式的选择主体会选择最小化其交易成本和生产成本的治理结构。通过对交易成本经济学以及关于农业产业化垂直协调契约治理结构的已有研究回顾，我们从资产专用性程度、交易双方资产互补性、交易频率、不确定性、任务属性、农业生产规模经济六大维度的契约特征出发讨论了现货市场、“企业+中小农户”、“企业+大户”、“企业+合作组织+中小农户”以及要素契约等契约安排的适用条件。已有的经验研究表明，行业特征和契约特征密切相关，经济制度[②]、信任水平及分布、社会结构等也影响交易成本。所以，相对于农业产业化垂直协调的契约安排而言，我们应该从行业、社会、经济、政治、文化等多方面来考虑，而不能一概否定其他地区、其他行业失败的契约形式，也不能简单地套用、复制其他地区、其他行业成功的契约形式。

第四节　农地流转和农业产业化垂直协调的契约安排

农业产业化项目，尤其是农业生产环节，是土地使用密集型的项目，因此，农地制度的安排包括农地的产权、使用权、收益权的设定以及农地的初始分配和流转状况，都可能会影响农户、龙头企业等参与农业产业化垂直协调体系的各方

① 合作组织范围内各成员间的相互信任是合作组织的成功重要条件（Bonus，1999）。

② 如土地制度会对土地使用密集型的农业产业化的契约安排产生影响，鉴于这一问题与本书主题密切相关，我们将在下一节详细展开。

主体的交易成本，从而影响垂直协调的契约安排。同时，不同的契约安排，会对农地的产权、使用权、收益权的归属形成不同的要求，进而影响农地的流转。因此，农地制度以及农地流转在农业产业化垂直协调过程中发挥着重要的作用。本节是理论部分的核心，我们首先简要回顾中华人民共和国成立后农地制度的变迁，然后结合中国的实际情况梳理农业产业化和农地流转之间相互影响和相互制约的关系。

一、新中国成立后农地制度的变迁

对于本书而言，在分析农地制度对农业产业化契约选择和发展的影响之前，对中国农地制度的变迁做一个简要的回顾，是非常必要的。这种独有的农地制度及其变迁深刻影响着农业产业化垂直协调过程中交易成本的形成和变化。总的来说，新中国成立后中国农地制度大致经历了土地改革、合作社、人民公社和家庭联产承包责任制四个时期。

新中国成立前中国实行的是以地主土地所有制为主体的土地产权制度，新中国成立后不久在中共中央七届三中全会上提出的《中华人民共和国土地改革法》（1950），废除了地主阶级封建剥削的土地所有制，实行农民的土地所有制。在这一土地改革时期，除了部分划归国有的土地之外，农地土地产权制度以农民土地所有制为基础，农民拥有包括土地的所有权、使用权和收益权在内的独立完整的土地产权（赵阳，2007）。

农民土地所有制在发展过程中很快出现了两极分化的现象，也难以满足重化工业优先发展战略下形成的高度计划体制的要求，1951年中央下发了《关于农业生产互助合作的决议》（草案），提出“简单的互助组”、“长年的互助组”和土地合作社（以土地入股为特点的农业生产合作社）。对于互助组而言，土地产权制度并没有发生本质性的变化，而在土地合作社中，农民依然占有土地所有权，但土地的使用权和收益权归合作社集体使用和分配，实际上，土地所有权在一定程度上被虚化了（赵阳，2007）。到1956年，全国参加农业生产合作社的农户达到96.3%，其中参加高级社的农户达到88%，中国农业合作化基本完成（田传浩，2005）。根据1956年中央发布的《高级农业生产合作社示范章程》规定，入社农户须将私有土地、耕畜、大型农具等生产资料转为合作社集体所有，以不超过当地每人平均土地数5%的土地分配给每个社员作为自留地，尽管也规定了

社员具有退社权，可以收回其土地，但是社员身份往往和社会、政治地位相关联，实质上无法退出，因此，农地所有权不仅实质上而且从名义上也集体化了。

高级社进一步发展成为人民公社，到1958年年底，全国有99.1%农户参加了人民公社（张乐天，1998）。人民公社一般以乡为单位，一乡一社，原先属于高级社的土地以及农民的自留地全部无偿转为人民公社所有，以家庭为基本核算单位的农业生产体系被“一大二公、一平二调”的体系所取代。但是这种体制的弊端很快显现，1959～1961年的农业危机之后，经过1961年和1962年的两次调整，生产队（规模上对应于原先的初级社）成为基本核算单位，土地所有权下放到生产队，农民重新分得自留地。不过到1966年文化大革命开始后，自留地的所有权被重新收回到集体手中。生产队拥有土地的所有权、使用权和收益权，即完整的土地产权。

十一届三中全会之后，1979年凤阳小岗村冒着极大的政治风险进行了“包产到户”，取得明显的生产绩效，并逐步得到各级政府的认可。1980年中共中央下发了《关于进一步加强和完善农业生产责任制的几个问题》的通知，对包产到户做出了明确的肯定。到1981年年底，全国90%以上的生产队建立了不同形式的农业生产责任制（赵阳，2007）。1982年的一号文件《全国农村工作会议纪要》对农村土地制度的争论做了较为清晰的界定，农地土地的所有权归农民集体所有，在产权体系中分离出承包经营权，农户享有承包经营权和相应的收益权，但是不得转让、出租、转包土地。1984年的一号文件规定农户的承包期为15年，进一步稳定农户的承包经营权，并允许承包土地流转。随着15年承包期结束期的临近，1993年《关于当前农业和农村经济发展的若干政策措施》要求在原定的承包期到期后，再延长30年不变，1998年颁布的《土地管理法》将土地承包期30年不变的政策以法律的形式加以保障，2002年的《中华人民共和国农村土地承包法》对农户土地承包的权益做了更为详细和清楚的界定。2008年的十七届三中全会提出的《中共中央关于推进农村改革发展若干重大问题的决定》规定：“以家庭承包经营为基础、统分结合的双层经营体制，是适应社会主义市场经济体制、符合农业生产特点的农村基本经营制度，是党的农村政策的基石，必须毫不动摇地坚持”，并指出“赋予农民更加充分而有保障的土地承包经营权，现有土地承包关系要保持稳定并长久不变”。应该说，改革开放以来，中国农户的土地承包经营权无论在期限上还是具体权益上都得到了不断的强化，但是农地所有权归集体所有的底线也一直没有突破。根据我们在文献综述部分的论证，在平等和效率、发展和稳定的权衡下，坚持农地的集体所有制，同时强化承包权的稳定性和长期性是在相关约束机制下的最优的农地产权结构。我们下文的分析也将在这一产权结构下展开。

家庭联产承包责任制实施后，在这一土地产权结构下，土地在集体内部均分，出于平等的需求，往往根据地块的肥沃程度、距离远近进行分块，好坏搭配均分给农户，在我国地少（耕地少）人多（农民多）的国情下，这种初始分配方式直接导致农户承包地的细碎化程度很高，导致耕作成本高，且很难满足农业产业化项目对生产规模最基本的要求。由于农地所有权归集体，因此，能够流转的只有土地承包经营权，包含使用权以及相应的收益权，这是和绝大多数土地私有制国家最大的不同。从1984年的一号文件开始，土地承包经营权的流转得到允许，随着非农产业的发展和非农收入的增长，传统粮食作物种植收入占农户的收入比重逐渐下降，工资性等非农收入比重上升，在农民的收入结构中，工资比重从1990年的14%上升到2007年的28%[①]，农民对农地的依赖逐渐减弱，土地承包经营权的流转逐渐发展起来，各地区也尝试各种土地制度创新。如山东平度等地的“两田制”、广东和江苏等地的土地股份合作制、宁夏平罗的土地信用合作社以及“返租倒包”等集体推动型的农地流转制度创新以及农户之间以转包、转让、互换、代耕为形式的农地流转。这些创新一方面解放了部分从事非农活动的劳动力，促进了农地的规模经营，有助于农业生产效率的提高；另一方面却因制度欠缺导致流转形式不规范、流转纠纷和矛盾频发等问题，甚至出现地方政府、农村集体粗暴干涉农户土地承包经营权的行为，而且农地流转市场也长期处于发育期，没有很好地发展起来。为了解决上述问题，促进农地流转规范有序进行，2001年中共中央发布了《关于做好农户承包地使用权流转工作的通知》，明确了农户承包土地使用权流转的前提是“长期稳定家庭承包经营制度”，并确定了“依法、自愿、有偿”的原则，农户是土地流转的主体，土地流转的收益属于农户土地收益的组成部分，并对当时的“两田制”、“返租倒包”等土地流转形式“喊停”。十七届三中全会进一步指出，要求通过加强管理和服务，“建立健全强化土地承包经营权流转市场”，强调“依法、自愿、有偿”的原则，对土地承包经营权流转的基本前提做了进一步的明确，包括“不得改变土地集体所有性

① 根据中经网统计数据库数据计算而得。

质，不得改变土地用途，不得损害农民土地承包权益”，并列举了各种土地承包经营权的流转方式，如“转包、出租、互换、转让、股份合作”，发展多种形式的适度规模经营，指出有条件的地区“发展专业大户、家庭农场、农民专业合作社等规模经营主体”。

因此，就目前中国的农地制度而言，产权结构改革的空间基本上不存在，而土地承包经营权流转市场的培育、发展和流转制度的创新将是当前农地制度改革和创新的核心领域。在下文关于农地制度和农业产业化垂直协调间关系的讨论中，我们以土地承包经营权流转为核心进行研究。

二、农地流转与农业产业化垂直协调的契约安排

农业产业化垂直协调的契约安排是嵌入在一定的社会、经济和文化结构中，作为与农业产业化密切相关的农地制度也将影响交易各方的交易成本，进而影响契约形式的安排。同时，农地流转自身存在交易成本，不同于绝大多数国家的农地私有制，农地产权完整，交易主体只有农地所有人，在中国“共有私用”（赵阳，2007）的农地产权结构下，交易主体较为复杂，涉及农地所有人——农村集体经济组织和农地承包经营人——农户两个主体；而且，因为较高的土地零碎化水平，农地流转往往涉及多个农户。因此，中国农地流转的交易成本不容忽视，这将直接影响契约形式的安排，甚至直接影响到农业行业的选择。

（1）农地流转是农业产业化的前提

我国农地细碎化程度偏高，从图4–2来看，1986年全国平均每户农民家庭拥有8.43块耕地，西部地区地块数更高，达到12.04块，中部地区次之，东部最少，也达到6.65块。尽管从时间趋势上看，地块数逐渐下降，到1999年，全国平均每户农民家庭拥有6.06块，各地区也有一定幅度的下降，但是，从图4–3来看，平均每户农民块均耕地面积上升幅度不大，全国的平均水平从1.09亩/块增加到1.29亩／块，中部地区的水平高于东部地区，西部地区的水平基本上没有提高，且块均耕地面积最低。表4–7更直观地体现了地块面积的分布。在1986年，全国51%以上的地块面积小于0.5亩，不到14%的地块面积大于2亩；到1999年，0.5亩以下的地块依然居于主导地位，比重虽略有下降但仍在49%左右，而2亩以上的地块比重则略有上升，但仍未达到15%。从1993和1999年的比较来看，东部地区土地细碎化程度下降幅度高于其他地区，西部地区基本上没有变化，不过中部地区的

细碎化程度相对而言最低。总之，我国农地细碎化程度是比较严重的。

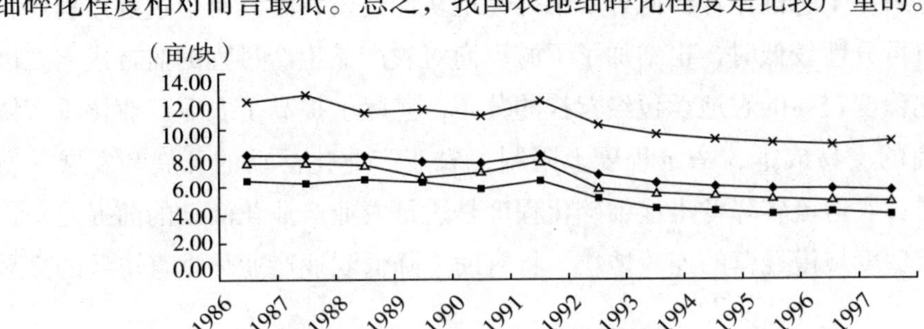

图4-2　平均每户耕地地块数

资料来源：《全国农村社会经济典型调查数据汇编1986～1999》。

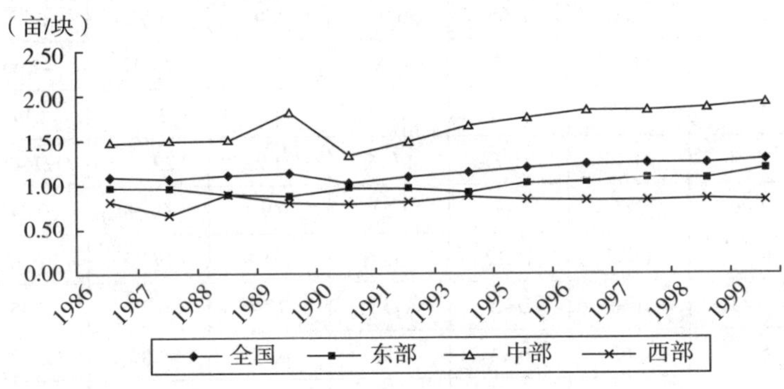

图4-3　平均每户块均耕地面积

资料来源：《全国农村社会经济典型调查数据汇编1986～1999》。

农业产业化项目往往对农业产品的特征具有特殊的要求，而这种特殊性一般形成于农产品生产期，包括投入品的品质和使用方法以及具体的耕种／养殖过程，基于细碎地块的经营，不能满足投入品使用所必需的规模经济，增加了生产成本[①]，限制了农户生产的专业化和商品化，不利于农户参与商品契约；其次，在目前中国城乡二元经济体制下，农产品市场波动频繁，农户为避免市场价格波动风险，利用零碎化的土地，追求保险的兼业经营，既妨碍了农户生产的专业化，又进一步固化甚至提高耕地零碎化的程度，也无法形成区域化优势和品牌优

① 关于农地经营没有规模经济的观点通常认为，农户通过充裕的劳动对土地、资本和技术的替代，从而降低总成本。如Tan、Heerink、Kruseman和Qu（2008）关于中国的经验研究发现，经营地块大小和地块数量的分布并不影响单位产值的总成本，只是影响成本的具体构成，规模小的农户倾向用劳动投入替代资本和技术投入。在农业产业化的垂直协调过程中，由于投入品和生产技术的特殊规定，在农产品种植／养殖过程中，农户很难用劳动力替代资本、技术等投入，而资本、技术投入往往偏向于规模经济，因此，土地规模经营的重要性便凸现出来。

势，从而进入一个恶性循环；此外，细碎化地块的经营，尤其是当过程可程序化程度和结果可分性较低时，也增加了下游厂商对农产品生产过程的监督成本。因此，细碎化程度较高的农地承包经营权的分布，实际上提高了农业产业化垂直协调下游厂商的交易成本，一定程度上限制了农业产业化活动的开展和发展。所以，如何通过农地流转降低土地细碎化程度是进行农业产业化活动的前提之一，尤其是形成适度规模经营的连片地块，将有助于降低农业产业化垂直协调的交易成本。

表4–7　平均每户地块在面积上的分布（单位：块/%）

年份	1993				1999			
地区	全国	东部	中部	西部	全国	东部	中部	西部
不足0.5	3.62	2.86	2.65	6.01	2.96	1.97	2.23	5.37
比重	51.35	52.57	42.74	57.57	48.84	44.27	42.00	57.37
0.5～1.0	1.41	1.15	1.35	1.86	1.29	1.04	1.14	1.86
比重	20.00	21.14	21.77	17.82	21.29	23.37	21.47	19.87
1.0～2.0	1.06	0.80	1.00	1.51	0.92	0.79	0.84	1.21
比重	15.04	14.71	16.13	14.46	15.18	17.75	15.82	12.93
2.0～3.0	0.43	0.36	0.43	0.53	0.37	0.35	0.35	0.43
比重	6.10	6.62	6.94	5.08	6.11	7.87	6.59	4.59
3.0～4.0	0.20	0.15	0.23	0.22	0.19	0.15	0.20	0.23
比重	2.84	2.76	3.71	2.11	3.14	3.37	3.77	2.46
4.0～5.0	0.12	0.06	0.16	0.13	0.12	0.06	0.16	0.13
比重	1.70	1.10	2.58	1.25	1.98	1.35	3.01	1.39
5以上	0.22	0.07	0.39	0.18	0.21	0.09	0.39	0.13
比重	3.12	1.29	6.29	1.72	3.47	2.02	7.34	1.39
合计	7.05	5.44	6.20	10.44	6.06	4.45	5.31	9.36

资料来源：《全国农村社会经济典型调查数据汇编1986～1999》。

由于中国农地产权体系被分割为所有权和承包经营权两个子体系，后者还包括使用权与收益权①，因此，在实际工作中，农地流转涉及村集体经济组织和承包农户两个主体，相应地，农地流转方式主要有村集体主导型、个体农户主导型和中介组织介入型三种方式。

① 自农村税费取消以后，在不改变土地性质和农业用途的前提下，农地收益权实际上已经归农户所有，作为土地所有人——村集体经济组织在农村税费取消后基本上完全丧失了农用地的收益权。

（2）个体农户主导型农地流转方式与垂直协调契约安排

个体农户主导型农地流转主要包括农户之间的转包、转让、互换等方式（田传浩，2005）。[①]个体农户主导型农地流转是农户之间的自发交易，充分尊重了农户的自身意愿且体现了市场经济的基本精神，体现了农户在农地流转中的主导地位。通过这种流转方式，农业经营农户可以在一定程度上降低其地块细碎化程度，提高地块单位面积，达到农业产业化项目所要求的最低规模。

但是，从目前的实践来看，部分个体农户主导型农地流转缺乏规范的合同，很多是口头协议。根据叶剑平等（2006）的研究，有86%的农户在转出土地时没有签订书面合同，容易引发纠纷，当经济衰退或者农业收入提高时，部分外出就业农业劳动力回乡要求收回流出土地，而流入户因为前期的投入而不愿意归还，由于缺乏规范的合同，难以达成双方均满意的结果。其次，流转期限较短，基本上在1～3年。根据叶剑平等（2006）的调研，有46%的农户转出农地没有约定期限，27%的农户约定的期限在1年以内，10年以上的不到6%，农地流入户难以形成稳定的预期以进行跨期投资，尤其是随着经济社会的发展，农产品的一些特殊性质以及安全、环保的要求不断提高，缺乏长期投资的农业生产难以满足这些要求。第三，农户之间的农地流转目前主要集中在亲戚、邻居之间，限于熟人社会。根据叶剑平等（2006）的样本，在转出的农地中，87.6%的农地转包给本村的亲戚或其他村民，而这个核心圈层以外的主体，比如龙头企业或者外地大户的进入可能面临较高的交易成本。比如，在农地承包经营权流转市场尚未建立和完善的前提下，龙头企业／大户需要支付较高的搜寻成本获取农户的流转意愿、农地的肥力等性状；为了形成适度的规模经营，在土地细碎化程度较高的情况下，龙头企业／大户需要面对很多中小农户，如果同时与各个农户谈判，将面临很高的缔约成本，而农户又会因为“搭便车”等机会主义行为使得农户之间的集体行动失效；还有，个别农户可能在龙头企业／大户与大多数农户完成谈判之后或者完成投资之后，利用其地缘优势，采取敲竹杠等机会主义行为；同时，农户也担心龙头企业／大户因为经营不善而不能履约。所以，上述交易成本的存在，使得个体农户主导型农地流转难以形成适度规模，主要适用于“企业+中小农户”或

① 转包指农户承包人仍然保留对农地的承包权，将一定年限的农地使用权转让给其他农户，一般期限较短，以口头契约为主；转让是指承包权的流转，与转包相比，其期限一般与农地承包剩余期限相同，期限较长，一般需要签订合约并经村集体同意；互换一般指相邻农地的农户为了解决耕地细碎化和分散化的问题相互协商，对各自承包经营的农地进行交换，提高地块单位面积，减少地块数。

者“合作组织+中小农户”这类垂直协调的契约形式。这对农业产业化行业的选择形成了约束。比如存在明显规模经济的行业或者一定要求土地连片的行业，在以个体农户主导型农地流转方式为主的地区难以发展。

（3）村集体主导型农地流转与垂直协调契约安排

村集体主导型农地流转是指村集体组织（通常为村委会）作为农地流转的主体[①]，这种形式也包括地方政府主导型，但是地方政府在作用过程中依赖于村委会等村集体组织。具体而言，这种类型一般有两种方式：一种方式是村集体组织把在土地初始分配时通过预留的机动地使用权以协议、招标或拍卖等方式转让给大户或者龙头企业，如“四荒地”拍卖和“两田制”，其中，“两田制”后来被取消了（田传浩，2005）；另一种方式是村集体组织通过返租、入股、土地置换等方式将农户分散承包经营的土地集中，直接或者经过平整、修建大棚之后出租给大户或者龙头企业，收取租金后，再通过租金、分红等形式发给农户，比如返租倒包、村集体股份制[②]等形式。

相对于个体农户主导型农地流转而言，首先，村集体主导型能够降低土地承包经营权流转市场的交易成本。在中国，村集体（村委会）实际上是政府机构治理在农村的延伸，而且作为土地的所有者，具有一定权威和组织协调能力。对于一般的市场主体而言，村集体能够以相对低廉的交易成本集中土地使用权，比如对于不愿流转的农户，可以采取换地的方式，或者利用其他关联交易来诱导甚至迫使其参与流转，而这些是一般的市场主体所不具备的能力。而且，农户在土地性状等方面相比外来龙头企业/大户的信息优势，对于村集体而言是不存在的；而与中小农户相比，村集体和龙头企业/大户之间的规模不对称和信息不对称程度将下降，降低了交易双方的信息搜寻成本，并且避免了龙头企业/大户面临多个农户重复协商、签约的成本。所以，交易成本的下降促进了农地流转规模的扩张，可以形成较大规模的连片农地。其次，村集体主导型农地流转的期限一般较长，通常在3年以上，并有规范的合同文本。一方面，期限的延长有利于促进租

① 本书定义的村集体主导型农地流转方式不同于田传浩（2005）所定义的集体供给型农地流转方式，前者强调的是村集体组织凭借其所有者的身份成为土地流转过程中最重要的主体，而后者除了村集体主导型之外，还包含了村集体作为中介身份参与流转的形式。村集体成为中介，所以农户才在流转中起主导地位。这种主导地位的差异，将会造成农户自主性、土地流转规模等方面的差异。

② 返租倒包是指村集体（村委会）将分配到户的农地重新租赁回来，付给农户租金，并转包给大户或者龙头企业。村集体股份制是指村委会将分配到户的农地使用权回收，成立股份制经济组织，农户根据其入股地块面积获得分红。

地方的资本、技术投入，包括对农地改良等基础设施投入；另一方面，规范的文本合同可以避免口头协议产生的纠纷，而且，村集体的权威身份可以在农地流转矛盾的化解过程中发挥重要作用，村集体及其上级政府的介入，将增加农户和龙头企业／大户机会主义行为的成本，降低违约的可能性。所以，村集体主导型农地流转可以形成较大规模、较长期限且有保障的土地使用权的集中，可以满足要素契约型、“龙头企业+大户”等形式的农业产业化垂直协调契约规定的要求。最后，村集体主导型农地流转，相对于个体农户主导型而言，可以在一定程度上增加村集体经济收入，有助于农村公共品的提供。

在我国当前“共有私用”的土地产权结构下，作为土地所有权人，村集体作为农地流转主体具有一定的合理性，但是，从产权中分离出来的承包经营权天然属于农户，而且，从我国目前的实践来看，承包经营权包含了使用权和全部的收益权，并保证了30年以上的“长久”期限，因此，所有权在一定程度上被弱化了，村集体作为农地流转主体的合理性一定要建立在村集体与农户利益基本一致的前提上。显然，当两类不同主体之间的利益难以达成完全一致时，村集体主导型农地流转往往利用其所有权人身份，侵害农户的家庭承包经营权，如部分村集体不顾村民反对，强行实行“两田制”，压缩口粮田份额，剥夺农户的家庭承包经营权，与农民争利，这是导致“两田制”这一形式被中央政府叫停最直接的原因。所以，上述问题是村集体主导型农地流转最大的弊端。

村集体以及地方政府存在经济发展的冲动，往往试图改变农村传统的生产方式，调节农村产业结构，促进农业向集约化、专业化、科技化、高效化方向发展，基于农地规模经营的农业产业化成为首选目标，容易出成绩、出政绩，这也是为什么村集体主导型一直是地方政府所青睐的农地流转方式。但是，这一目标并不一定与所有农户的目标一致，当然，如果这一目标的实现是一个帕累托效率改进，那么可以通过再分配的方式补偿利益受损的农户。因此，村集体的行为能够促进帕累托效率改进成为根本前提。但是，村集体或政府的有限理性并不能保证其行为选择必然产生帕累托效率改进，这种产业化失败的案例、产业结构调整失败的案例充斥着中国农业现代化的进程。而失败的后果往往是由农户承担的，比如改变品种之后的各种投入损失、农地流转之后的机会成本等，而村集体以及政府官员的收入一般与之毫不相关。因此，在村集体主导型农地流转过程中，为了使土地使用权集中，村集体领导人、地方政府可能凭借其权威地位通过强制性力量强行将农户所承包土地回收，无法保障农户的帕累托效率改进，也难以体现农户的自愿性。上述讨论还是假设政府是仁慈的，如果将经济人的假设引入到政府或者村集体领导人上，那么有可能出现村集体出于私人利益考虑与龙头企业/大户合谋占有原先属于农户的利益，那么，即使实现帕累托效率增进，也无法实现农户的效用增进。另外，出于形象工程、政绩工程的需要，或者便于村集体（村委会）在农地事务中获取更多的控制权，在部分地区还存在农地规模过度集中的情况，但缺乏有效益的农业产业化项目支撑。村集体主导型农地流转的上述弊端导致其在实践中出现不少侵害农民利益的案例。所以，虽然地方政府一般倾向于选择这一形式，而中央政府却对这一形式的农地流转长期持否定态度。

（4）中介组织的介入和垂直协调安排

根据前文的分析，个体农户主导型和村集体主导型这两种农地流转形式具有明显的优势互补性。一种思路是将上述两种类型的农地流转加以组合，既能充分发挥个体农户主导型农地流转在对农户自主性的尊重、充分保障农户的利益等方面的优势；又能发挥村集体主导型农地流转在实现稳定的适度规模经营中的作用。这种组合有赖于中介组织的介入。从目前的实践来看，由于农地流转价格偏低，一个完全独立市场化的中介组织很难依赖农地流转获利，为了节约交易过程中的成本，农地流转的中介组织主要有两类：一类是基于农业生产合作组织形成的，如专业合作社、农村经纪人，从这些已有组织中派生出农地流转功能；另一类是基于村集体或地方政府机构形成的，如农地信用合作社、土地信托中心[①]等形式，地方政府通过地方财政投入或者补贴来实现农地流转中介组织的运行。

与前两种农地流转形式比较而言，中介组织介入型农地流转的优势表现在以下两个方面。一方面，在坚持农户在农地流转中的主导地位、坚持农户自愿性的前提下，可以克服农户主导型农地流转的一些缺陷。首先，中介组织介入之后，龙头企业/大户的交易对象变为中介组织，避免了和众多农户直接交易，减少了交易次数，降低了交易成本。其次，中介组织的介入，一般都有规范的书面合同，可以在一定程度上保障农地流入方和流出方所约定的权利和义务的实施。中

① 农地信用合作社是指以村集体为载体建立土地信用合作社，农户将已承包的农地“存入”信用合作社，获取“存地利息”，合作社将土地使用权“贷给”龙头企业/大户，收取“贷地利息”，利息差额归农地信用合作社（程志强，2008）。土地信托中心是指土地信托服务组织接受土地承包者的委托，在坚持土地所有权和承包权不变的前提下，按照土地使用权市场化要求，将其拥有的土地使用权在一定期限内依法、有偿转让给其他单位或个人的行为（田传浩，2005）。

介组织之所以能介入到农地流转中，因其一般都能获得农户的信任，这些组织有些是由农户自己组织而成的，如生产合作社，特别是在中国农村差序格局明显的情况下，基于紧密血缘、亲缘、地缘相连的主体形成的合作社担任中介组织，可以在很大程度上降低个别农户机会主义行为的发生概率，因为，个别农户这种失信行为会导致其在其他以及今后长期的交易中丧失更多的利益，即机会主义的成本明显上升；有些中介组织则由村委会或者地方政府机构来担当，这些组织具有权威性，一方面可以增进农户的信任感，另一方面对农户的机会主义行为也会形成可置信的惩罚。再是，中介组织的介入可以降低信息不对称程度，农户对地块等方面的私人信息优势对于中介组织而言几乎不存在；而中介组织凭借其规模上的优势，可以用较低的户均成本获取必要的市场等方面的信息，从而也降低了龙头企业／大户相对于农户的信息优势，而且，中介组织规模上的优势可以提高谈判地位，从而有效降低龙头企业／大户机会主义行为发生的可能性。

另一方面，这种形式避免了村集体主导型的缺陷，因为它的运作是严格以农户家庭承包经营为根本的制度基础，充分尊重中国已有关于农地的法律和文件的规定。实践中村集体主导型农地流转失败的最重要的原因就是对家庭承包经营权的侵害，即所谓的集体利益侵害农户个人的合法权益，而中介组织介入型农地流转充分尊重农户的家庭承包经营权，能够在制度上保障农户自愿性。农户的自愿建立在其收益和机会成本之比之上，只有前者高于后者时，农户才愿意流转。中介组织介入之后，同样也面临中介组织和农户利益一致性以及哪一方利益居于主导地位的问题。我们根据不同类型的中介组织讨论这一问题。首先，对于农民经济合作组织而言，一般来说，农户和中介组织之间的主要利益是基本一致的，因为农民经济合作组织本身就是农户为了共同利益诉求而自愿连接的；农户具有自主的退出权，认为自身利益受损或没有增进的农户可以“用脚投票”。如农民专业合作社[①]，种植同一类型或者相关农产品的农户自愿联合成社，从而形成一定规模的农地集中连片，对于部分社员间、社员与非社员间的农地“插花”问题，则可以在合作社的协调下，通过社员农户间、社员和非社员农户间的农地承包关系微调，实现农地的规模连片，从而满足农业专业合作社的要求或者龙头企业／

① 在家庭承包经营的基础上，从事同类或者相关农产品的生产经营者，依据加入自愿、退出自由、民主管理、盈余返还的原则，按照章程进行共同生产、经营、服务活动的互助性经济组织（《浙江省农民专业合作社条例》第三条）。

大户的需求。其次，对于基于村集体或地方政府机构形成的中介组织而言，也不同于村集体主导型农地流转过程，后者在村集体的利益很难与农户的利益保持一致，尤其是存在冲突时，往往将村集体利益凌驾于农户之上，这是这种农地流转方式最根本的缺陷；而前者是以农户利益为主导，中介组织在这一过程中居于被动的地位，是农户的代理人，在农户的需求引导下运作，不能直接决定农户的选择，中介组织对农户是否参与流转没有任何强制力，亦不能利用其他条件加以威胁，从而避免了公权对私权的侵害。

中介组织介入型的农地流转方式在农地规模的集中上具有很大弹性，不同类型中介组织的介入，所引致的农地流转规模也不同，可以满足不同农地需求方的需求。因此，对于农业产业化垂直协调的契约安排而言，这一形式的农地流转适用性较广，适用于“企业+大户”、“企业+合作组织+中小农户”以及垂直一体化的要素契约，从而克服了农地细碎化分布对农业产业化发展的影响，适宜不同农业产业化项目对土地规模的需求。

不过，中介组织的介入本身具有交易成本，如该组织自身运行所需要的行政管理成本等，在农地流转价格偏低时，中介组织很难从流转价格差异中获取收益，故很难弥补这些成本，所以，目前在农地流转过程中，很少有市场化、专业化的农地流转中介组织，往往由地方政府和村集体扮演中介角色。在实践中，地方政府和村集体介入之后，集体主导型和中介组织介入型之间的区分往往非常困难，两者的界限取决于地方政府和村集体的介入程度。而且，由于地方政府背景的中介组织一般不以利润最大化为目标，且这种农地流转制度的创新作为一项政绩工程，追求政绩最大化的天性会产生不顾及适宜条件而过度推广、规模过度扩张的情况。而对于村集体而言，其介入之后一方面可能会增加村级收入或增进村集体领导人的个人福利。比如来自于地方政府的物质补贴或者政治奖励；另一面，获得了流入土地的经营管理权利，财、权、利的同步扩张也会对村集体领导人形成规模过度扩张的激励。规模的过度扩张，超过农户意愿的流转数量之后，难以保障农户的自愿原则，可能会演变为村集体（地方政府）主导型的农地流转。对于农民经济合作组织介入型的农地流转而言，一般不会产生上述问题，但是会面临合作组织运作过程中遭遇的困境，比如非社员的搭便车问题，可能会影响合作社成员联合的稳定性等，也不能排除个别社员在合作社专用性资本投入之后，比如土地平整、大棚建设等基础设施完成之后，进行所谓的“敲竹杠”式的机会主义行为。这些也为合作组织的运行带来交易成本。

（5）农地流转形式、区域特征和垂直契约安排

综上所述，在中国人多地少、农地细碎化程度高的背景下，农地流转是农业产业化进一步发展的前提。由于中国农地产权分割，所有权和承包经营权的分离导致农地流转主体的多元化。因此，目前的农地流转主要分为个体农户主导型、村集体主导型和中介组织介入型三类。应该说，这三种类型各有优劣之处，适用于不同的环境，并对应于不同的农业产业化垂直协调契约安排。

个体农户主导型，适用于远离中心城市、非农就业比重偏低、非农就业和非农收入不稳定、农村工业欠发达甚至周边没有工业企业、农户人均教育水平偏低、非农资产比重偏低、人均耕地较少、农村社会保障体系弱的地区。这些地区农户的生活和保障主要依赖农地和农业生产，农户之间的农地流转可以降低细碎化程度，满足农业产业化对农地经营最低规模的要求。而在这些地区，农户大规模流转农地的意愿偏低，流转交易成本偏高，贸然推行村集体主导型的农地流转，尤其是流转农地用于劳动力密集度较低的农业产业化项目后，失地、失业劳动力增加，不利于社会稳定。因此，这些地区的农业产业化项目可能也会受制于农地流转方式，倾向于采取“龙头企业+中小农户”、“合作组织+中小农户”的垂直协调契约形式。

村集体主导型，适用于中心城市郊区、非农就业比重高、非农就业和非农收入稳定、村集体经济发达、周边地区二三产业发达、农户人均受教育水平较高、非农资产比重较高、社会保障体系较健全、村级民主政治较完善的农村地区。这些地区农户对农地和农业生产的依赖程度较低，非农收入大大超过农业收入，绝大部分农户种地意愿很低，农地使用权流出意愿很高；同时，由于地理位置优越，接近市场，有较完善的基础设施和较充裕的资金来源和技术支持，农业产业化龙头企业较多，农地使用权流入意愿较高。在这些地区，村级民主政治的完善形成了对村集体领导的有效约束，使集体主导型的农地流转符合农户意愿和农户利益，从而降低了农地使用权流出方和流入方的交易成本；或者因为村集体领导人关注乡村共同利益而长期占据核心领导位置，从而在村庄内部树立了一定的权威并受到拥护，具有引导农户意愿的能力，甚至具有规避国家规则的能力，促成农地规模集中，满足龙头企业垂直一体化和大户的需求。

中介组织介入型的农地流转形式，在一定程度上具有个体农户主导型和村集体主导型两种方式的优势，在我国适用区域非常广泛。中介组织分为两类形式，

一类是农户自愿联合形成经济合作组织，在此组织基础上派生出农地流转功能。这一形式适用于已有一定农户经济合作基础的地区，范围包括各级城市、县城、中心镇、小城镇周边，有龙头企业/大户的垂直协调安排与支持（这是必需的前提），有部分人参与非农就业且非农收入比较稳定。这种形式通常对应于“中小农户+合作组织”、“中小农户+合作组织+龙头企业”的垂直契约安排。另一类是地方政府和村集体设立机构作为中介组织介入，这一形式适用于中小城市、县城、中心镇周边，农村劳动力非农就业比重较高、非农收入比较稳定；农地和农业生产对一般农户的生活影响不大；相当一部分农户农地使用权流出意愿强；村级或地方政府经济实力较强，在农村社保、卫生体系建设方面有一定投入；村级民主政治体系较完善，能够有效保护农户利益；存在可以满足农业产业化龙头企业发展所需要的基础设施、资金、技术和劳动力，从而形成一定规模的农地使用权流入需求。这一形式一般对应于“龙头企业+大户”、“龙头企业+合作组织+中小农户”以及要素契约等垂直协调契约安排。因此，鉴于基于农户意愿的中介组织介入型的农地流转制度的突出优势，广泛的区域适用型和农业产业化垂直协调契约安排的通用性，以及从中国法规政策取向来看，为了维护农户的权益，承包经营权“私用”在权利内容和期限上不断得到强化，而所有权“共有”则不断被虚化，这一农地流转形式将是我国农地流转制度创新的必然趋势。

三、农业产业化与农地流转的目标实现途径和润滑剂

（1）目标实现途径

现在，讨论一个更基本性的问题。效率和平等一直是贯穿于中国农地制度变迁的主题。土改时期出于对平等的诉求，实行“耕者有其田”，但土地私有制却继续衍生不平等；人民公社时期出于提高效率和对结果均等这一极端“形式平等”的诉求，形成“一大二公”的农地制度安排，激励机制的错误安排造成效率的严重破坏和没有意义的“形式平等”，农业生产和国民经济濒临崩溃；家庭联产承包经营责任制的引入，通过维持土地集体所有来保障平等问题，通过剩余索取权激励农户。本书讨论的农地流转的目标亦脱离不了效率和平等的主题。

农地流转通常被认为是一种追求效率的经济行为。首先，市场化的农地流转是农地这一生产要素再配置的过程，从低效率转向高效率，是一个向生产可能性边界趋近的过程。其次，在细碎化程度非常高的情况下，通过农地流转降低农

地细碎化程度亦能降低农地耕作成本。最后，农地的规模集中会不会更有效率，存在明显的争议。我们认为，农地的规模经济首先因为不同的农业行业而表现不同，比如有些行业必须是规模连片的；其次，同一农业产品的最佳用地规模与一个地区的要素禀赋和要素价格有关，这一点可以从贸易理论中的H—O模型中得出；最后但也最重要的是，我们如何来理解农地规模经济，已有强调不存在规模经济的经验研究，一般通过比较农地的产量或产值和农地规模之间的关系或者一定产量下的成本和农地规模的关系，引入各种控制变量，所研究的农地规模经济仅仅局限于农业生产的产中环节，忽视了农业生产的产中和产前、产后环节的关系。如果我们统筹上述环节，农地经营是否存在规模经济还将取决于这些环节间的交易成本。总之，效率是农地流转制度创新的一个基本目标。效率与平等之间的冲突是经济学上一个长期争论的话题，在农地流转这一经济行为上也体现了这一冲突。在我国，农地以及农地制度一直担当着非常重要的“平等”责任，最根本性的“平等”就是为农户提供最基本的生活保障和最后的退路，成为维护社会稳定的最后防线。因此，维护平等且不致农村居民收入差距过大甚至两极分化，是农地流转制度创新成功的另一个基本目标，任何破坏最基本的平等的农地创新制度在我国都很难实施，更不可能推广。但是，没有效率增进的农地流转是没有意义的，而农地流转在追求效率的同时可能会产生农户之间收入差距扩大等负面效应。问题的关键在于，首先，整体效率的提高幅度有多大，如果幅度很小，那么不平等的相对代价就偏大，农地流转就没有意义；第二，提升效率的部分如何分配才能体现平等。

成功的农业产业化可以成为上述农地流转基本目标的实现途径。农业产业化是对农业产前、产中、产后环节的垂直协调以降低市场协调的交易成本。随着社会经济的发展，食品安全、需求多样化、环境保护等要求的提升，市场对这些产品的认同以及赋予的价值高于一般农产品；同时，现代农业的发展也越来越依赖于技术、资金的投入，同时面临更高的风险；而且，农业产品附加值的提高很大程度上依赖于初级产品的深加工，农业产业化的垂直协调作用不断凸现，对农产品价值与附加值的提高起到关键作用。因此，农地流转至农业产业化项目的预期效率较高，而且，农地规模经济很大程度上体现在规模经营可以降低产前、产中、产后衔接上的交易成本上。所以，成功的农业产业化创造了高效率农地流转的有效需求。

根据我们的定义，农业产业化是市场行为，并不带有任何政治上的强制性[①]，因此，结合土地承包经营权流转不得改变土地所有权性质、不得损害农户利益的前提，基于农业产业化的农地流转是建立在农户自愿的基础上，而农户自愿的前提是农户流出农地的收益高于其机会成本，尤其是让部分在农地生产上不具优势的贫困农户获得更高的收益。同时，农业产业化的契约形式多样，存在一些连接贫困中小农户的契约安排，比如“龙头企业+中小农户”、“合作组织+中小农户”、“龙头企业+合作组织+中小农户”等形式，使中小农户通过农户主导型农地流转方式调整各自农地，在合理的垂直协调契约安排下，参与到单个农户因为投入、风险偏高而难以进入的现代农业、高附加值农业中。这种让中小农户参与农业现代化、农业深加工价值的分配过程，对中小农户的扶持带动作用，有利于促进农村地区的收入平等。在这一利益分配的过程中，可以通过农户自愿连接形成合作组织，与可能居于主导地位的龙头企业进行利益分配的谈判，避免分散的中小农户利益受损。政府可以在中小农户和龙头企业利益纠纷过程中介入，通过设立相应的职能，保护利益受损方，实现农业产业化垂直协调以增进利益的公平分配。

（2）润滑剂

成功的农业产业化可以在农地流转中起到润滑剂的作用，促进农地顺畅流转。第一，农业产业化的发展，产前、产后环节主要以二三产业为主，产生一定非农劳动需求，而且部分农业产业化行业，如园艺、蔬菜等在生产中也是劳动密集型的行业，也会形成对劳动力的需求，显然，非农就业机会的增多以及工资性收入比重的上升，将有效地减少农地流转的阻力。第二，对于中国农民而言，土地承包经营权很大程度上担当着社会保障的功能。在自愿流转的前提下，对参与农业产业化的农地流出农户而言，农地流转收益通常会高于其种植一般大田作物的货币化收益，且不需资本、劳动力的投入。这种货币化收益通常与粮食价格挂钩，动态调整，随粮价上涨而上调，所以，农业产业化实现了农地社保功能的货币化，也降低了农地流转的阻力。第三，成功的农业产业化的发展，将形成优势突出和特色鲜明的产业带，促进农产品加工业结构升级和农产品品牌的培育，引导加工、流通、储运设施建设向优势产区聚集，而产业集聚的过程实质上是一个由产业支撑的城市化（城镇化）的过程。而且，基于农业产业化的产业集聚更是一个与一、二、三产业相联系的，具有产业支撑的城乡统筹的过程。显然，有产

① 当然，在现实中也存在一些长官意志的农业产业化项目，在推行过程中并没有采取市场手段，带有一定的行政命令色彩，我们根据农业产业化的定义将这种情况排除在外。

业支撑的城市化和城乡统筹进程的加快，会形成收益递增的良性循环，二三产业及其产生的就业机会持续扩张，会进一步促进农地流转的实现。

四、小结

本节讨论农地流转和农业产业化之间的关系。农地制度深刻地影响了农业产业化的项目选择和垂直协调契约安排。经过数十年以效率和平等为主题的农地制度变迁的探索，农地集体所有、家庭联产承包责任制的农地制度终于找到了当前经济条件下的效率和平等的平衡点。但是，细碎化程度较高的农地承包经营权的分布实际上提高了农业产业化垂直协调的下游厂商的交易成本，一定程度上限制了农业产业化活动的开展和发展，土地承包经营权的流转成为农业产业化发展的前提条件。由于中国农地产权分割，所有权和承包经营权的分离导致农地流转主体的多元化，因此，目前的农地流转主要分为个体农户主导型、村集体主导型和中介组织介入型三类。不同的农地流转形式适用于不同的区域，这些区域特征包括农地的地理位置、非农就业的机会和非农收入的比重以及稳定性、农村基础设施和社保体系的完善程度、村级民主政治程度、村集体领导人权威水平、人均耕地数量、二三产业发展程度，等等。不同的农地流转形式，其农地的规模集中程度不同、流转期限不等、流转规范程度不同以及主导者身份差异，进而导致农业产业化项目选择的不同和契约安排的差异。相比较而言，尽管中介组织介入型的农地流转形式本身存在搭便车等交易成本且在实际操作中容易异化为村集体主导型农地流转等问题。但在目前，这种形式的农地流转适用区域较广，兼具村集体主导型和个体农户主导型的优势，在农地规模的集中上具有很大弹性，适于不同农业产业化项目对土地规模的需求和不同的农业产业化垂直协调的契约安排，这一农地流转形式将是我国农地流转制度创新最重要的领域。

同时，农业产业化的成功开展和发展又促进农地健康、有序、顺畅地流转。一方面，农地流转的基本目标是促进效率和平等，而农业产业化凭借其在效率上的优势以及通过契约形式对贫困中小农户带动作用的发挥等，成为实现农地流转基本目标的重要途径，形成了对农地流转的有效需求。另一方面，成功的农业产业化可以在产前、产后环节创造非农就业，并使农地保障功能货币化且能随物价动态调整，优势产业的形成和聚集又促进了有产业支撑的城乡一体化和城市化进程，上述因素的改善都将促进农地流转的顺畅进行。

第五章　各地农业产业化发展经验与财政支持政策

第一节　各地推进农业产业化发展的实践经验总结

多年来，党中央、国务院高度重视农业产业化，各地区、各部门大力支持和推动农业产业化和龙头企业发展，出台了一系列推进农业产业化经营、扶持龙头企业发展的地方性政策措施，取得了很好的效果，也积累了不少有益经验。

一、出台政策性文件，大力扶持龙头企业

近年来，各省（自治区、直辖市）和各地市政策性文件的出台，提高了各地、各部门对发展农业产业化经营和龙头企业的重视程度，为龙头企业发展营造了良好的政策环境。如陕西省先后出台了《关于大力扶持农业产业化经营重点龙头企业的意见》《关于进一步加快农产品加工龙头企业发展的意见》，从财政、信贷、科技、进出口配额、质检、建设用地、发展环境等方面明确了对重点龙头企业的扶持政策。吉林省委、省政府先后出台《关于进一步推进农业产业化经营的意见》《农业产业化“30户重点企业”提升行动实施意见》《关于促进农业产业化龙头企业和农产品加工业平稳较快发展的政策措施》等一系列扶持政策；江苏省政府下发了《关于促进农业产业化龙头企业发展的若干政策措施》；福建省出台了《关于进一步加快农业产业化龙头企业发展的若干意见》《促进农业产业化省级重点龙头企业发展的检验检疫政策措施》等文件；云南省以省委、省政府1号文件形式下发了《关于推进农业产业化发展扶持农业龙头企业的意见》，等等。

二、加大财政专项投入，集中扶持龙头企业

在农业部农业产业化专项资金引导和示范带动下，各省（自治区、直辖市）

及大部分地市县也相继设立了农业产业化专项资金，集中扶持龙头企业原料生产基地建设和技术改造升级，并且资金规模不断增加。如吉林省级财政每年安排的农业产业化专项资金在2亿元以上，排在全国各省（自治区、直辖市）前列，吉林市在财政比较困难的情况下，每年坚持拿出800万元的专项资金。江苏省设立了农业产业化专项资金，并且资金规模逐年增长，大多数地市及一些县级市也设立了支持农业产业化及龙头企业发展的专项资金。据江苏省农委统计，“十一五”期间，全省各级财政投入62.13亿元，用于支持龙头企业基地建设和科研开发。福建省整合现代农业、农业综合开发、农业产业化等财政资金，集中扶持省级以上重点龙头企业；中小企业发展、企业技术改造等各类财政专项资金，重点向符合条件的农业产业化龙头企业倾斜；省级财政从2010年起，对上一年进入辅导期的拟上市龙头企业，一次性给予50万元补助和奖励。

三、强化金融支持，搭建龙头企业融资平台

龙头企业为农民提供产供销一条龙服务，带动了农民就业和收入增长。然而，龙头企业绝大多数都属于中小企业，除了一般中小企业所固有的风险外，还因农业生产的弱质性和高风险性，融资难仍然是困扰其成长的重要因素之一。各省（自治区、直辖市）探索创新金融支持龙头企业发展方式，取得了明显成效。如江苏省积极推动省内金融机构加大对龙头企业的支持，利用龙头企业协会拥有的人才、资金、技术、信息等资源优势，组建了江苏省农业产业化龙头企业担保公司，为中小龙头企业提供信贷担保，缓解融资难问题。“十一五”期间，全省龙头企业获得银行信贷资金总额达到1 128.47亿元。湖北省农业部门先后与中国农业银行湖北省分行、农业发展银行湖北省分行、国家开发银行湖北分行、湖北省农村信用合作联社签订战略合作协议，协调有关金融机构增加贷款额度、创新贷款品种、延长贷款期限、降低贷款利率、简化贷款手续、放宽抵押或担保条件，为龙头企业融资贷款创造良好的环境，“十一五”期间龙头企业获得贷款共计210多亿元。湖北省还探索创新金融支持龙头企业发展方式，于2005年成立了全国首家省级农业产业化信用担保公司，“十一五”期间累计为龙头企业提供担保72.6亿元，有效缓解了龙头企业贷款难和抵押难问题。福建省各级“农办”每年组织筛选一批龙头企业建设项目，统一向有关银行业机构推荐，银行业机构将推荐的项目优先纳入贷款营销范围，优先予以调查评估和信贷支持，并给予适当

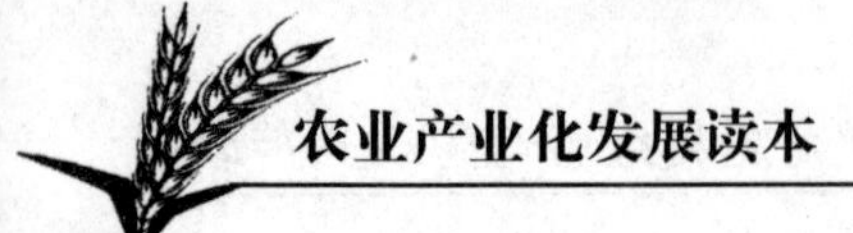

的利率优惠，各级财政对龙头企业建设项目贷款给予一定额度的贴息扶持；鼓励各类担保机构积极开展涉农担保业务，将龙头企业融资业务纳入福建省中小企业信用担保机构风险补偿专项资金支持范围。银行业机构配合出口信用保险公司开展短期出口信用保险项下保单融资业务，对龙头企业参加出口信用保险给予40%的保费补助，出口信用保险保单融资年贴息率为3%。

四、建设产业化示范园区，加快龙头企业集群集聚

各省（自治区、直辖市）重点支持建设龙头企业相对集中、主导产业突出、特色鲜明的农业产业化示范园区，为农产品加工业发展构筑了新的平台，成为着力打造品牌农业的重要基地，对推动农业产业化经营的跨越式、超常规发展具有很强的推动作用。如陕西省政府投资建设农业产业化示范园区，产业覆盖全面，涉及粮棉油产业、畜牧（生猪、乳品、肉牛、肉鸡）、蔬菜、果业（苹果、柑橘、猕猴桃）、茶叶、食品、纺织、综合等多个产业类型，提高了龙头企业的聚集度，为加快农业产业化进程奠定了基础，产业园区的发展亦成为县域经济社会发展的重要支撑。2009年，湖北省首批确立了20个农业产业化示范园区，拿出10亿元的调度资金，每个园区5 000万元，连续使用3年；省农业厅从农业板块专项经费中拿出3 000万元，用于园区贷款贴息。武汉市黄陂区示范园区通过规划引导和资源整合，吸引蔬菜加工企业、畜禽加工企业、食品加工企业、乳制品饮品加工企业等重大农产品加工企业向园区聚集，产业集群已初具规模。

五、加强人才培训和科研，提高龙头企业发展能力

把“请进来”与“走出去”结合起来，重视龙头企业负责人培训深造和高层管理人才队伍建设，引进、消化、吸收和创新相结合，支持龙头企业技术改造和技术研发项目，提高企业经营管理和科学技术水平，已成为各省市开展农业产业化工作的重点。如江苏省积极举办培训班，邀请国内外专家对龙头企业负责人进行培训，提高企业的经营管理水平，增强企业带农惠农意识。每年都举办龙头企业负责人培训班，重点讲解国内外宏观经济形势、国家产业政策、农产品市场变化和产品质量安全等方面的情况。2011年江苏省农委联合省委组织部，组织百名龙头企业高层管理人员到清华大学进行为期20天的培训，专题学习现代企业制度和投融资政策。福建省企业技改贴息资金积极支持省级以上重点龙头企业的技术

改造项目。龙头企业为开发新技术、新产品、新工艺所发生的研发费用，据实税前扣除并按照有关规定享受加计扣除优惠政策。对新创办的科技型龙头企业，自其在工商部门首次注册登记之日起两年内免收管理类、登记类和证照类等有关行政事业性收费。

第二节　各地财政支持农业产业化发展的政策借鉴

一、我国农业产业化财政支持政策框架

为了扶持我国农业产业化经营和龙头企业发展，一系列相关的财政支持政策和财政专项相继出台，主要包括财政部国家农业综合开发办公室实施的国家农业综合开发产业化经营项目、农业部农业产业化办公室实施的农业产业化财政专项、农业部发展一村一品办公室实施的"一村一品"特色产业财政专项、中央财政农业保险保费补贴政策以及对龙头企业的税收优惠政策。上述财政支持政策和项目的支持目的、支持方式、支持重点和资金安排如表5-1所示。

表5-1　我国农业产业化财政支持政策和项目梳理

政策和项目	支持目的	支持方式	支持重点	资金安排
国家农业综合开发产业化经营项目	壮大龙头企业和农民专业合作社发展，促进农民持续增收	贷款贴息 财政补助 投资参股	具有竞争优势和辐射带动作用的种植养殖基地、农产品加工、流通设施等项目	"十一五"期间中央财政累计投入173亿元农业综合开发产业化资金
农业产业化财政专项	提高优势农产品生产加工水平，增强农业综合生产能力；促进标准化基地建设，完善利益联结机制，增加农民收入	财政补助 保险保费补贴 贷款担保	国家重点龙头企业申请项目的基地建设，新设备购买，新技术、新品种引进和推广，技术培训等	从2002年起今，农业部每年安排3000万元农业产业化专项资金，12年累计投入3.6亿元
"一村一品"特色产业财政专项	培育品牌农产品，发展壮大农村主导产业，提高农民自我发展能力和收入水平	财政补助	依托农民专业合作组织、龙头企业带动的特色粮油、特色园艺、特色畜禽、特色水产和传统手工艺等主导产业	2007~2009年，农业部每年安排3000万元"一村一品"特色产业专项资金

续表

政策和项目	支持目的	支持方式	支持重点	资金安排
中央财政农业保险保费补贴政策	增强农民抗风险和灾后恢复能力，确保农业生产和农民生活的稳定	保险保费补贴	补贴品种包括玉米、水稻、小麦、棉花等大宗农作物，大豆、花生、油菜等油料作物，以及能繁母猪和奶牛等重要畜产品，基本覆盖了关系国计民生和粮食安全的大宗农产品	2007~2012年，中央财政已累计拨付农业保险保费补贴资金361亿元，带动参保农户7.6亿户次，提供风险保障2.7万亿元
对农业产业化经营组织的税收优惠政策	减轻龙头企业负担	所得税减免、增值税优惠	2000年起暂免征收重点龙头企业初级农产品加工所得税；2002年增值税一般纳税人购进农业生产者销售的免税农业产品的进项税额扣除率由10%提高到13%，2008年制定了关于享受企业所得税优惠政策的农产品初加工范围目录	

二、各地支持农业产业化发展的政策借鉴

通过对我国农业产业化和龙头企业发展情况和有关财政支持政策落实情况的调研发现，各省（自治区、直辖市）高度重视农业产业化经营和龙头企业发展，有效贯彻和落实相关的财政支持政策和项目，取得了很好的效果。一些省市还出台了一系列推进农业产业化经营、扶持龙头企业发展的政策措施，为全面推进农业产业化经营和培育壮大龙头企业营造了良好的政策环境。实践证明，在财政支持的方式、重点和环节等方面，地方财政扶持农业产业化和龙头企业发展的政策措施是行之有效的，值得参考和借鉴。

1. 整合财政资金集中扶持农业产业化龙头企业

跨部门、积极整合现行财政支农资金，集中扶持国家级和省级重点龙头企业，是加快农业产业化发展的重要手段。所调研的部分省份注重整合现代农业、农业综合开发、农业产业化等相关财政资金，集中扶持省级以上重点龙头企业，有效提高了财政资金使用效率。另外，各省对国家扶持其他行业发展的相关政策措施，研究找出了其与龙头企业关联的支持点，及时转化为了支持龙头企业的政策。如福建省将中小企业发展、企业技术改造等各类财政专项资金，重点向符合条件的农业产业化龙头企业倾斜，使龙头企业享受中小企业发展和企业技术改造相关政策。

2. 财政投资建设农业产业化示范园区

建设龙头企业相对集中、主导产业突出、特色鲜明的农业产业化示范园区，为农产品加工业发展构筑新的平台，着力打造品牌农业的重要基地，对推动农业产业化经营的跨越式、超常规发展具有很强的推动作用。所调研的部分省份，有的运用财政资金直接投资，有的拿出能够连续使用3年的10亿元调度资金，这些都对加快农业产业化示范园区建设进程、提高园区建设质量、吸引更多龙头企业集聚创造了有利条件。

3. 财政补助促进农业产业化龙头企业发展壮大

龙头企业的发展壮大，充足、优质的原料保障和不断提高的自主创新能力支撑是关键。原料生产基地是龙头企业的“第一车间”，加强原料基地建设，为龙头企业的发展提供充足、优质的原料，是农业产业化经营的重要环节和基础。发展农业产业化经营，关键是提高龙头企业的竞争力和带动力。支持和引导龙头企业加大技术改造和技术创新力度，开发具有自主知识产权的新品种、新产品、新技术，提高自主创新能力和核心竞争力。所调研的部分省份设立地方农业产业化专项资金，采用补助方式重点支持龙头企业原料基地建设和扩大生产规模、建立研发机构和技术改造升级，培育和壮大了一批省级和市级龙头企业，加快了农业产业化步伐。

4. 贴息贷款扶持农业产业化龙头企业和园区

关于获得贴息贷款支持的龙头企业建设项目，所调研省份已经形成了一套较为成熟的筛选程序和流程。省各级“农办”每年组织筛选一批龙头企业建设项目，统一向有关银行业机构推荐，银行业机构将推荐的项目优先纳入贷款营销范围，优先予以调查评估和信贷支持，并给予适当的利率优惠，各级财政对龙头企业建设项目贷款给予一定额度的贴息扶持。其中，企业技改贴息资金积极支持省级以上重点龙头企业的技术改造项目。在贴息贷款扶持方面，部分省份在农业产业化示范园区建设过程中，从省农业板块经费中拿出部分资金用于园区贷款贴息。

5. 创新农业产业化龙头企业信用担保机制

我国农业产业化龙头企业绝大多数都属于中小企业，除了一般中小企业所固有的风险外，还因农业生产的弱质性和高风险性，融资难仍然是困扰其成长的重要因素之一。所调研省份积极探索创新金融支持龙头企业发展方式，成立省级农业产业化信用担保公司，为龙头企业提供信贷担保，有效缓解了龙头企业贷款

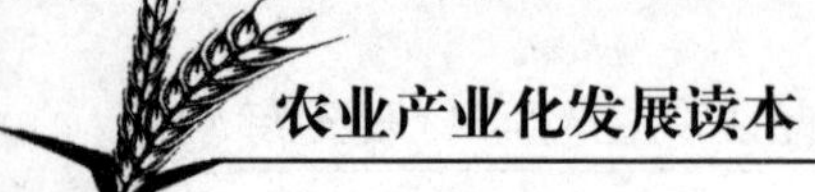

难和抵押难问题。一些省份还鼓励各类担保机构积极开展涉农担保业务，将龙头企业融资业务纳入省中小企业信用担保机构风险补偿专项资金支持范围；同时，所在省银行业机构配合出口信用保险公司开展短期出口信用保险项目保单融资业务，对龙头企业给予保险保费补助政策。

第三节　调研发现及政策建议

一、调研发现

1. 企业申请贷款难，发展资金严重短缺

企业在收购季节一般都需要大量流动资金周转，但受银行日益收紧的贷款政策影响，企业难以获得贷款支持。由于龙头企业租用的土地和拥有的农业用地无法作为固定资产抵押，一些企业往往难以通过正常渠道进行贷款，只能通过民间借贷解决发展资金不足的问题。即使具备土地抵押条件的企业，由于银行授信额度小，放贷比例低（一般在固定资产总值的20%～30%），贷款期限短，也无法满足企业实际需求。此外，银行贷款审批程序多、时间长，严重影响了企业正常生产经营。

2. 财政金融扶持与税收政策落实不到位，企业经营成本过高

为支持农业产业化和龙头企业发展，中央和地方在企业用水、用电、税收、交通、金融等多方面出台了相应扶持政策，但在具体分解落实和配套政策上还存在不到位现象。据一些流通类企业反映，农产品专业市场收费中的卫生费和水电费均属于代收的经营成本，而税务部门均按营业收入计所得税，增加了税收负担；还有些地方对企业出口退税办理不及时，有的企业两年都没有拿到应得的出口退税资金。此外，一些龙头企业反映用电与一般企业或工业企业相比，并没有享受到涉农优惠政策，特别是果品流通企业的冷库用电也没有优惠政策，增加了企业运行成本。

3. 土地流转机制不完善，企业用地问题较为突出

第一土地指标紧张。各地龙头企业反映目前用地指标非常紧张，土地供给明显不足。企业在建设加工厂房及养殖场时，申请使用土地难度较大。种植企业在建设农产品收购站点、仓库、冷库等必备加工设施时，用地申请难；养殖企业除养殖房被列为农业用地外，加工房、饲料房、仓库用地则被列为建筑用地，申

请费用高、审批手续难。此外企业进行技改、扩建、搬迁征地时用地难，土地使用证办理更难，部分企业反映土地证办理周期太长，一些实际使用的土地，即使按规定办理了相关手续、缴纳了相关费用，也迟迟未拿到土地证。第二土地流转困难。由于土地指标紧张，征地非常困难，部分龙头企业尝试通过土地经营权流转的方式租用连片的村集体或农户土地，以解决基地建设的用地难问题，但在实际中由于农户比较分散且利益诉求不一，在实际操作中比较困难。第三用地费用高。土地使用税成为龙头企业用地的重要税负之一，但当前工业用地的标准界定范围过宽，经过土地硬化、从事工厂化种植或设施农业生产的土地被视为工业用地，收购储存农产品的仓库、厂房同样也被视为工业用地。

4. 生产基地建设滞后，原料供应难以保证

随着农业产业化经营的推进，龙头企业农产品加工能力日益增强，生产基地建设滞后、原料需求阶段性紧张的问题逐步成为制约龙头企业发展的突出问题。主要原因在于，农产品种养环节投入高、周期长、风险大、效益普遍比较低下，企业建设生产基地的意愿不强，从而导致农产品原料供给不足。多数龙头企业与基地、农户之间的关系还是停留在原料收购或订单生产层次上，利益联系不紧密，缺乏稳定性，难以形成优势互补、利益共享的利益联结机制，原料的品质与质量安全难以保证。

5. 产品质量检验检测成本较高，不利于食品安全水平的提高

近年来，食品安全监管形势严峻，一些重大食品安全事件的发生给守法经营的食品加工龙头企业造成了严重影响。为保证农产品质量安全，龙头企业对牛、猪等鲜活农产品进行检疫、检验开支较大。据一家生猪养殖企业反映，一头猪检疫成本18元，有时甚至占到生产成本的5%左右，造成运营成本上升。此外，试剂价格上涨、检验项目增多、检验批次增加等因素导致企业质量检验检测费用大幅度上涨。除了自身检验费用，企业还需要送样品到质检、商检等部门进行检验，进一步增加了企业的检验费用。据一家禽类加工企业反映，该企业每年仅熟制品的送样检测费用一项就达15万元。质量安全成本完全由龙头企业承担，致使企业面临巨大压力，不利于食品安全水平的提高。

6. 研发实力不强，企业竞争力较弱

第一企业自身科研投入不足。在调研访谈的龙头企业中，大部分企业不注重自身的技术创新和科研投入，仍然依靠传统工艺技术和资源优势参与市场竞争，或是通过购买比较成熟的技术装备改进生产线，缺乏自主知识产权的技术研发，

这种发展模式很难培育出企业的核心竞争力和可持续发展能力。第二公共部门的科研支持相对不足。目前，大多数龙头企业的科研创新基本上依靠自身投入，缺乏“产学研”的联合，或者是已经与科研院所、高校联合，但尚未得到公共部门的相关支持。目前这种状态使得大多数企业对新产品、新技术研发实力不强，企业参与竞争的能力较弱。

二、政策建议

1. 从战略高度重视农业产业化发展的新形势和新要求，充分发挥龙头企业主体作用

充分认识龙头企业对推动农业产业化、建设现代农业、增加农民收入、全面实现小康社会的重要意义，从战略高度加强对龙头企业的宣传和品牌推介力度。投入专项资金，通过电视专题片、报刊专栏、专业网站产品推介会等形式，加强对龙头企业带动产业发展的典型事例、名优和特色产品品牌进行经常性宣传。着力为产业化经营创造宽松的政策环境，为项目、资金、人才、信息等要素合理有序流动营造良好氛围。整合中央、省级有关部门历年来出台的龙头企业扶持政策，出台操作性强的配套文件，以使中央和地方制定的各项优惠政策切实得到贯彻落实。农业产业化联席会议各成员单位按照职能分工垂直检查或组成联合调查组，定期或不定期检查监督国家扶持农业产业化有关财政、税收、信贷、土地、用电、绿色通道等优惠政策的贯彻落实情况。

2. 不断夯实基地建设，着力打牢龙头企业发展基础

坚持在确保粮食安全和农产品有效供给的前提下，围绕企业加工需求组织农业生产，提高优质原料供应水平。实施项目带动战略，支持龙头企业建设农产品标准化生产示范基地、加工专用原料生产基地。实施大型龙头企业提升工程项目，以带动作用强的骨干龙头企业为重点，以全面提升精深加工能力、产业带动能力和市场竞争力为核心，培育具有较强市场影响力和产业带动能力的大型领军企业。加强诚信教育，提高履约率，形成企业与农户长期、稳定、共赢、共担的利益联合体。鼓励农户以土地、劳动、资本和产品等要素入股的形式参与企业发展，让农民分享农产品加工和销售的利润，实现二次收益分配。大力支持企业园区建设，促进园区企业集聚发展。

3. 加大产品研发和科技创新的支持力度，推动龙头企业技术进步

增加农业产业化专项资金规模，在继续支持企业建设原料基地的同时，加大对企业产品研发和科技创新的支持力度。鼓励技改项目贷款，通过技术改造提高企业农产品精深加工能力，淘汰落后产能，推进农产品深度开发和综合利用，实现农产品由初加工向精深加工转变，延伸产业链，提高附加值。建立农业科研、推广、生产一体化新机制，加强“产学研”联合，加大对龙头企业科研活动的扶持力度，提高企业自主创新能力。构建新型基层农业科技推广体系，加强对农技人员的知识更新。加强对基地农户的技术培训，要结合实施“绿证”培训、跨世纪青年农民培训工程，重点提高规模化基地种养大户的科技素质，培养一批骨干农民。对龙头企业开展农产品质量认证给予费用减免，降低龙头企业的检验检疫费用，理顺各部门关系，防止多头重复检验检疫，减轻企业负担，保障食品质量安全。

4. 推进涉农金融改革和创新，缓解农业资金缺口

积极支持银行对大型龙头企业直接授信授贷，在收购季节滚动放贷，实行“一次授信、专款专用、封闭运行”，原料由企业保管，产权归银行所有；企业以回款购买原料，确保银行贷款安全。建立农业产业发展基金或贷款担保公司，中央和地方各级政府既可参与基金或贷款担保公司设立，也可以在税收和贴息政策上给予优惠，用于扶持规模龙头企业，以及奖励其名牌认证；并根据龙头企业的规模、纳税额、就业和带动农民致富情况，对贡献大的龙头企业进行表彰奖励。促进龙头企业信用担保体系建设，逐步扩大其惠及面。借鉴国内外经验，允许规模龙头企业发行企业集合债，通过财政贴息或者建立偿债基金或引入实力雄厚的担保机构，由多个优质规模农业产业化企业集合打包共同发债，扩容龙头企业的融资渠道。

5. 创新企业用地方式，走节约集约利用土地新路

积极培育农村土地流转市场，依法、自愿、平等促进土地流转经营，流转收益可依据承包户的承包产量、土地等级、年限、用途、费用标准、支付方式及当事人双方的权利义务、违约责任等，确定实物或价款支付。加强土地流转前后的联系和指导，聘请专业技术人员丈量耕地、造册制作、规范制图。加大土地整理投入，清理闲置土地，扩大工业用地来源。盘活破产、改制企业用地，鼓励开发荒滩、荒坡、荒地、荒山等未利用地，增加土地储备。鼓励企业用地的多层厂房建筑，在土地极度稀缺地区，大幅度提高建筑密度、投资强度。在列入规划、有年度计划的前提下，优先考虑龙头企业用地，尤其是龙头企业的圈舍、厂房等建设用地。

第六章　农地入股与股份制合作社的实践

作为发展中大国，我国区域差异明显。从需求角度看，东部地区经济相对发达，而且外向度高，消费者对农产品及其加工品的需求呈现多元化，且对营养、健康和食品安全更为关注，产品的价值对产品特征的敏感性较大，有必要通过垂直协调的方式来实行质量控制和避免价格和产量的波动风险。同时，从供给角度来看，东部地区基础设施、市场体系相对完善，非农产业发展迅速，一方面积累了充裕资本，提高了加工技术水平，从而具备较强的农业产后环节的生产能力；另一方面，农业劳动力非农就业和收入的比重和稳定性得以提升，进一步促进了非农劳动供给和土地承包经营权的供给。因此，在需求和供给的相互作用下，东部地区成为我国农业产业化的起源地，并通过不断地实践和摸索，农业产业化发展水平不断提高、组织形式不断完善。

在东部地区，山东省的农业产业化发展水平居于前列，在本章，我们具体介绍该省蓬莱南王山谷葡萄生产合作社的运行机制，分析“龙头企业+合作社+农户”这一垂直协调体系在该地区该行业的适用性，重点讨论该方式下农地股份制和专业合作社是如何结合的，最后是对该案例进行总结性评述。

第一节　南王山谷葡萄生产合作社

蓬莱市在地理位置上，与世界著名葡萄酒产地法国的波尔多处在同一条纬度线上，具备国际公认的最适宜海岸葡萄生长的“3S”原则（阳光、沙砾、海岸），是世界七大葡萄海岸和中国三大酿酒葡萄产区之一。依托这一优势，该市将葡萄及葡萄酒产业作为“百年立市”的产业和农业四大特色主导产业之一，重点培育，不断创新产业化模式，推进一体化经营。目前，该市葡萄种植面积发展到12万亩，注册葡萄酒企业达到50家，葡萄酒年生产能力达到10万吨，占全国总量的近1/6，带动农户3.7万户，农民年增加收入3亿元。[①]南王山谷葡萄生产合作社便是该市葡萄产业化方式创新的一个典型。

一、合作社的组织结构

中粮长城葡萄酒（烟台）有限公司斥资6亿元，在“南王山谷”12平方公里海岸低缓丘陵打造万亩标准葡萄园与古朴典雅的葡萄酒庄，建成集高端酒生产、科研和酒文化展示、旅游观光为一体的“君顶酒庄”。高端葡萄酒品质主要依赖于原料的质量。为了满足高端酒生产所需要的葡萄原料，该公司选择了“龙头企业+专业合作社+农户”的契约安排。

2005年12月，该公司专门成立中粮南王山谷君顶酒庄有限公司（以下简称君顶公司），并以规划区内涉及的3个镇、18个葡萄种植专业村作为发起人，成立“烟台南王山谷葡萄生产合作社”[②]，根据《农民合作社法》制定了《烟台南王山谷葡萄生产合作社章程》，实行自主经营、自我约束、自我管理、自负盈亏。合作社实行独立核算、利益共享、风险共担、权利平等、民主监督、入社自愿、退社自由。这一合作社除了履行其传统的职能，比如对入社的土地进行山、水、林、田、路统一规划，统一整改，统一配套水利设施，统一栽培葡萄苗木，统一生产服务和技术指导，统一供应化肥、农药等生产资料，统一按保护价收购葡萄，其最大的特点在于引入了土地承包经营权的流转，在保证农民土地承包经营权不变的前提下，将其土地承包经营权量化入股，将农民变成合作社股东。18个村1 400多户入社农户成立13个合作分社，由合作分社与带地入股农户依法签订《土地承包经营权流转合同书》，并由蓬莱市政府派出专门工作组对农民土地进行价值评估，按照质级评价折算入股，平均每亩地承包经营权折价1.6万元[③]，按每股1元折算股权数入股，共占36.2%的股份。君顶公司以投入资金为股份，占63.8%的股份。根据我们的调研，君顶公司主动提出，公司今后新的投入不再计入股份，这一股权结构将保持长期不变。在这一股权结构下，该合作社的社长和监事长由君顶公司指定，两名副社长以及副监事长则由带地入股入社农户担任。将上述组织结构形式简化为如图6-1所示。

① 数据引自《蓬莱市培育壮大农业产业集团、构建农业产业化体系有关情况》（内部资料，2008年9月）。

② 蓬莱市隶属于烟台市。

③ 根据我们的调研，这一土地承包经营权折价标准实际上是参照2005年胶东地区的农地征用标准，当时，政府征收一亩农地给农民的补偿约为1.6万元。

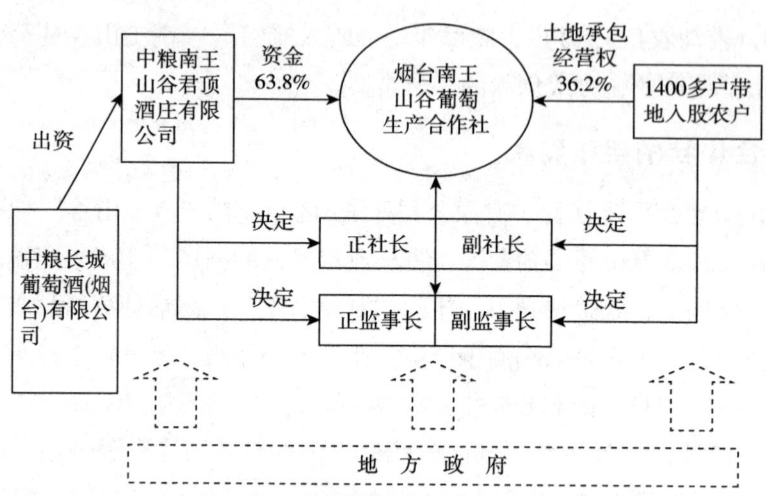

图6-1　烟台南王山谷葡萄生产合作社的组织结构图

二、合作社的运作和分配

烟台南王山谷葡萄生产合作社通过土地承包经营权入股的形式集中了农地，通过大量的先期投入，包括统一规划、统一整改、统一配套水利设施，开发成葡萄基地，然后按照“入股社员优先”的原则，对土地进行划片承包经营，责任到户，实行定地块、定人员、定产量、定费用、定保护价，等等。对社员日常与合作社发生的经济往来，设立往来手册，逐笔登记，动账不动钱，月清月结。为确保种植和酿造出高品质的葡萄和葡萄酒，将标准化生产贯穿于每个运转流程和环节。农民合作社按照与烟台中粮签订的合同，安排生产计划、制定技术标准和操作规程等；及时为社员提供统一的灌溉、施肥、喷药、运输、技术等服务，并在社员农户出售葡萄时再回收上述投入和服务的成本，在降低农户负担的同时有效地保证了葡萄质量和原料供应。

分配政策是整个契约安排的核心内容。带地入股农户的收入分为固定部分和浮动部分。固定部分主要来自固定股息，每亩为500元／年。根据我们对农户的调研，当地农户如果种植玉米、小麦等传统大田作物，扣除农药、化肥、种子等投入之后，不考虑劳动力成本，每亩收入在500～600元之间，因此固定股息基本上等同于种植大田作物的收益。对于浮动部分，在合作社开始运作的前两年，主要是基础设施的建设和葡萄苗的种植，基本上没有收益，合作社在支付农民承包前的青苗和附属物补偿、承包后的栽培设施建设之后，每年还支付承包户每亩700元的管理费。到第三年葡萄见果期后，合作社按照质量、产量收购承包农民种植的葡萄，实行户交售、户结算，扣除合作社供应的化肥、农药、浇水等生产费用后剩余部分全部归农户所有，其中，价格是在最低保护价的基础上随行就市，产量则是以合同约定的产量为中心进行30%的上下浮动，质量标准主要依据专业仪器对葡萄进行糖分测定，如果超过约定标准，质量每提高1%，奖励0.25元/斤，如低于标准，则同比例降低收购价。此外，如果合作社有利润的话，农户还将根据其股份获取分红。

从目前状况来看，由于刚起步，合作社基本上还没有利润，根据介绍，合作社共有包括技术员在内的12名专职员工，其工资由君顶公司负责，而兼职员工目前不发放工资。合作社未来的利润主要来自以下两个方面：一是在葡萄收购和售卖过程中提取5分/斤的交易费用，二是合作社凭借其规模在农药、化肥的购买中具有价格谈判优势，可以降低这些投入品的进货价格进而获取一定的收益。此外，合作社把销售收入的0.5%拿出来，连同社员每亩缴纳的60元，共同作为社员的生产风险基金，用于灾年及市场风险带来的损失补偿。同时，合作社还为入社农民提供良好的养老、医疗、教育和就业方面的保障。在生活方面，对带地入社后家庭所剩余集体承包土地人均不足0.3亩的，家庭成员可全部转为合作社社员，一是享受养老待遇，对男满65周岁、女满60周岁的社员，每人每年发给养老金1 200元；二是享受农村合作医疗待遇，费用全部由合作社承担；三是享受子女上学奖学金，给予高中和中专在校生每人每年1 000元的奖励，大学在校生每人每年5 000元奖励；四是享受优先招工待遇。

最后，对于君顶公司而言，虽然投入巨大，但是获得了成规模的稳定的高质量葡萄原料，为其高端葡萄酒高额利润的形成提供了最根本的保障。需要指出的是，君顶公司的投资不限于农业产业方面，它还在万亩葡萄园的中心位置建立了高档酒庄会所，其投资涉及一二三次产业，涉及部分农村非农用地流转，合作社之所以能够为农户提供较为良好的养老等生活保障，有一部分来自于非农用地流转的收益，由于这不是本书研究的主题，故不在此详细展开。

第二节　基于烟台南王山谷葡萄生产合作社的理论分析

得天独厚的地理条件和悠久的葡萄酒生产历史使得蓬莱成为理想的葡萄酒原

料产地。葡萄种类的选择、葡萄的种植、葡萄酒的加工及销售显然构成了产前、产中、产后垂直协调的农业产业化链条。本节将从理论上分析这一产业链垂直协调的契约安排和相应的农地流转形式。

一、高端葡萄酒项目的交易行为特征

根据理论篇的分析，农业产业化行业特征对交易行为的特征影响深刻，进而影响不同契约安排的交易成本。因此，我们首先从高端葡萄酒项目的行业特征入手分析其农业产业化垂直协调的契约安排。对于高端葡萄酒项目而言，产前、产中、产后三个环节的信息均非常重要，对生产原料非常考究，包括葡萄的类型和葡萄的种植过程，对酿造工艺、地点、温度、设备等要求也异常严格，而且市场销售需要巨额的营销投入。高端葡萄酒的生产企业掌握了市场需求、酿造工艺以及所需葡萄类型和种植过程中的技术等关键性的信息，因此，龙头企业在这一项目中居于核心地位。但是，龙头企业受分散的农地和种植过程中私人信息的制约，因此，龙头企业面临如何在这些制约下选择可行且交易成本最小化契约安排的问题。

首先，高端葡萄酒项目的资产专用性程度高，且交易双方的资产互补性也较高。对于企业而言，相对于一般葡萄酒的生产，高端酒在酿造设备、酒窖的建设上更为考究，需要大量的资金投入；高端酿酒工艺需要专门的技术人才和特定的技术；同时，高端酒的消费对象是社会精英群体，在起步阶段，需要在高端媒体的广告、宣传等方面支付大量的营销成本。更为重要的是，高端葡萄酒的品质，三分靠工艺，七分靠原料，因此，需要特定类型葡萄原料的成规模的稳定供应。一旦无法保障这种原料的品质和数量的供应，上述物质资本、人力资本、品牌资本的投入很难实现规模经济效应，更难以转为其他用途。显然，在这种情况下，企业可能会面临较高的来自原料供应方的机会主义风险，因而有加强垂直协调紧密程度的需求。同时，因为高端酒对原料的考究，使得企业和农户在葡萄生产和葡萄加工方面具有明显的资产互补性，这也要求紧密的垂直协调。

其次，高端葡萄酒这一农业产业化项目的不确定性水平较高。对企业而言，低水平的原料可替代性以及葡萄从种下到挂果需要2年以上的时期，提高了企业更换原料供应商或者更换原料类型的成本并增加了不确定性。而对于农户而言，这一点更为突出，因为不同于一般的大田作物，一年一熟甚至一年几熟，合同期限短，葡萄种植产生经济效益的期限往往需要4~5年甚至更长。合同期限越长，越难以形成理性的预期，事前可控性水平和事后重要性此消彼长，农户面临严重的不确定性。所以，若没有紧密的垂直协调契约安排，一般农户没有能力参与这一高风险的项目。此外，影响葡萄数量和质量的随机因素很多，光照、雨水、温度等的变动都是不确定的，一般的商品合同对葡萄产量和质量的规定很难足够清晰，即使规定了也存在大量的免责条款。这些免责条款对各种可能性的描述因为有限理性而不可能穷尽，造成了契约的不完全性。因此，在订单农业等商品契约的联结方式中存在一些突出的问题：一是由于收购价格低于市场价格，农民隐藏其葡萄产量，因契约的不完全性或者偏低的违约成本存在机会主义行为，高价出售葡萄给其他厂商；二是农民为了追求产量而不顾生产标准偷偷加大葡萄浇灌水量，并归咎于天气原因，导致糖分降低，葡萄质量得不到保障，而企业在短期内很难找到合适的替代品，尤其是在葡萄畅销时更是如此；三是当葡萄滞销时，种植户之间相互压价、无序竞争，造成葡萄销售市场价格混乱，企业乘机以质量条款压低价格的机会主义行为而造成农户损失。

第三，从过程可程序化来看，葡萄的生产过程仍需要劳动力的投入，而是否偷懒等行为很难观测到，即使可以观测到，也需要投入大量的监督成本。劳动投入直接影响葡萄品质和产量，而且由于这种影响关系还受其他不可测随机因素的影响，很难设计出完全契约来约束工作过程中的机会主义行为。所以，如果选择要素契约，采取人工制的葡萄生产过程的行为衡量成本偏高。而从结果可分性来看，就农户交货的葡萄质量和数量而言，企业的衡量成本很低，比如质量可以利用专业的仪器测定，这可以降低商品契约的运行成本。但是，由于高端葡萄酒对葡萄原料品质的高度重视，浇水、施肥、打药、剪枝等的时间和用量都有具体的规定，是标准化的生产，并具有明显的规模经济，在农户分散经营的条件下很难完成上述过程的协调。

从以上行业特征、垂直协调契约的交易特征来看，尽管商品契约在结果可分性水平较高的前提下通过剩余索取权的激励，可以解决劳动监督的难题，但是龙头企业面临原料供应中农户机会主义行为的威胁、不确定性的风险和履约率不高以及难以实现标准化、规模化生产等困难，所以，高端葡萄酒项目的垂直协调契约安排指向偏向于更为紧密的要素契约。

二、农地流转问题对要素契约安排的制约

根据理论篇的分析，垂直协调契约安排的决定不仅仅取决于行业的特征，因

为契约嵌入于一定的社会、文化、经济结构之中，土地要素密集型的农业产业化契约安排必然受农地制度的制约。

如前文所述，高端葡萄酒项目成功与否的关键在于大规模的、稳定的、品质符合加工标准的葡萄原料供应，这必然需要大规模连片的农地且稳定地用于某些特别类型的葡萄种植。根据君顶公司设计的加工、销售规模，需要农地在五千亩以上。那么，在要素契约下，龙头企业面临如何完成这一大规模的土地使用权的集中问题。在中国当前的农地制度下，农地承包经营权非常分散，依据规范合法的程序完成这一规模的农地流转将涉及与上千户农户的交易，显然，没有中介组织的介入或者村集体主导，龙头企业直接与农户打交道将面临巨大的交易成本。

村集体主导型农地流转，比如村集体利用其土地所有权人的身份通过返租、股份化等形式收回土地承包经营权，再租给或者包给君顶公司，因为面临以下两个问题而存在很高的交易成本。第一，在流转之前，当地大量农户从事订单式的葡萄种植，农地收益高于一般大田作物，因此，以坚持农户自愿为前提，即在不损害农户利益的情况下，村集体返租的成本以及龙头企业的再承租成本较高，尤其是在葡萄挂果之前，企业还而临大量基础设施投入，巨额的承租成本构成企业沉重的资金负担。第二，葡萄一般在幼苗植入的2年之后才开始结果，经济结果年龄较长，如果各项作业科学得当，盛果期为20~30年，因此，龙头企业对农地流转期限所要求的水平较高。而对于农户而言，土地承包经营权流转期限越长，不确定性越高，所要求的确定性的等价水平亦越高。①显然，龙头企业不可能一次性支付所有租金，而分期支付可能需要支付更高的租金来抵消农户对因期限延长提高的不确定性水平的厌恶。而中介组织的介入，无论是村集体还是合作社，如果选择转包土地给龙头企业的话，也同样面临上述问题。因此，君顶公司如果选择要素契约，在当前农地制度下，在保障农户自愿的前提下，很难解决土地使用权集中的困难。

三、农地股份制和合作社

要素契约指向和农地流转之间的矛盾促成了一项基于农业产业化垂直协调契

① 比如，一些失败的农业产业化项目会影响农户预期的稳定性，在租金分期支付体系下，如果该项目失败，龙头企业只能放弃承租土地，农户此时如果决定重新耕种，则需要重新整理土地以满足自己所选择农作物的需要，并需要重置在土地承包经营权流转出去之后遗弃的或者过时的农机具，农户通常将上述投入视为农地流转项目失败后的成本，自然要求更高的租金水平来弥补这一可能存在的损失。

约安排和农地流转相结合的制度创新：以专业合作社为载体，龙头企业以资金入股，农户以土地承包经营权入股入社，实行股份合作制，社员获得固定的股息，并具有优先承包合作社经营农地的权利。

1. 对农地流转难题的破解

这一制度创新在保障农户利益的前提下，并没有过度增加企业成本，却成功化解了农地流转交易成本偏高的难题。首先，君顶公司出资在葡萄生产环节成立专业合作社，并基本上以村为单位成立相应的分社，由原先的村集体领导人管理各分社。君顶公司注资合作社后，主要的资金用于山、水、林、田、路统一规划，统一整改，统一配套水利设施，统一栽培葡萄苗木，这本身都是君顶公司需要投入的，而且也需要和各村精英集团协调，因此，实际上合作社的成立并没有额外增加该公司的投入。分社的成立使得原先的村庄精英集团管理权力扩张，从而进一步提高了精英集团的权威，因此，可以获得这些精英集团的支持，降低了合作社成立和运行的成本。显然，这些精英集团在组织农户农地流转方面的中介作用是一般团体所难以替代的。比如他们的介入，可以降低中小农户和龙头企业之间信息不对称的程度；另外，因为血缘、亲缘、地缘的联结，农户一般不愿意因为一次农地流转上机会主义行为得益而丧失长期、频繁的其他交易得利；而且村庄精英集团在乡村事务上具有明显的权威性，可以增进农户的信任，并对其机会主义行为形成可置信的惩罚威胁。

其次，君顶公司所建立的葡萄生产合作社是股份制的，农户以其土地承包经营权入股，这实际上是将农户的长期租金资本化为合作社的股权，进而君顶公司将农户的土地承包经营权的入股收益分为固定的股息收入和其他浮动收入，前者虽高于大田作物的收益，但即使包括700元／亩的管理费，也低于农户自己种植葡萄等经济作物的收益，这使得企业在经营初期可以降低租金支出，缓解基础设施和机器设备资金投入方面的压力。对于农户而言，当其获得合作社股份后，虽然在初始的两年效益并不明显，但是两年以后其收益除了固定的股息之外，还具有该合作社地块的承包经营优先权，参与种植过程可以获取收入，并可在合作社产生利润之后参与分红，所以农户预期收入高于订单式生产。相对于一般的农地流转方式，农户在这一形式下对未来具有更稳定的预期，因为农户不需要其他投入仅凭借其土地承包经营权在合作社中具有36.2%的股权，而且合作社的两名副社长以及副监事长由农户代表担任，具有行使保障自身合法利益的手段、组织。

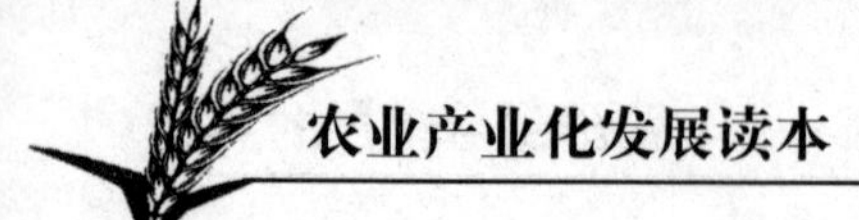

需要进一步指出的是，君顶公司具有大型央企的背景，强大的实力也有助于农户稳定预期；地方政府在土地承包经营权量化入股等环节的介入，也提升了农户对这一合作社运作方式的信任和认可。

而且，龙头企业在农业产业化项目开发的过程中，注意到农业产业化对促进农地流转的润滑剂作用。比如，给社员提供养老、医疗、教育等保障；同时，酒庄在建设初期，酒庄建设、绿化等工作尽可能让本地工人参与；建成后招聘工作人员，优先录用符合条件的社员，原则上每户社员不少于一个劳力被录用，与录用人员签订劳动合同，报劳动管理部门备案；对社员子女中高中毕业的，酒庄出资送相关技校培训，毕业后到酒庄就业（张绍贤和徐爱兵，2008）。龙头企业的上述行为可以降低农地流转的阻力，促进农地顺畅流转。

最后，在这一方式下，对于龙头企业君顶公司而言，不需要增加过多的资本投入就直接化解了农地使用权难以长期集中的矛盾，完成了6 400亩葡萄庄园的农地流转任务，为稳定葡萄原料的供应奠定了基础。对于农户而言，合作社的成立和一定比例的股权使得分散的农户具有表达意愿、保障权益的组织，有助于农户对未来形成较为稳定的预期，而且根据我们的调研，2008年葡萄开始进入结果期，农户的收入比往年具有明显的增进，来自种葡萄的收入不仅没有降低，甚至还有所提高；同时还获得每亩500元的股息，以户均7亩地计算，则增收3 500元；另外部分农民还获得在公司就业的机会，获取了工资性收入。所以，这一农地流转形式的确得到了当地农户的支持。

2. 垂直协调交易成本的下降

这一制度创新的优势还在于基本上保留了要素契约的优势，同时避免了要素契约在衡量农户工作努力和成果上的缺陷，促进了垂直协调交易成本的下降。首先，在这一制度下，由烟台南王山谷葡萄生产合作社组织农户葡萄的种植和收购。该合作社由龙头企业控股，且社长、监事长均由君顶公司指派，专职管理人员和技术人员的工资也由君顶公司发放，所以，合作社基本上不可能利用不确定性对龙头企业的高资产专用性进行敲竹杠。合作社及其控制人具有足够的激励根据高端葡萄酒对原料的要求安排具体的生产计划、制定技术标准和操作规程等，为社员提供统一的灌溉、施肥、喷药、运输、技术等服务。这一方面避免了农户自己负责上述作业时存在的机会主义行为，比如过度浇水、没有按规定的时间施肥、喷药等，另一方面也实现了部分生产作业的规模经济，从而有效地保证了高端葡萄酒项目对葡萄质量和数量的需求。

其次，在这一制度下，农户避免了直接与企业交易，而是与生产合作社进行交易。烟台南王山谷葡萄生产合作社基本上以村为单位分成13个分社，这一分解使得社员间的交易范围基本上限于村庄内部。基于中国农村社会差序结构的信任空间分布，在血缘、亲缘和地缘构建的关系型社会中，社员间的交易演化为村庄内部的交易，基于长期博弈和其他交易的预期，社员农户一次性机会主义的机会成本过高，也可以在一定程度上避免非社员农户的搭便车问题。更为关键的是，在这一制度设计中，农户凭借其土地承包经营权入股到葡萄生产合作社，从长期来看，与合作社形成了利益共享、风险共担的关系。因此，合作社除了利用关系型社会的交易关系规避了农户机会主义行为之外，更可以利用股权激励来消除农户的机会主义行为。同时，社员农户利用在合作社的股权，可以在一定程度上保障自身的利益，遏制龙头企业的机会主义行为。

最后，在这一制度设计中，烟台南王山谷葡萄生产合作社将入股的农地重新进行转包，社员具有优先权。转包农户负责葡萄的种植，并接受合作社的生产、技术和销售服务，包括农药、化肥的供给，在出售葡萄时扣除上述服务和投入，获得相应的葡萄销售收入。这一环节体现了商品契约的性质。通过引入剩余索取权的激励，利用葡萄销售时的结果可分性水平较高的特点，发挥市场的高能激励作用，降低龙头企业或者合作社对农户劳动的观测、监督成本。

四、总结性评述

蓬莱的葡萄种植以及葡萄酒行业具有地理上得天独厚的优势，基于葡萄酒项目的农业产业化组织形式在这一地区发展迅速。根据交易成本经济学等理论，从行业的交易行为特征来看，高端葡萄酒项目的资产专用性程度和交易双方的资产互补性程度高，产中环节的部分作业具有明显的规模经济，在较高的不确定性水平下容易引发交易双方的机会主义行为，因此，高端葡萄酒项目具有明显的要素契约指向。但是，在中国当前的农地制度下，农地承包经营权非常分散，农地本身收益偏高、契约期限偏长增加了要素契约下农地流转的交易成本。山东烟台南王山谷葡萄生产合作社是对“龙头企业+合作组织+中小农户”这一农业产业化垂直协调方式的实践，是对破解上述问题的制度创新。

这一制度创新突出的特点是，在垂直协调契约安排中考虑到农地制度的制约，在制度设计中认识到农业产业化和农地流转的关系，通过企业出资入股、农户土地承包经营权折价入股，共同组成专业葡萄生产合作社，实行股份合作制。在这一制度创新下，龙头企业君顶公司并没有明显增加新的投入，只是通过合作社的组建，将农户的土地承包经营权的长期租金资本化为股权，避免了前期巨额的租金投入，通过稳定股息支付、浮动的收益分享、就业机会的供给和生产生活的保障，并发挥乡村精英的协调作用，降低了土地承包经营权流转的交易成本，化解了农地使用权难以大规模长期集中的矛盾，完成了6 400亩葡萄庄园的农地流转任务，为稳定葡萄原料的供应奠定了基础。对于农户而言，合作社的成立和一定比例的股权使得分散的农户组成具有表达意愿、能够保障权益的组织，有助于农户对未来形成较为稳定的预期并提高收入，符合“不得改变土地集体所有性质，不得改变土地用途，不得损害农民土地承包权益”的原则。一方面，这一制度创新保留了要素契约在避免龙头企业和中小农户之间机会主义行为的优势。龙头企业掌握着合作社的控股权和主要人事的控制权，从而使合作社与龙头企业利益高度一致化，满足部分作业对规模经济的需求；以原先的村庄为单位建立分社，有利于发挥关系型社会对降低交易成本的作用，而赋予农户基于其土地承包经营权的股权，强化了农户与生产合作社的利益一致性。另一方面，合作社将集中的农地使用权转包给参与农地流出的农户，用于特定类型葡萄种植，避免了要素契约下过多农户失地的弊端，同时又发挥该项目中商品契约下的剩余索取权对劳动者的激励作用。

此外，我们从这一案例中发现，该制度设计比较重视中小农户的风险规避问题。首先，设计出等同于大田作物收益的固定股息，这实际上将土地的保障功能货币化；其次，完善入社农户的养老、医疗、教育、就业的保障，降低个体农户家庭的风险；第三，由合作社和社员共同设立生产风险基金，用于农民灾年市场风险带来的损失补偿，降低系统性的跨期风险。因此，尽管是大规模的土地承包经营权的流转，却降低了中小农户的经营风险，这也是这一制度创新的突出特点之一。

尽管烟台南王山谷葡萄生产合作社的制度创新在降低土地承包经营权流转和农业产业化垂直协调成本方面发挥着积极的作用，但是这一方式在运行过程中也需要注意一些存在或者可能存在的问题。首先，就这一方式而言，农户入股合作社，而合作社并不参与高端葡萄酒加工和高端葡萄酒销售的产后环节，而在整个产业链中，产后环节才是利润最丰厚的环节，当然，产后环节的风险也很大。因此，如何进行进一步的制度创新，让中小农户在尽可能避免风险的同时参与产后环节利润的分配，是制度演进的方向。其次，在这一方式中，农户土地承包经营权入股，农户的绝对股数不可能增加，而企业以资金入股，如果不对股比作限制性规定，可能会出现企业逐渐提高其所占股比，导致合作社在股权结构上难以保障农户的利益。当然，根据我们的调研，烟台南王山谷葡萄生产合作社在这一方面做出承诺，不会改变双方股比。第三，这一方式能够完成几千亩农地较长期限的流转，与龙头企业强大的实力（包括资金实力、技术实力、管理实力、市场营销实力等）密切相关，可以提高地方政府以及中小农户对其信任的水平，降低了交易成本。因此，这一方式在推广过程中要非常注意这一点，中小企业的实力及其抗风险能力难以支撑这一大规模的农地流转，地方政府或者村集体领导人切忌强行推广。不过，这一方式所适用的规模具有较大的弹性，中小型的龙头企业可以尝试较小范围内的农地流转。第四，这种方式的农地流转往往涉及地方政府和村集体的参与，所以要尽可能避免出现农户非自愿流转的现象。

最后，如案例介绍中所提及的，合作社之所以能够为农户提供较为良好的生活保障，包括新农村建设的投资，与非农用地流转收益的让渡有关。这给我们的启示是，对于目前较为关注的非农用地流转，如宅基地换房等形式，一般用于房地产开发，难以带动农户福利的进一步增加。可以考虑引进类似于君顶公司的产业化模式，除了农地流转之外，可通过厂房、酒庄、宾馆等建设进行非农用地流转，带动该地区二三产业的发展，带动农户非农就业，促进农村基础设施建设的完善，推进具有产业支撑的新农村建设，实现现代工业与现代农业、生态与经济、城市和新农村统筹发展，促进城乡一体化建设。

第七章　农业产业化龙头企业成长影响的实证分析①

农业稳定发展是实现国民经济持续、健康、可持续发展的关键，农业产业化龙头企业作为农业产业化的载体，在带动农民增收、保障农产品供给、维护市场稳定方面的作用越来越突出，效果越来越明显。目前，企业成长与创值能力的提高越来越成为农业产业化龙头企业发展的关键，企业成长性及创值能力的高低受到诸多因素的影响，杠杆效应则成为最为重要的因素之一。本章利用359家国家重点龙头企业数据，根据股权收益率定义，构建农业企业成长模型，就杠杆效应对农业产业化龙头企业的成长进行分析，并提出相关的政策建议。

第一节　实证模型与数据来源

一、研究视角及已有研究基础

杠杆效应是指由于固定费用的存在而导致的，当某一财务变量以较小幅度变动时，另一相关变量会以较大幅度变动的现象，其可分为财务杠杆效应和经营杠杆效应。杠杆效应对企业绩效的作用较为明显，这在不少文献中已经得到证实。如财务杠杆对企业投资具有一定的抑制作用，对于成长机会较小的企业表现得更为突出，这种抑制作用会随着控股股东持股比例的提高而减弱。也有学者则针对杠杆效应与企业成长的关系进行了探讨，如企业杠杆效应的使用将加大企业财务风险和经营风险，反而不利于企业的成长；部分学者比较了经营负债杠杆和财务负债杠杆两者对公司成长的差异性，对于提升公司的赢利水平而言，经营负债杠杆效应大于金融负债杠杆效应；在总杠杆一定的情况下，拥有更多经营负债杠

① 部分研究成果发表于《华南农业大学学报（社会科学版）》，2013年3期。

杆的公司将具有更高的成长性，但他们没有考虑两种负债杠杆对公司创值能力的影响；当然直接探讨杠杆效应与企业成长的文献并不多，另外有学者通过比较内源融资和外源融资对企业成长的作用差异，间接说明了杠杆效应对企业成长的作用。如内源融资有利于中小企业成长，而外源融资与中小企业成长的关系并不显著；农业企业在其成长周期的各个阶段有着不同的融资模式和资金供给渠道，要实现农业企业可持续发展，必须做好企业成长周期各阶段与其金融成长周期各阶段的衔接。然而，现有文献对两者关系的探讨多是针对上市公司，这与上市公司的财务数据易于获得，而农业企业的数据较难获取有一定的关系。

二、指标选择与理论推导

衡量企业成长的指标较多，如主营业务收入增长率、主营利润增长率、平均销售率增长率、资产周转率、股权剩余收益率等指标，这些指标均从不同角度验证了企业的成长能力。诸如学者Nissim和Penman（2003）、何韧、王维诚（2009）均选择平均销售率增长率作为衡量企业成长的指标，翟林瑜（2007）选择企业资产周转率作为衡量企业成长的指标；黄莲琴、屈耀辉（2010）则选取股权剩余收益率，以2001~2005年期间沪深两市A股上市公司为样本，比较检验了经营负债杠杆与金融负债杠杆对公司创值能力和成长性影响的差异性。本章研究过程中，选取了股权剩余收益率作为衡量农业企业成长的指标，对这一指标分解发现，其大小既与金融负债有关，也与经营负债有关，因而，本章选取了这一变量作为衡量农业产业化龙头企业成长的指标。

企业成长能力采用股权剩余收益率衡量，等于（年末净利润–权益资本成本）/年末净资产，如式7–1所示：

$$ROI_{ti}=\frac{(EBIT_{ti}-I_{ti})(1-T_{ti})-R_{ti}y_{(t-1)i}}{y_{ti}} \tag{7–1}$$

其中，ROI_{ti}表示t期i企业的成长能力，y_{ti}代表t期i企业的净资产，$EBIT_{ti}$代表t期i企业的息税前利润，I_{ti}代表t期i企业的利息，T_{ti}表示t期i企业所得税税率，R_{ti}表示t期i企业净资产收益率。

企业财务杠杆和经营杠杆一般用企业的财务杠杆系数（DFL_{ti}）和经营杠杆系数（DOL_{ti}）来表示①，如式7–2、式7–3所示：

① 经营杠杆系数是指息税前利润变动率与销售额（量）变动率之间的比例；财务杠杆系数是指普通股每股税后利润变动率相对于息税前利润变动率的倍数。在文章的研究过程中. 对于经营杠杆系数和财务杠杆系数的推导并没有进行详细的说明，只是利用了两者的表达式。

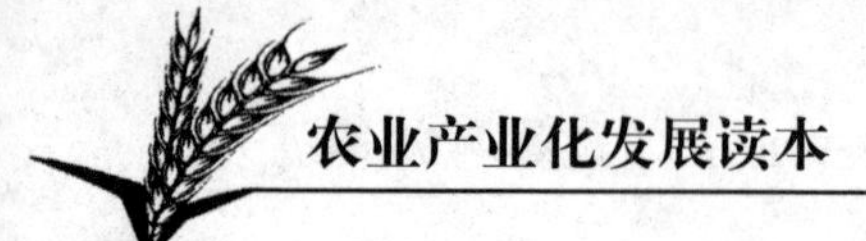

$$DOL_{ti}=\frac{\frac{\Delta EBIT_{ti}}{EBIT_{ti}}}{\frac{\Delta S_{ti}}{S_{ti}}} \quad (7\text{–}2)$$

$$DFL_{ti}=\frac{EBIT_{ti}}{EBIT_{ti}-I_{ti}} \quad (7\text{–}3)$$

其中：DOL_{ti}为t期i企业经营杠杆系数，$\Delta EBIT_{ti}$为t期i企业息税前利润变动额，ΔS_{ti}为t期i企业销售变动额，S_{ti}为t期i企业销售额。$EBIT_{ti}$和S_{ti}必然存在某种内在的联系性，假定$EBIT_{ti}=f(S_{ti})$，因而，式7–2可表示为：

$$DOL_{ti}=f'(S_{ti})\times\frac{S_{ti}}{EBIT_{ti}} \quad (7\text{–}4)$$

其中，$f'(S_{ti})$为$EBIT_{ti}$对S_{ti}的导数。

分别把式7–3、式7–4带入公式后进行替换后可得：

$$ROI_{ti}=\frac{f'(S_{ti})\times S_{ti}\times(1-T_{ti})-R_{ti}y_{(t-1)i}}{y_{ti}\times DFL_{ti}\times DOL_{ti}} \quad (7\text{–}5)$$

公式7–5从财务理论角度证实企业成长能力与企业的经营杠杆、财务杠杆、净资产利润率及销售额（量）之间的关系。本章参照陈德萍、陈永圣、黄莲琴、屈耀辉等对于上市公司绩效及成长性的研究，引入企业资产负债率（ZIB_{ti}）和企业控股股东持股比重（KG_{ti}）。资产负债率反映农业企业的资产负债情况，也能反映企业所面临的财务风险，相对来说，企业资产负债率越高，定期或到期偿还的利息以及借款就越高，就会使得企业面临一系列的经营风险和财务风险；企业控股股东持股比重，主要反映企业决策者对于企业的管理决策能力，企业股权过度分散或者过度集中都不利于形成有效的公司治理结构，企业控股股东持股比重较高，容易促使企业提升自身的绝对能力和水平，从而使得企业赢利水平上升，企业更具有成长性，形成农业企业成长模型。

$$ROI_{ti}=C+\alpha1R_{ti}+\alpha2DOL_{ti}+\alpha3DFL_{ti}+\alpha4ZIB_{ti}+\alpha5S_{ti}+\alpha6KG_{ti}+\varepsilon i \quad (7\text{–}6)$$

本章采用式7–6分析杠杆效应对农业企业成长的影响。在分析的过程中，本章选择部分变量作为控制变量，采用逐步回归方法删除不显著变量，检验杠杆效应对农业企业成长影响的稳定性。

三、研究样本与数据来源

本章数据来源为部分农业产业化国家重点龙头企业数据，共359家，其中东部地区137家，中部地区115家，西部地区107家，所涉及变量数据除经营杠杆系数和财务杠杆系数由作者根据公式计算以外，其他变量相关数据直接根据企业实际数据获得。为了更好地验证杠杆效应对农业企业成长的影响，剔除了经营杠杆系数和财务杠杆系数小于0的企业样本数据，因而，最终形成有效样本数据311组，其中东部地区122组，中部地区97组，西部地区92组。

东部地区无论从企业规模还是企业所产生的效益来看，均稍高于中西部地区；从农业龙头企业平均资产总额来看，东部地区为6.74亿元，中部、西部地区分别比东部地区低28.25%、39.88%；东部地区农业龙头企业平均固定资产2.43亿元，中部地区、西部地区分别比东部地区低33.09%、49.61%；从农业龙头企业销售利润率来看，西部地区的销售利润率高于东部地区25.29%，中部地区比东部地区低16.66%。

从本章所涉及具体变量而言，2010年农业企业股权剩余收益率为13.10%，其净资产报酬率为20%，从这两个收益指标可以看出，指标均高于权益成本率6.56%，说明农业龙头企业从整体上来看，运行状况较为完善；从各个地区来看，东部地区、中部地区整体股权剩余收益率高于农业龙头企业，西部地区均低于农业龙头企业；只有东部地区的净资产报酬率高于农业龙头企业整体净资产报酬率，中部地区、西部地区都比农业龙头企业整体净资产报酬率低；财务杠杆系数和经营杠杆系数数值越大，意味着其可能遭遇的财务风险越大，表7–1显示中部地区可能遭遇的财务风险最大，东部地区次之，西部地区可能遭遇的财务风险最小；从资产负债率来看，三个地区的资产负债率水平均在42%左右；东部地区和中部地区的销售规模要比西部地区更大一些；从控股股东所有的股本比例可以看出，中部地区股东所拥有的股本比例比东部地区和西部地区分别高2.4个和6.2个百分点。

表7–1　各变量的统计描述

变量	总体				东部地区			
	均值	标准差	最小值	最大值	均值	标准差	最小值	最大值
ROI_{ti}	0.13	0.14	–0.08	1.53	0.15	0.17	–0.07	1.53
R_{ti}	0.20	0.14	0.02	1.62	0.22	0.17	0.04	1.62
DOL_{ti}	4.26	23.58	0.01	403.20	3.14	6.53	0.01	61.04
DFL_{ti}	2.24	15.09	1.00	266.93	1.27	0.42	1.00	3.25
ZIB_{ti}	0.42	0.15	0.00	0.71	0.42	0.14	0.00	0.71
S_{ti}	10.76	1.07	8.704	14.403	11.070	0.926	9.933	13.841
KG_{ti}	0.71	0.29	0.00	1.00	0.71	0.31	0.00	1.00

续表

变量	中部地区				西部地区			
	均值	标准差	最小值	最大值	均值	标准差	最小值	最大值
ROI_{ti}	0.13	0.11	−0.08	0.56	0.11	0.10	−0.08	0.49
R_{ti}	0.20	0.11	0.03	0.58	0.18	0.10	0.02	0.55
DOL_{ti}	6.88	41.18	0.02	403.20	2.99	6.13	0.10	46.96
DFL_{ti}	4.29	26.99	1.00	266.93	1.37	0.64	1.00	5.00
ZIB_{ti}	0.42	0.15	0.002	0.59	0.42	0.16	0.004	0.69
S_{ti}	10.93	0.95	9.50	14.40	10.18	1.14	8.70	13.18
KG_{ti}	0.74	0.27	0.00	1.00	0.68	0.29	0.00	1.00

注：根据Stata软件处理而得。

第二节　实证结果分析与讨论

一、实证结果

通过所构建的农业企业成长方程就杠杆效应对农业企业成长是否产生作用进行研究；首先对模型整体进行回归，然后采用逐步回归方法剔除不显著变量，最后对模型结果进行分析；其中，模型1分别表示因变量对模型中所涉及所有自变量的回归，模型2、模型3分别表示采用逐步回归方法剔除模型中的不显著变量，以检验模型的稳定性。模型结果采用Stata软件整理而得，结果如表7–2、表7–3所示。

表7–2　总体及东部地区回归结果

变量 \ 地区		总体			东部地区		
		模型1	模型2	模型3	模型1	模型2	模型3
R_{ti}	系数	0.994 53***	0.994 53***	0.994 83***	1.007 56***	1.007 87***	1.007 85***
	T值	（107.25）	（107.43）	（107.23）	（75.73）	（75.87）	（75.30）
DOL_{ti}	系数	−0.000 03	−0.000 03	−0.000 04	−0.000 60*	−0.000 55*	−0.000 55*
	T值	（−0.65）	（−0.65）	（−0.74）	（−1.74）	（−1.64）	（−1.64）
DFL_{ti}	系数	0.000 08	0.000 09	0.000 09	0.021 89***	0.021 21***	0.021 22***
	T值	（1.065）	（1.05）	（1.02）	（3.63）	（3.55）	（3.58）
ZIB_{ti}	系数	−0.054 36***	−0.054 30***	−0.055 65***	−0.115 23***	−0.116 49***	−0.116 60***
	T值	（−6.25）	（−6.30）	（−6.47）	（−6.62）	（−6.72）	（−6.84）

续表

变量＼地区		总体			东部地区		
		模型1	模型2	模型3	模型1	模型2	模型3
S_{ti}	系数	0.000 07	—	—	0.002 09	—	—
	T值	（0.06）	—	—	（–0.85）	—	—
KG_{ti}	系数	0.006 73	0.006 75	—	0.001 55	0.000 28	—
	T值	（1.54）	（1.56）	—	（0.21）	（0.04）	—
C	系数	–0.050 23***	–0.049 55***	–0.044 23***	–0.029 88***	–0.050 95***	–0.050 73***
	T值	（–3.81）	（–9.33）	（–10.84）	（–1.11）	（–4.81）	（–5.69）
R^2		0.974 4	0.974 4	0.974 2	0.982 0	0.981 9	0.981 9
F		1 931.90	2 325.88	2 893.49	1 044.05	1 255.71	1 583.14
样本量		311	311	311	122	122	122

注：根据Stata软件处理而得。

表7–3　中部地区与西部地区回归结果

变量＼地区		中部地区			西部地区		
		模型1	模型2	模型3	模型1	模型2	模型3
R_{ti}	系数	1.008 65***	1.012 08***	1.013 10***	1.025 41***	1.025 22***	1.028 96***
	T值	（61.60）	（60.59）	（59.54）	（45.94）	（46.46）	（47.89）
DOL_{ti}	系数	–0.000 01	–0.000 02	–0.000 04	0.000 42	0.000 41	0.000 39
	T值	（–0.29）	（–0.54）	（–0.79）	（1.24）	（1.25）	（1.20）
DFL_{ti}	系数	0.000 05	0.000 06	0.000 05	0.012 74***	0.012 73***	0.012 90***
	T值	（0.78）	（0.86）	（0.75）	（3.62）	（3.64）	（3.71）
ZIB_{ti}	系数	–0.027 83**	–0.023 12**	–0.028 64**	–0.062 17***	–0.062 08***	–0.062 34***
	T值	（–2.26）	（–1.86）	（–2.31）	（–4.30）	（–4.33）	（–4.36）
S_{ti}	系数	0.004 44**	—	—	0.000 14	—	—
	T值	（2.33）	—	—	（0.08）	—	—
KG_{ti}	系数	0.016 76**	0.143 18**	—	0.005 43	0.005 51	—
	T值	（2.52）	（2.13）	—	（0.75）	（0.78）	—
C	系数	–0.116 59***	–0.068 84***	–0.056 06***	–0.068 35***	–0.066 97***	–0.063 96***
	T值	（–5.27）	（–8.00）	（–8.92）	（–3.51）	（–8.12）	（–8.79）
R^2		0.977 8	0.976 4	0.975 3	0.966 7	0.966 7	0.966 5
F		660.45	754.55	907.08	411.85	500.00	627.71
样本量		97	97	97	92	92	92

注：根据Stata软件处理而得。

二、实证结果的分析与讨论

从模型的拟合程度来看，R^2基本保持在0.97附近，总体及三个地区回归结果均通过F检验，模型回归结果较为理想，所构建模型均能反映各个地区农业企业成长状况。

净资产报酬率与因变量之间呈现出正向相关关系，且影响较为显著，这在一定程度上反映农业企业的获利能力决定企业的成长性；净资产报酬率对西部地区农业企业的影响稍高于中部地区、东部地区，导致这一结果的原因是由于西部地区农业企业处于成长期，东部地区农业企业相对来说较为完善，获取较高的资产报酬率并不容易。

经营杠杆对农业企业成长的作用为负，但是并不显著；从地区角度而言，经营杠杆对于东部地区农业企业成长的作用为负，且显著性水平达到10%，这与东部地区农业企业管理者经营能力有关。相对来说，东部地区农业企业成立时间较长，企业管理者的管理能力高于中部地区、西部地区。然而，相对于东部地区农业企业规模来看，企业管理者的管理能力仍显不足，因而导致这一结果。西部地区农业企业规模相对较小，企业管理者的管理能力对其为正向影响。

财务杠杆对于农业企业成长呈现正向影响，且在东部地区和西部地区较为显著。财务杠杆对于东部地区农业企业成长的影响远远高于西部地区和中部地区，这可能与东部农业企业拥有较为合理的财务结构和管理运行能力有关，相对来说更容易获取贷款和吸取社会资本，也更容易取得相关政策的扶持，企业经营者拥有较强的管理能力。本章考察的这些农业企业中民营企业占80%以上，国家对于农业企业扶持力度较弱，农业企业普遍存在贷款难等问题，大多数农业企业由农民建立，其能力不能完全应对企业规模扩大的需求，农业企业财务结构并不完善，发挥自身企业财务杠杆的能力不强。

资产负债率对农业企业成长呈现负相关关系，资产负债率的增加意味企业经营风险和财务风险的加大，因而将会导致农业企业成长能力的下降。资产负债率对于东部地区农业企业成长的影响明显高于中部、西部地区，这主要与不同地区能够提供给农业企业的贷款不同有关。

尽管企业销售收入对于农业企业成长有着正向的作用，但是其影响并不显著，企业销售收入仅对中部地区的影响较为显著，农业企业销售规模的扩大，并不一定对农业企业成长起正向作用，这也从侧面说明农业企业成长性的增加并不能依靠企业销售规模的扩大，重要的是从销售收入中体现获利能力的大小。

企业控股股东持股比重对于农业企业成长具有正向作用，企业控股股东持股比重提升将会导致企业较容易形成完善和高效的决策能力。模型结果意味着企业控股股东持股比重上升与农业企业成长呈现同方向关系，这一结果与股权制衡理论不一致，股权制衡理论认为控股股东拥有的比例下降有助于改善公司治理，其他股东对控股股东的制衡能力越大，公司价值越高；从地区角度来看，东部地区控股股东持股比重对于农业企业成长的影响低于其他地区及总体样本，且不显著，这也从侧面说明了伴随着农业企业的不断发展，传统的农业企业治理模式不适应农业企业的发展，农业企业必然需要降低控股股东的股本比例。

为了检验模型中相关变量对于模型的稳定性，在研究过程中，逐步剔除不显著变量即农业企业销售收入以及控股股东所拥有的股本比重，模型2和模型3显示剔除这两个变量的回归结果，结果显示，模型2、模型3整体回归效果较好，其他自变量对于因变量的影响程度并没有显著性改变。财务杠杆与经营杠杆对于农业企业成长的效果基本和模型1保持一致，也就是剔除部分变量没有改变模型的最终结果，证实了模型结果具有一定的稳定性。

第三节　主要结论与建议

一、主要研究结论

本章从股权剩余收益率的概念出发，引入杠杆效应，构建农业企业成长模型，运用部分农业企业财务数据，就杠杆效应对农业企业成长的影响进行了分析，研究结论如下：

总体来说，经营杠杆和财务杠杆对农业企业成长的影响并不明显，但从地区角度来看，两者对农业企业成长的影响有差异：财务杠杆对于东部地区农业企业成长起到促进作用，且显著性水平比较高；经营杠杆对东部地区农业企业成长的作用为负，可能原因在于东部地区经济发展水平较高；对农业企业资金扶持能力相对较强，这可能利于东部地区农业企业成长，但随着东部地区农业企业规模的不断扩大，现有人员的管理能力稍显不足，因而可能阻碍了农业企业成长。对于

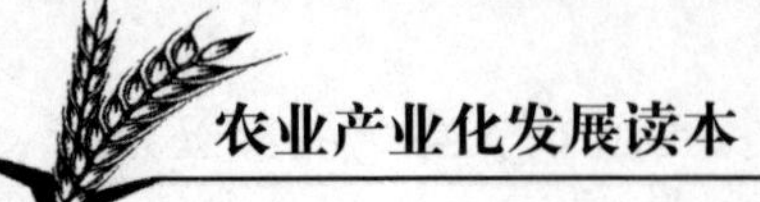

中部地区而言，财务杠杆和经营杠杆对于农业企业的影响均不明显。财务杠杆对于西部地区农业企业成长的作用显著为正，且影响明显高于经营杠杆。

二、政策启示与建议

基本上述研究结论，提出如下政策建议：首先，农业企业应优化股权结构，不断完善企业治理。数据显示，农业企业股权结构并不完善，与农业类上市公司存在一定的差距，大多农业企业“一股独大”现象较为明显，缺乏有效的约束和制衡机制，导致部分股东利益损失；其次，应不断提高农业企业管理者能力，伴随着农业企业规模的扩大，应该做到农业企业所有权与管理权的分离，不断完善企业管理层激励机制，充分发挥企业的经营杠杆作用；最后，加大对农业企业的财政及金融支持力度。农业企业普遍存在贷款难等问题，在资金和土地使用等方面应给予重点支持，安排重点资金、贷款贴息资金扶持农业企业发展；同时加大金融支持力度，国有银行、政策性银行和农村信用社等安排较高比例的信贷资金，有效满足农业企业经营的资金需求，从而充分发挥企业的财务杠杆作用。

第八章　规模连片经营与土地使用权的集中

第一节　基于粮源公司“中间人”制度的案例分析

通常，可以通过农地流转来实现土地使用权的集中进而实现规模经营。尤其是对种子繁育产业而言，必须连片经营，不能出现“插花”现象。因为种子质量非常重要，其他类型作物的临近，尤其是同种却不同型号作物的临近，会因为不同型号间花粉的传播而影响种子的纯度，甚至直接影响种子的基因构成。因此，土地使用权的集中似乎成为这一行业农业产业化的必然要求。但是，耕地集中往往面临诸多困难，比如受各种制度约束而导致流转不畅进而形成较高的流转成本，容易引发农户、村集体和企业等主体间的矛盾，“甚至可能造成土地兼并，使农民成为新的雇农或沦为无业游民，危及整个社会稳定”（中共中央18号文件，2001）。如何解决种子繁育的连片规模经营要求又避免土地使用权集中所形成的困难呢？这一困难不仅仅表现在种子行业，在很多其他类似的农业行业也存在。因此，这一问题的解决，对于理解和解决我国农业产业化和农地流转制度的矛盾有一定的意义。笔者通过对漯河市粮源公司的调研发现，土地使用权的集中并不是种子行业运行的必然前提。粮源公司通过引入“中间人”制度，在维持家庭经营的同时实现农地成片规模化经营，并在一定程度上化解了相关的契约性风险问题，降低了交易成本。本章先简单介绍行业背景和该公司的运作机制，然后根据交易成本经济学等理论分析该公司运行机制的合理性，最后做相应的评述。

一、行业背景

随着经济社会的发展，消费者对农产品的品质需求呈现多元化趋势，有些品质产生于种子的形成过程中，即使同一作物的种子因某种特性的不同也呈现出不完全替代性的特点，偏离了完全竞争的种子市场，在专利制度等的保护下、在一

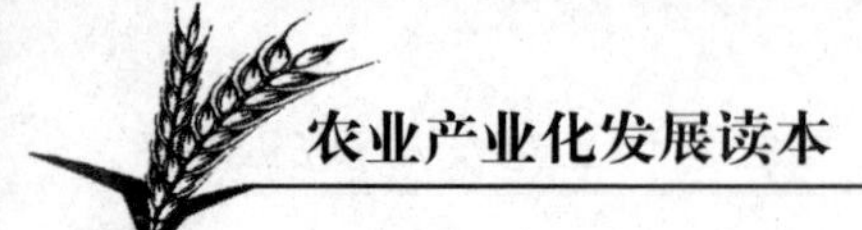

定期限内形成了所谓的垄断利润，激发了种子行业的发展。

种子行业往往经历如下四个环节。首先是种子研发阶段，由于不确定性很大，通常由不完全以利润最大化为目标的科研院所完成；第二是原源种的购买，原源种价格很高，需要一定规模的资金；第三是种子繁育阶段，农地连片规模经营是种子繁育成功与否的前提，如何在户均耕地数量少的现实和分散的家庭经营农地制度上实现农地连片规模经营是关键的问题；第四是种子销售阶段，销售过程规模经济效应明显，通常存在规模门槛，如没有达到一定的规模，种子质量等方面的信誉问题很难令销售对象放心。因此，单个农户经营或者纯粹的市场交易过程不适用于种子繁育行业，研发、购种、耕种、销售环节上的垂直协调是必然的。

关键性的信息和知识决定哪一参与方在垂直协调过程中起核心领导的作用（Boehlje and Schrader，1998）。在这个垂直协调的过程中，销售商负责具体型号种子的推广和销售，相对于其他环节的参与者而言，与种子需求方的关系最为紧密，对关于种子特性有效需求（Effective Demand）的信息更容易获得，而这一信息直接决定耕种环节和购买原源种环节种子类型的选择。这一信息上的优势使得销售商肩负了原源种购买这一环节。此外，耕种环节也依赖于销售商对种子型号的选择。同时，尽管种子研发的不确定以及相应的技术、人力资本投入使得大多数销售商、尤其是中小销售商望而却步，但是，销售商基于有效需求信息的原源种类型购买意愿，直接影响着科研机构的研发方向。因此，由于销售商在整个行业中的信息优势和其他参与者在能力和意愿上的约束（如农户受资金、技术以及耕地细碎化的限制，科研机构往往不能完全追求利润最大化），其在负责销售和购买原源种环节（即表现为种子公司）的同时，在整个垂直协调过程中起着核心作用。

二、粮源公司运作机制

粮源农业发展有限公司成立于1991年，它的前身是临颍县镇江农科所，经过16年的发展，成为如今的河南省粮源农业发展有限公司（下称粮源公司）。目前，公司的总资产为1 272万元，销售收入达2 000多万元，现有员工42人，其中技术人员占职工总数的80%。此外，公司还拥有试验田50亩，种子繁育基地2万亩，是集科研开发、生产销售、技术服务为一体的科技型种子企业。

粮源公司目前的运营过程具体可以分为三个部分。首先，公司从农业科研院所购进优良品种的原源种，然后采取订单农业的形式，与一位农户（即“中间人”）签订合同，“中间人”组织其他农户参与种子繁育，保证参与农户用于种子繁育的耕地连片，负责生产过程中的统一协调。为了鼓励大规模经营，公司为连片一千亩以上的“中间人”提供一台播种机。然后，农户购买公司提供的原源种，其所购原源种的价格一般低于公司引进价，部分品种可以赊欠的方式获得，从最后的种子款中扣除。公司提供技术服务（包括农药、化肥的种类和配比比例、施用时间等），由“中间人”协调、管理农户，按照公司的具体要求进行耕种。最后，在成熟季节，公司按照高出该类谷物市场价（一般都有具体的日期，如麦子是当年的6月1日）的10%~15%进行收购。“中间人”负责参与农户所繁育种子的收集和运输，并于合同规定期限将种子交予公司。公司对种子质量的检测分为两个部分：先是在繁育期间，派遣技术员上田头检查除杂等情况，颁发种子繁育合格证；然后是在收购环节，收购的种子分户储藏，进行室内检测。对于不合格的种子，公司一般不予收购。

农户收入为销售价减去耕种费用。相对于同类农作物的种植，收入的增加由两部分构成：一是原源种的产量比一般种子的产量高5%，二是收购价提高10%~15%，总收入的提高大致为16%~20%（在种子质量合格的情况下）。“中间人”除了自己耕种的收益之外，获得每斤2分钱的中介费，但是需要负责田间技术人员的招待费用，因此，最终拿到中介费约为1~1.5分／斤。企业的利润则是种子市场销售价与相关成本和费用的差额。

在本章中，我们将粮源公司的农业产业化方式归纳为“‘中间人’制度下的商品契约”。

第二节　粮源方式的理论分析

在本部分，我们首先基于理论篇中关于农业产业化垂直协调契约安排与农地流转的理论分析框架，讨论种子行业的特征，进而讨论这一行业在要素契约和商品契约上的优势以及面临的问题，最后重点分析“中间人”制度下的商品契约的理论意义。

一、种子行业产业化交易行为特征

根据我们的理论分析框架，垂直协调契约安排在一定程度上取决于这一行业的供求双方的交易特征。本节详细分析基于种子行业的交易特征。

第一，种子行业的资产专用程度较高。首先，种子公司为了获得某种型号种子销售的垄断权（可能是区域性的），需要支付大量的投入，这一投入是完全沉没的，不可能转用于其他途径。其次，由于信息不对称，种子购买者（农户）往往不清楚具体型号的种子性能。种子公司在推广种子时，往往会在种子营销过程中投入大量的宣传费用，比如通过建立专门的示范基地来引导农户购买良种，由于特种型号的种子用途专用性很大，上述投入的资产专用性程度很高。最后也是最为关键的，是场地专用性，这是种子行业资产专用性的一个突出特点。在种子繁育阶段，连片规模经营是种子繁育成功的必然要求。连片规模经营有两层含义。一是通常意义上的规模经营，即平均成本或者收益因规模扩大而下降或者上升。这种规模经营主要表现在繁育过程中提供统一的服务以及种植过程中的具体协调。另一层含义是必须要求连片。一旦连片的土地确定用于种子繁育，对种子公司而言，任何地块都不能种植其他作物。因此，在规模经营和连片经营的约束下，场地专用性就产生了。[①]因此，对于连片农地中的某一块土地所有权（使用权）拥有者而言，可以宣称改种其他类型种子来敲竹杠。特别是对于一些生产周期比较长的作物而言，有限理性的经济人对长期的预测能力弱于短期，契约的不完全性更为明显，敲竹杠者的机会主义成本更低了，企业自然面临更高的风险。所以，这种场地专用性导致特种型号种子的相关投入转为其他用途产生损失的可能性提高了，而且，这种损失是致命性的。

第二，在不确定性方面，不可替代性在这一行业也非常突出。结合特种型号种子用途的专用性，对于农户而言，种子的销售对象可能比较单一，一旦种子公司因为各种理由终止合同或者只履行部分合同条款，农户损失很大。以小麦种子繁育为例，不被种子公司收购的麦种只能当做普通小麦销售，价格低于麦种。另外，就需求方种子公司而言，这种不可替代性也构成对其稳定经营的风险。一旦签约农户因为各种原因不愿意提供种子时，种子公司寻找特定型号种子的供给是困难、昂贵

① 以小麦为例，一旦破坏了连片性，导致种子质量不纯甚至完全不符合要求，通常只能作为普通小麦出售，价格远低于麦种，因此种子繁育的投入转为其他用途面临较大的损失。

的，甚至在短期内是不可能的，因为种子繁育至少存在一个生长周期。[①]

第三，在过程可程序化方面，在种子繁育阶段，尽管具体的田间流程，如播种时机、化肥农药的施用量和时机、除杂的时机等，都有具体规定，但是上述工作不能完全由机械替代，相当一部分依赖于劳动力的投入。观测上述劳动力完成的能力，即过程可程序化程度并不高，如是否偷懒、是否均匀喷洒农药、是否按要求完成除杂情况等行为就很难观测到，即使可以观测到，也需要投入大量的监督成本。这些劳动力投入行为方式对种子繁育的质量和产量有重要的影响[②]。这种影响关系往往受到其他不可测的随机因素的影响，因此很难设计出完全契约来约束工作过程中的机会主义行为。所以，对于种子公司而言，种子行业的行为衡量成本偏高。

第四，结果可分性问题在种子行业比较特殊。就每个农户交货的种子质量和数量而言，种子公司衡量的成本很低；但是，如何确定具体田块的种子产量和质量的衡量却不容易。影响种子繁育质量和数量的其他随机因素很多，如阳光、雨水，甚至风向以及其他不确定性因素，所以，在有限理性假定下，种子产量和质量也是一个随机变量。一般的商品契约很难规定每块耕地的种子的具体产量，即使规定了，也存在大量的免责条款。而这些免责条款对各种可能性的描述因为有限理性而不可能穷尽或者不可能非常清晰，造成了契约的不完全性。结合上文提到的需求方特定资产专用性，当某一型号种子畅销时，农户可以利用契约的不完全性或者较低的违约成本而转售给其他需求方。[③]相反，农户在种子滞销时也面临着特定资产专用性的风险，因为农户在质量的衡量上没有自主权，为了确定其种子的质量，往往需要求助于公共机构，如政府性质的种子质量检测机构，这可能需要大量的成本，因此，他们极有可能在滞销时遭受因为种子公司根据质量条款进行机会主义行为而造成的损失。

所以，种子行业的资产专用性很高，尤其是场地专用性问题非常关键；不可替代性给交易双方带来明显的不确定性；过程可程序化程度仍较低，而结果可分性对于交易双方在不同情况下是不同的。因此，对于这一行业而言，纯粹的要素

① 基于不可替代性发生的机会主义行为和结果的可分性有密切联系，我们将在下文论述结果的可分性。

② 我们在调研过程中发现，种子公司的负责人非常强调种子繁育过程中的责任心的作用。这实际上在强调对劳动投入绩效的衡量和激励问题。

③ 比如，粮源公司在运转初期，曾与一农场签订种子购销合约，该农场在最后交货时要求加价，为了避免更大的损失以及诉诸法律的高昂成本（包括物质和精神上的成本），粮源公司被迫接受了40%以上的加价。

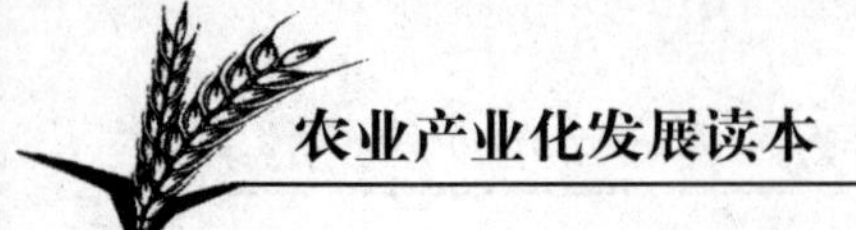

契约或者商品契约都不一定是合理的契约安排。

二、中间人制度和农地流转

根据已有研究，我们不妨把农业产业化的契约选择分为要素契约和商品契约两种类型（周立群和曹利群，2002），即对应于种子公司面临自己生产还是从农户购入种子的选择。就要素契约而言，种子公司的具体运行机制为：根据预期的种子销量，承包耕地，即通过农地使用权的流转实现耕地集中，购买原源种，然后雇工经营，支付工人工资（工资可以是固定工资或者是绩效工资），最后出售繁育的种子，进入下一期循环。而一般的商品契约则是种子公司和农户签订合同，农户购买原源种并负责耕种，种子公司提供耕种过程中的技术指导和服务，最后根据协商的价格和数量从签约农户手中购入质量合格的种子。本章将要重点分析的是商品契约中的一种特殊形式，即背景介绍中提到的“中间人”制度。就垂直紧密程度而言，要素契约的紧密度最大，“中间人”次之，订单农业形式的一般商品契约紧密度最低。

一般而言，要素契约有利于解决因为资产专用性而产生的敲竹杠问题，而商品契约往往赋予生产者以剩余索取权，从而有效地解决了高行为衡量成本的激励问题。就本章所分析的行业——种子行业而言，同时并存高资产专用性程度和高行为衡量成本，而结果可分性的复杂性进一步导致了契约类型选择的困难。

场地专用性在种子行业资产专用性中居于核心地位，对于土地规模化经营的地区或国家而言，这一专用性的解决并不困难，但是，在我国当前农地制度的背景下，耕地细碎化程度较高，场地专用性问题变得非常突出，种子公司必须围绕这一核心问题进行契约的选择和设计。显然，种子公司通过要素契约租赁农户的土地使用权而避免在一般订单农业中可能发生的敲竹杠行为并获得规模效应。当然，企业在租赁农户土地使用权时，也面临类似商品契约下单块土地使用权所有者的敲竹杠风险，但是在要素契约下，种子公司在没有签署租赁合约下的物质性专用投资要远低于商品契约下的投资，因此前者的损失也小于后者。但是，企业在租赁农地时也存在很大的交易成本，与单个农户进行签约的交易成本更大。尤其是在非农就业机会并不充分的农村地区，对于一个企业特别是没有政府背景以及没有足够财力的中小企业而言，完成连片成规模的农地租赁几乎是不可能成功的。通常，企业会选择同村集体合作，由村集体出面集中土地使用权，再与村集体签约，如常见的村集体的反租倒包形式或者“两田制”中机动田的承包等。所以，这一方式可实施性的前提在于村集体有足够的力量组织这一活动或者有一定存量的机动田，即前提是土地使用权的集中。同时，在一般商品契约下存在的种子行业中特定资产的专用性问题和物质资产专用性问题都将迎刃而解了。但是，在要素契约下，很高的行为衡量成本增加了要素合约的运行成本，而订单等形式的商品契约却能有效地解决这一问题，中国的家庭联产承包责任制在改革初期所释放的巨大生产力就是很好的证明。在结果可分性上，具体交货数量和质量的确认成本很低，有利于商品契约的实施，而在合同规定具体的产量及执行合同时的不确定性造成了结果可分性程度降低，恶化了特定资产专用性的风险问题。因此，企业面临减少资产专用性带来的风险、减少行为衡量成本、减少结果衡量成本三者间的权衡问题。

根据以上的逻辑，鉴于场地专用性的关键地位，种子行业在土地使用权集中难度较大的地区难以产生和发展。但是，我们关于粮源公司的调研结果却否定了这一推断，其特殊的“中间人”制度在减少上述成本中发挥了比要素契约和一般的商品契约更好的作用。

首先，在这一制度安排下，粮源公司通过与“中间人”签约，由“中间人”保证“土地连片成规模（500亩以上）”，并由其负责组织协调生产。因此，粮源公司把场地这一关键的资产专用性风险转移给了“中间人”。这一风险的转移，企业承担了付给“中间人”每斤种子1.5分左右的成本（扣除了“中间人”需要承担的“招待费”）。而对于“中间人”而言，其对这一风险并不敏感。根据我们的实地访谈发现，“中间人”通常在一个村组中具有较高威信和“一呼百应”式的组织能力，而95%以上的村民认为这种威信和组织能力来源于“中间人”的诚信。农户对企业因为特定资产专用性的机会主义行为的担心可能不愿意与企业直接合作，而“中间人”的信誉起到了对粮源公司信誉担保的作用，因此，“中间人”比企业更容易组织农户接受种子公司的订单，参与种子的生产，进而比企业更容易使农地实现连片规模化。同时，“中间人”和参与农户之间往往都是亲戚和要好的朋友关系，参与农户在场地专用性上敲竹杠行为的机会成本比较高。原因在于，第一，我们在访谈中发现，农户注重维护自身在村庄里的诚信形象，村庄内部交易双方的关系是多面和长期的，不以一次交易计算得失。另外还涉及货币之外的情感、依赖等关系，至少不会“明目张胆”地通过欺骗获取利益，而与“村庄之外的人打交道”，也不会存在“能占便宜就占便宜”的倾向，因此他们一般不愿意失信于本村的“中间人”；第二，“中间人”作为乡村精英，其强势地位往往使其在村民的日常纠纷解决中承担重要的裁决者的角色，而在村庄内部，农户之间的日常生活交往可能要比城市居民更为频繁，容易引发各种纠纷，显然，农户不会因为一次性的“敲竹杠”得利而得罪“中间人”。因此，即使在土地使用权并未集中的情况下，通过“中间人”可以有效地解决场地专用性风险，而这一问题的解决直接动摇了要素契约合理性的理论基础和现实基础。

第二，再来分析要素契约合理性的另一个重要基础，即不可替代性和结果的不可分性所带来的风险，这也是大多数农业产业化项目尤其是订单农业面临的风险。这一风险也能在一定程度上通过“中间人”加以化解。就企业这一需求方而言，为了避免农户利用企业需求的不可替代性或者利用结果的不可分性而在交货时采取机会主义行为，粮源公司采取代号策略，即不告诉农户种子的具体型号，而只是给农户一个公司内部决策者商定的代号。这样，农户不知道自己所种种子的型号，无法将种子出售给其他购买者，从而增加了农户的特定资产专用性且无法实施机会主义行为。但是，代号策略能够实施的前提在于农户的信任，不然农户不可能去和种子公司签一份连种什么都不知道的合约，因为这样的合约一旦发生纠纷，交易成本极高，尤其是对在信息不对称中处于不利地位的农户而言，成本太高。而“中间人”的参与解决了农户对公司的信任问题，从而在一定程度上化解了农户对种子公司采取机会主义行为的担忧。同时，在一般情况下，“中间人”也有足够的激励去维护农户的利益，尽可能地避免种子公司利用契约上关于质量、不可测因素等不完全性而采取的机会主义行为。首先，从支付结构来看，“中间人”的收益与其所销售的种子成正比，因此他们会尽可能地帮助农户销售种子；其次，“中间人”的威信来自其诚信，而这种威信能够给其带来有别于一般村民的收益，因此，他也有一定的激励去维护农户的利益，维护自身的形象。

第三，在“中间人”制度安排下，粮源公司并不负责具体的耕种，种子繁育的具体过程仍由原土地使用权承包农户生产负责，仍然以家庭为单位进行生产经营，这类似于订单农业。根据最终交货的质量和数量的高结果可分性，农户的努力程度与其产出密切相关，这有效地化解了要素契约下行为衡量成本偏高的问题。同时，“中间人”则在粮源公司的指导下统一组织农户的生产活动，有效地满足了规模经济的要求。

最后，在“中间人”制度下，还存在企业和“中间人”之间的交易成本问题。“中间人”取代单个农户，作为农户的代表与粮源公司签订契约，粮源公司除了支付每斤1.5分的成本之外，也面临着可能出现的“中间人”的敲竹杠问题。比如“中间人”要求加价等，因为即使采取“代号”策略，由于“中间人”与粮源公司之间的频繁交往，如与企业技术人员在生产耕作方面的合作，基本上知晓具体型号，因此代号策略并不能增强“中间人”投入的资产专用性。我们在调研中发现，一些“中间人”都曾受到过其他种子营销商的“利诱”。因此，“中间人”与种子公司的管理人员之间往往不单单是交易关系，而且是亲戚、朋友或者同学关系，基于这些关系之上的信任有助于降低交易中机会主义发生的可能性。根据我们的调研，并没有发生过“中间人”被“利诱”成功的案例。

三、绩效评价

不难看出，“中间人”制度是粮源公司在各种现实约束下最小化交易成本（包括行为衡量成本和结果衡量成本）的选择。粮源公司也因此从一个原先的乡镇小农科所发展成为年销售收入超过两千万元的专业种子公司，先后引进了高产多抗早熟新品种56个，公司与6个乡镇的4 000多个农户签有常年合同，每年生产种子600多万公斤。“中间人”制度有效地保证了公司的种子需求，从而使公司在销售方面有足够的实力和精力开展大量的基础性工作，产品的销售网点逐步铺开，年销售收入以30%的速度递增，产品销往河南、河北、山东、安徽、江苏、湖南、湖北、山西、四川、广西等10多个省区，并带动了相应的化肥农药的销售，共售出各类农药2万多箱，实现利税307万元。公司引进的优良品种累计种植面积500万亩，使10万农民增收2.5亿元。

就“中间人”而言，除了自己承包地的收入之外，还通过组织协调工作获得了相应的报酬。一个负责连片规模经营达1 000亩地的“中间人”，其根据种子的提供量可以拿到5千到1万元的提成。而对于参与该项目的农户而言，根据我们的问卷调研结果，96%以上的农户认为参与该项目之后收入提高了，52%的农户对与粮源公司的合作感到非常满意，46%的农户表示基本满意，除了一户没有回答之外，没有农户感到不满意或者非常不满意的。而且，粮源公司在“信息提供”、“技术培训”、“种苗提供”、“农药化肥的统一供应”和“统一收购”

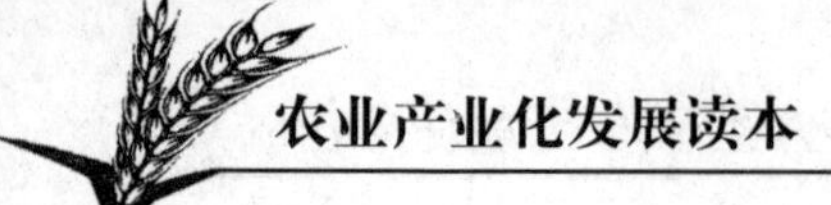

方面向农户提供的服务得到了认可。

但是，就集体经济而言，根据我们的调研，通过与临颍县实行村集体土地承包权反租的“胡桥方式”、实行完全集体化的“南街村方式”比较发现，这些既没有非农产业、也没有在土地使用权集中上做文章的村集体，集体经济弱小。如我们调研的王岗镇赤里岗村，几乎没有村集体收入，负债35万，村干部的工资由县级财政拨付，2007年村里公共支出为2万多元，其中招待费用四千多，办公费用两千多，用于公共基础设施建设和农户福利水平提高的支出微乎其微。目前，国家为了保护农民利益，禁止向农户以各种名义集资、摊派，县级财政支付能力有限，这一类型的村级公共服务存在很大的问题，比如该村进村的道路多年失修，村里没有钱，而又不敢冒政策风险向农户集资（尽管农户有这个意愿）。

四、结论性评述

种子行业的场地专用性、特定资产专用性和结果可分性的复杂性等问题构成了要素合约合理性的理论基础和现实需求。在我国当前的农地制度下，要素契约的实现依赖于土地使用权走向集中。对于缺乏资金和政府支持的中小企业而言，在部分村级集体控制力较弱的农村地区，这一农地集中租赁的交易成本很高，同时难以解决好激励问题。在本章的案例中，粮源公司通过引入“中间人”这一契约安排，将种子行业的部分资产专用性风险转移给对这些风险并不敏感的“中间人”，从而在实现连片规模经营要求的同时避免了农地流转产生的成本和其他社会问题，同时兼容了商品契约下的激励作用，化解了供需双方特定资产专用性风险。这一相对于一般的要素契约和商品契约而言更节约交易成本的契约安排，实现了企业、中间人和农户三方共赢的局面，并完全尊重了农户自主选择的意愿。但是，这一契约安排也存在一些缺陷，比如我们在调研中发现当地农户兼业现象非常严重，村集体的公共支出陷入困境等。

这一案例的契约安排在理论和实践上最大的指导意义在于，反驳了“连片规模经营一定要土地使用权集中”的观点。种子行业对连片性的特殊要求，更强化了这一反驳的力度。当然，本案例的契约安排也有其适应性条件。比如在非农就业机会高的发达地区或者集体控制力强的村庄，农业产业化龙头企业资金实力雄厚或者具有政府背景，其土地使用权集中的交易成本不高，要素契约可能更有利于节约交易成本。另外，在本案例所涉及地区，农地细碎化程度低于上文所引用的文献的数值，在1998年的调整之后，当地平均每户承包耕地7.32亩，块均耕地2.92亩，因此也降低了“中间人”与农户间的协商成本。此外，信誉是“中间人”制度顺利运行的关键，而这种基于人格化关系的契约安排一旦放置于更大规模的企业中，可能就失效了。所以，任何一项合理有效率的契约安排都是在一个既定的约束条件下的最优反应结果，而不同的约束条件会产生不同的最优反应。本章的案例对于类似地区和行业而言，具有一定的借鉴意义，但是考虑到中国地域辽阔，地区差异明显，在探索农业产业化和农地流转健康发展的过程中，各地区一定要因地制宜，在尊重农户权益前提下，根据具体的产业选择合理的契约安排，实现农户、企业和地区发展的多方共赢。

第九章　农业产业化龙头企业绩效的影响因素分析

农业产业化龙头企业植根于“三农”，面向广大消费者，既具有保障食品安全、吸纳农民就业、带动农民增收、参与新农村建设等公益性特征，作为独立法人，还与一般工商企业有着相同的市场属性，因而，不断提升自身绩效水平就显得尤其重要。本章根据东中西部地区龙头企业财务数据，基于董事长和总经理合职与分离两个视角，对农业产业化龙头企业绩效的影响因素进行了实证分析。

第一节　基于东中西部地区龙头企业财务数据的分析

一、问题提出与文献综述

农业产业化龙头企业作为农业产业化的主体，成为连接农村和城镇的有效载体，农业产业化龙头企业的发展有效地解决了农村剩余劳动力的就业问题，为农民增收做出了贡献。农业企业的发展不仅推动了城镇化建设，带动了其他产业的发展，而且延长了农业产业链条，实现了农产品在生产、流通、加工等各环节的增值，使得农业的整体效益增加。然而农业龙头企业作为独立法人，它的目的不仅在于实现社会利益，更为重要的是实现其利润最大化，不断提高自身的绩效水平。对于农业企业绩效的研究，国内已经有很多探讨，这些研究大多针对农业上市企业的绩效，如杨军芳、郑少锋（2010）认为农业上市公司的经营绩效水平存在着差异性，然而这种差异性并非来自于农业，而是来自于农业上市公司的非农化经营；姚俊、吕源等（2004）主要从农业上市公司的多元化程度、股权结构与经营绩效的关系展开研究；黄晓波、冯浩（2006）利用27家农业类上市公司2002~2004年的数据，着重研究了股票流通性、资产负债率、管理人员的薪酬等因素对农业上市公司绩效的影响；郑瑞强（2007）采用EVA视角对我国农业上市公司绩效进行了评价，并对影响上市公司绩效的相关因素进行了解释；彭熠、黄祖辉等（2007）则对农业上市公司和非农业上市公司一系列财务指标进行了比较分析，并对影响公司绩效的相关因素进行了比较分析；马玲玲、陈彤（2007）则对于农业企业绩效指标体系的构建进行了分析。

从以上文献可以看出，对于农业类上市公司研究的较多，而对于一般农业企业研究较少，原因在于农业上市公司的数据更加公开，而一般农业企业的数据不可获取，因而，这对于研究农业企业存在着一定困难。本章利用第五批359家农业产业化国家重点龙头企业数据，对影响农业企业绩效的因素进行分析，着重比较这些因素对于不同地区农业企业绩效影响的差异，这对于农业企业的发展和壮大具有重要的意义。

二、研究方法与数据来源

本章选用企业税前利润作为农业企业绩效的指标进行衡量[①]，企业利润与产出一般呈现出正向的变化，两者之间的回归结果证实它们具有较高的共同性。在研究过程中，对于企业产出与其生产要素的关系，常常采用C–D函数形式，因而，本书在研究农业企业绩效的过程中采用这一形式，如式9–1所示：

$$Pro_{ti}=ACap_{ti}^{\alpha_1}Labor_{ti}^{\alpha_2}\times\Pi x_{ti}^{\alpha_i} \qquad (9\text{–}1)$$

其中，α_i、x_{ti}分别代表影响Pro_{ti}的各自变量及所对应的系数，对式9–1求导并引入相关变量；自变量选取劳动力、资产总额、企业广告投入、企业研发投入等；企业产销能力将影响企业利润大小，因而，选择企业的产销比，结合农业企业特性选择了订单采购比；同时引入财务杠杆系数和经营杠杆系数以判定企业财务结构对农业企业的影响；企业产品是否为名牌产品可能对企业绩效产生影响，故在此增加这一变量。得出式9–2：

$$\begin{aligned}\ln Pro_{ti}=&C+\alpha_1\ln Cap_{ti}+\alpha_2\ln Adver_{ti}+\alpha_3\ln Res_{ti}+\alpha_4\ln Labor_{ti}+\alpha_5 DOL_{ti}+\alpha_6 DFL_{ti}+\\&\alpha_7 Order_{ti}+\alpha_8 Psell_{ti}+\alpha_9 Bra_{ti}+\varepsilon\end{aligned} \qquad (9\text{–}2)$$

① 资产利润率（ROE）=利润／资产，$ROE=C+\sum_i a_i x_i$，而采用企业利润来作为企业绩效衡量，实质上就是把ROE所包含的资产数额转移到等式的右边，右边相应变量同时扩大资产（数额）倍数，对于模型的回归并不产生任何影响。

式中各变量以及相应变量符号及含义如表9-1所示。

表9-1　各变量定义及变量描述

因变量	变量符号	变量定义	符号预测
企业绩效自变量	Pro_{ti}	采用企业税前利润来衡量（万元）	–
资产总额	Cap_{ti}	企业所拥有的资产总额的数据（万元）	+
广告投入	$Adver_{ti}$	农业企业为了促进产品的销售而产生的支出（万元）	+
研发投入	Res_{ti}	企业为了提高技术效率而进行的研发投入（万元）	+
劳动力	$Labor_{ti}$	企业在生产过程中所使用的工人（人）（并没有考虑临时用工）	+
经营杠杆系数	DOL_{ti}	企业销售收入变动百分比对税前利润变动百分比的影响	?
财务杠杆系数	DFL_{ti}	企业税前利润变动百分比对企业每股利润变动百分比的影响	?
订单采购比	$Order_{ti}$	企业订单采购数额占企业总的采购数额的比重（%）	?
产销比	Bra_{ti}	企业销售数量与企业生产数量的比重（%）	+
名牌产品	$Psell_{ti}$	产品是否为名牌产品（是=1；否=0）	?

根据经济学理论和相关研究，本章提出如下研究假说：

研究假说1：企业资产总额、劳动力、其他资本投入（广告促销投入、研发投入）对农业企业绩效将会产生正相关的作用。

研究假说2：产销比代表着企业的生产和销售情况，此变量数值与农业企业绩效呈现正相关的关系；企业订单采购比则表示企业订单采购总额来自于订单采购的比例，此变量反映了企业获取原材料的难易程度，数值越大，意味着农业企业能够较为稳定地获得农业生产原料，因而订单采购比越高，则意味着农业绩效水平越高。

研究假说3：经营杠杆系数以及财务杠杆系数与农业企业绩效将呈现正相关的关系，学者基于上市公司研究证实经营杠杆和财务杠杆对于公司绩效将产生正向作用。

各变量数据来源如下：企业税前利润、固定资产、劳动力、广告促销投入、研发投入、订单比重、产销比来自于农业龙头企业的原始财务数据，但是除产销比和订单比重、名牌产品三个变量外，其他变量数据在模型中均做了对数处理，财务杠杆系数和经营杠杆系数由作者根据相应的公式计算，大多企业的经营杠杆系数和财务杠杆系数都为正数①。因而，扣除无效数据，共产生有效数据692组，

① 表9-2显示经营杠杆系数的均值为负值，这主要是由于个别负极值所引起的。

其中，东部地区264组，中部地区222组，西部地区206组。

表9-2　样本企业相关变量的统计特征

变量	总体样本				东部地区			
	均值	标准差	最小值	最大值	均值	标准差	最小值	最大值
$\ln Pro_{ti}$	7.80	1.03	4.11	11.22	8.14	0.96	4.11	10.80
$\ln Cap_{ti}$	9.13	0.91	6.26	13.05	9.43	0.92	6.26	13.05
$\ln Adver_{ti}$	5.01	1.92	0.00	9.51	5.14	1.93	0.00	9.46
$\ln Res_{ti}$	5.62	1.72	0.00	8.73	6.02	1.67	0.00	8.57
$\ln Labor_{ti}$	6.50	1.01	3.30	9.59	6.79	1.05	4.50	9.59
DOL_{ti}	−0.17	105.94	−2 692.47	403.20	4.47	27.20	−65.42	380.74
DFL_{ti}	1.27	13.60	−240.46	266.93	1.1 1	1.77	−25.08	4.14
$Order_{ti}$	0.81	0.29	0.00	7.00	0.82	0.13	0.00	1.20
Bra_{ti}	0.13	0.33	0.00	1.00	0.09	0.28	0.00	1.00
$Psell_{ti}$	0.93	0.21	0.00	1.86	0.93	0.22	0.00	1.06
变量	中部地区				西部地区			
	均值	标准差	最小值	最大值	均值	标准差	最小值	最大值
$\ln Pro_{ti}$	7.83	0.87	4.28	9.84	7.38	1.14	4.81	11.22
$\ln Cap_{ti}$	9.13	0.85	6.97	11.93	8.74	0.84	7.21	12.44
$\ln Adver_{ti}$	5.13	2.07	0.00	9.51	4.75	1.75	0.00	8.76
$\ln Res_{ti}$	5.63	1.59	0.00	8.62	5.09	1.83	0.00	8.73
$\ln Labor_{ti}$	6.42	0.90	3.30	8.48	6.21	0.97	3.69	8.53
DOL_{ti}	3.83	45.33	−418.10	403.20	−10.95	186.26	−2 692.47	93.09
DFL_{ti}	2.49	17.60	−12.62	266.93	0.15	16.81	−240.46	29.[illegible]
$Order_{ti}$	0.81	0.45	0.00	7.00	0.78	0.20	0.00	1.[illegible]
Bra_{ti}	0.15	0.36	0.00	1.00	0.15	0.36	0.00	1.[illegible]
$Psell_{ti}$	0.94	0.19	0.00	1.08	0.93	0.23	0.00	1.86

注：根据Stata软件处理而得，报告了总体样本相关数据的统计特征。表中数据存在看似并不合理的最小值和最大值，其大多数数值都在合理的范围之内，这主要是由于个别企业数值造成的，产销比之所以大于1，可能是由于往年存货导致的。

从有效样本来看，各地区指标差异较为明显，东部地区农业企业平均利润、资产总额、劳动力、广告投入、研发投入均高于中部地区和西部地区。从标准差来看，各地区农业企业在该区域内差异并不明显；从DOL_{ti}、DFL_{ti}数值来看，东部地区数值较为平稳，而中部地区、西部地区数值差异较大；农业产品是否为名牌产品这一指标在不同地区差异明显，东部地区仅有8.8%的企业产品为名牌产品，中部和西部地区这一比重达到15%；产销比在各个地区之间差异并不明显，均为93%左右；订单采购比平均比重为80%左右，从各地区该指标对应的标准差来看，各地区数值差异较为明显。从上述指标可以看出，这些变量在地区间既有

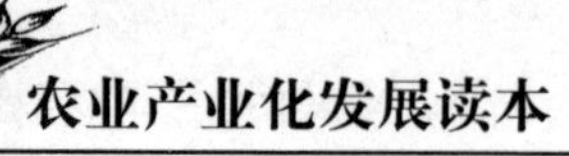

相似之处，也有一定差异。为了研究这些自变量对农业企业绩效带来的影响，本章利用所构建的回归方程分别对总体样本、东部地区样本、中部地区样本、西部地区样本的农业企业绩效进行了比较分析。

三、模型结果分析与讨论

本章采用Stata软件并结合所构建模型对影响农业企业绩效的因素进行回归分析，对总体样本、东部地区样本、西部地区样本、中部地区样本的回归结果进行比较，如表9–3所示。

表9–3　模型回归结果

样本模型		西部地区样本	东部地区样本	中部地区样本	总体样本
$\ln Cap_{ti}$	系数	0.628 3***	0.423 2***	0.458 3***	0.512 1***
	T值	7.46	7.23	7.20	13.83
$\ln Adver_{ti}$	系数	0.064 8*	0.070 1	0.092 6***	0.034 4**
	T值	1.67	0.63	3.31	2.04
$\ln Res_{ti}$	系数	0.051 1	0.085 1***	0.035 7	0.090 7***
	T值	1.44	2.79	0.97	4.79
$\ln Labor_{ti}$	系数	0.365 7***	0.185 1***	0.145 3**	0.237 1***
	T值	4.93	3.32	2.42	6.71
DOL_{ti}	系数	0.000 3	0.003 0	−0.001 6	0.000 2
	T值	0.92	1.57	−1.48	0.79
DFI_{ti}	系数	0.000 7	0.022 2	−0.002 1	−0.000 3
	T值	0.20	0.86	−0.85	−0.13
$Order_{ti}$	系数	−0.248 3	0.271 5	−0.119 2	−0.007 9
	T值	−0.87	0.73	−1.21	−0.08
Bra_{ti}	系数	−0.221 1	0.234 7	−0.207 6	−0.097 2
	T值	−1.30	1.45	−1.61	−1.14
$Psell_{ti}$	系数	0.247 8	0.459 5*	1.062 2***	0.475 0***
	T值	0.97	1.93	3.33	3.23
C	系数	−0.963 1	1.578 3**	1.170 5*	0.477 6*
	T值	−1.30	2.52	1.79	1.64
R^2		0.52	0.43	0.41	0.48
调整R^2		0.49	0.41	0.38	0.47
F		22.25	20.84	16.35	69.17
样本量		198	260	222	680

注：*、**、***分别表示10%、5%、1%显著性水平，其中括号内数值为该变量系数所对应T值。

从模型的回归结果可以看出，对于四个样本回归方程的R^2而言，基本上维持在0.5左右，对于面板数据而言，模型整体回归结果较好。

表9-3显示劳动力、资产总额、广告投入、研发投入对农业企业绩效均产生正向影响，并且这几个变量的显著性水平较高，其中，资产总额对农业企业绩效的影响最大，企业研发投入对因变量的影响明显高于企业广告投入的影响；然而，相对于资产总额对于农业企业绩效的贡献而言，研究投入和广告投入对农业企业绩效的贡献较低，每增加1%的资产总额投入对农业企业绩效的贡献分别为每增加1%的广告投入和研发投入的14.9倍和9倍，这可能和农业企业用于研发投入和广告投入的资金数额有一定关系，对于大多数农业企业而言，这两项投入并没有形成一定的规模，两者投入总量不足销售收入的1%，并没有发挥两者应有的规模经济作用。

从分地区样本模型结果可以看出，劳动力、资产总额、广告投入、研发投入对于因变量的影响方向均为正向促进作用，然而，在各个地区模型中，对因变量影响的大小程度不同。对于资产总额而言，其对西部地区的影响最大，对东部地区的影响最小，增加单位资产总额对西部地区农业企业绩效的贡献分别比东部地区、中部地区农业企业要高0.21、0.17个百分点。劳动力变量同样对于西部地区农业企业的作用最大，东部地区次之，中部地区最弱。劳动力投入每增加1%，中部、西部、东部地区绩效分别增加0.365 7%、0.185 1%、0.145 3%，这也从侧面反映出目前农业企业绩效的增加仍然过多依靠劳动力投入和资本投入。对于广告投入而言，其对中部地区、西部地区农业企业的影响较大，各变量都通过显著性水平检验，然而，对于东部地区农业企业而言，加大广告投入并不能促进农业企业绩效的增加，这可能与东部地区农业企业成立的时间有关系，东部地区农业企业本身已经有较高的知名度和认可度，因而，广告投入增加并未对企业绩效产生实质影响；对于中西部地区而言，可以通过增加广告收入促进企业绩效的增加。显然，假说1得到了模型的验证。

总体样本模型显示，产销比对因变量起到了正向的作用，意味着企业销售量的不断增加将能增加企业利润；从不同地区而言，对于中部地区、东部地区，增加企业产销比重、减少企业库存将会使企业绩效增加，而对于西部地区而言，其产销比增加对其企业绩效的影响并不明显。

订单采购比对农业企业绩效的影响并不明显，该变量未通过显著性水平检验。这从理论上能够解释这一现象：订单采购比似乎是一把“双刃剑”，它既

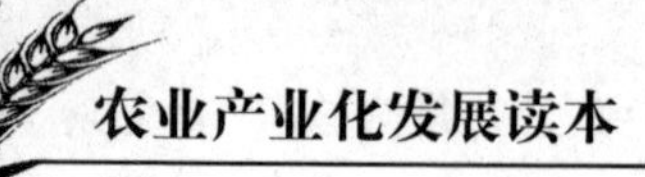

能保障农业企业获取原材料的稳定性，也使得参与订单农业的农民收入更加有保障。然而，这种“双方互惠”的保障却极其容易面临风险，当农产品市场价格升高时，农民违约，反之，农业企业违约，这导致订单农业中违约现象仍然存在，无疑增加农业企业经营风险，订单采购比对农业企业发挥正向作用。

企业产品为名牌产品将能够提高企业知名度，增加企业销售量，也为消费者提供了质量保证等。然而，从模型回归结果而言，农业企业产品成为名牌产品并没有对农业企业绩效起到促进作用。从不同地区而言，该变量对于东部、西部地区农业企业绩效的影响并不显著，对于中部地区农业企业绩效的影响为负并通过了10%显著性水平检验。常数项*C*基本通过10%显著性水平检验，从数值上来看，对于东部地区最大，对中部地区次之，对西部地区的影响最小。尽管常数项*C*不能直接表示为农业企业技术效率，但是从模型方程的表达可以看出，用此数值可以代表农业企业的技术效率相对值；因而，从数值上可以看出，东部和中部地区农业企业技术效率明显高于总体样本企业技术效率，西部地区农业企业技术效率低于总体样本企业技术效率，东部地区、中部地区农业企业技术效率分别是西部地区的12.46倍、8.42倍，总体而言，农业企业技术效率在各个地区的差距较为明显。

对于财务杠杆和经营杠杆而言，经营杠杆对农业企业产生正向的作用，财务杠杆产生负向的作用；从地区来看，财务杠杆和经营杠杆对东部地区和西部地区农业企业绩效的影响为正，但是其对中部地区农业企业绩效的影响为负，不管对于总体样本还是各地区样本而言，各变量显著性水平较差。

四、结论与政策建议

通过构建回归方程对影响农业企业绩效的相关因素进行分析与评价，并对东部地区、中部地区、西部地区进行比较，结论如下：①劳动力、资产总额等对农业企业绩效产生促进作用，这两个变量对于西部地区农业企业绩效的影响较大；企业广告投入、研发投入与农业企业绩效呈正相关关系，但是在地区间具有明显差异，广告和促销投入对于中部地区和西部地区农业企业的影响较为显著，研发投入则对于东部地区的影响显著为正。②对于技术效率而言，东部地区、中部地区农业企业的技术效率明显高于全国平均水平，西部地区农业企业技术效率相对较低；订单农业不管是从整体样本还是从地区样本而言，对农业企业绩效的提高并没有产生明显的促进作用；产销比对提升农业企业绩效产生了促进作用；农业企业产品为名牌产品并没有提高企业绩效。③整体而言，经营杠杆和财务杠杆对于农业企业绩效的作用并不明显。

根据以上分析，提出如下政策建议：①加强农业科技创新，加大科研投入，积极促进科研成果转化，将“产学研”、“农科教”等有效结合，促进农业企业技术效率的不断提升，使农业企业逐步成为农业科技创新最具活力的主体，积极进行农业科技推广应用和农民教育培训。②发挥订单农业的优势，消除订单农业给企业带来的不利性。必须坚持服务“三农”，增强农业企业带农惠农意识，密切与农民的利益联结关系，支持农户、合作社以资金、技术等要素入股农业企业，形成产权联合的利益共同体，与农民共享发展成果。③发挥杠杆效应，完善企业的财务管理制度，降低企业运行的资金成本。企业发展并不能仅仅依靠自身力量发展，中小企业及农业企业长期存在贷款难等问题，政府应增加对农业企业的贷款支持，增强政策扶持力度，以使农业企业健康、有序发展。

第二节　基于董事长和总经理合职与分离视角的分析[①]

加快农业产业化经营，发展农业龙头企业是关键。截至2012年，我国农业龙头企业已经达到11万家，其销售收入突破5.7万亿元，提供的农产品及加工制品占农产品市场供应量的1／3，占主要城市“菜篮子”产品供给的2／3以上，农业龙头企业对于农业经济的发展产生了巨大的推动作用[②]。打造大型龙头企业或企业集团、继续推进农民专业合作组织建设、完善利益联结机制和健全扶持政策体系将会推进我国农业产业化跨越式发展。然而，尽管我国中小企业数量众多，但其生命周期较为短暂，能做强做大的企业更是寥寥无几[③]，保持农业龙头企业良好绩效，将成为农业产业化经营发展的关键。

① 部分研究成果发表于《中国农业大学学报》，2013年5期。

② 农业部就《关于支持农业产业化龙头企业发展的意见》情况举行发布会，陈晓华副部长答记者.（2012—03—26）http：//www.moa.gov.cn/hdllm/wszb/zb45/.

③ 我国中小企业平均寿命2.5岁，平均就业人数13人[EB/OL]. http：//news.xinhuanet.con.

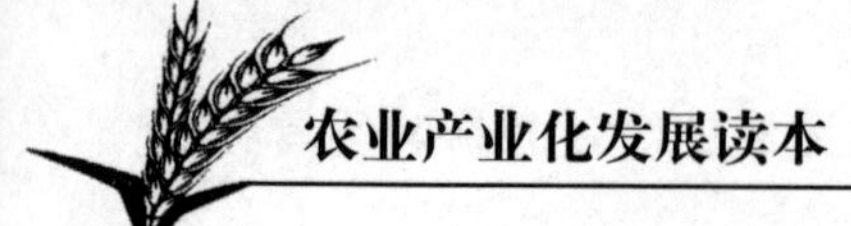

学者们从不同角度对此进行研究，如政策支持与农业龙头企业绩效，多元化非农经营战略与农业龙头企业绩效，农业龙头企业如何应对金融危机，农业产业化龙头企业的生产效率分析等。已有的文献显示，对于农业龙头企业绩效的研究相对较多，而对于农业龙头企业董事长和总经理合职与分离的作用并没有提及。总经理对于农业龙头企业的发展扮演着极为重要的角色，我国农业龙头企业大多是民营企业，不少农业龙头企业的董事长既扮演着所有者的角色，同时又承担管理者（总经理）的职责和功能，即董事长和总经理合职。这样的安排是否有利于农业龙头企业发展？对于农业龙头企业绩效又会产生怎么样的作用？

早期对于董事长和总经理合职与分离的研究多集中在理论层次的探讨，如基于委托——代理理论的“两职分离”假说、基于现代管理理论的“两职合一”假说、基于资源依赖理论的“环境不确定性”假说（吴淑琨，柏杰等，1998）。然而，这些理论并没有明确表明董事长和总经理的合职与分离哪个更有效。赞成董事长和总经理合职的学者认为两职合一可能有利于企业创新，使企业更好地生存和发展，现代管家理论为其提供了理论基础（Donaldson，1990）；反对方认为两职合一使得总经理的权力过于膨胀，难于发挥董事会对其的监督作用。代理理论认为，董事长和总经理两职应进行分离，以维护董事会监督的独立性和有效性，在此基础上，他们认为两职合一会削弱董事会的监控，且与绩效是负相关的。从实证研究的结果来看，同样也并没有证实两者合职与分离到底哪个更有效，似乎没有形成定论。部分学者认为两者分离可能更利于企业发展，如Fama和Jenson（1983）认为领导机构有助于解决公司中存在的剩余风险承担和控制分离带来的代理问题，他们认为公司决策管理和决策控制两项职能的分离降低了代理的成本并导致公司绩效的提高，其研究意味着公司决策管理和决策控制的分离要求董事长和CEO两个职务分离。Rechener等（1991）考察了1978~1983年141家企业近6年的财务经营状况，对董事长与总经理两者合职与分离进行了研究，而研究结果发现两职分离的公司业绩优于两职合一的公司。有研究表明董事会建设渐趋规范，而公司绩效却逐年下滑，董事长和总经理两职完全合一与公司绩效显著负相关（李斌，闫丽荣等，2005）。浦自立等（2004）选取了1997~2000年中国上市公司数据，构建了控制权体系和EVA指标的数据库，实证分析了董事长和总经理两职状态对公司绩效的影响，研究认为两职合一与公司绩效呈现负相关。

也有些学者认为两者合职对于企业发展更有利。Brickley等（1997）发现，两职合一的公司无论财务业绩还是市场业绩都并不差，他们对美国公司采用两职合一的领导权结构进行了解释，认为两职合一可能是美国企业权力结构的一个传统。雷海民（2012）选取1999~2010年281家中国A股上市公司为样本，通过对公司政治治理对企业运营效率的研究，认为董事长和总经理分离有益于企业运营效率提高，一定条件下总经理兼任董事，比董事长和总经理分离更有效。

有些学者并没有针对董事长和总经理是分离还是合一更好给出明确的答复，有研究认为公司领导权结构与公司绩效之间不存在显著的正相关或负相关关系，从董事长和总经理两职合一与分离来看，前者所对应的公司绩效的标准差显著大于后者所对应的公司绩效的标准差（熊风华，彭珏，2008）。还有研究认为就董事长和总经理的两职分离来看，虽然董事长可以对总经理起到一定的监督作用，但也可使两者之间产生权力之争。董事长和总经理的两职合一，对公司也有着正面与负面的影响（谢劼，2006）；两职合一的公司由于权力更加集中，公司绩效与管理者特性紧密相关，而公司绩效与管理者的偏好、经历和能力有关（Finkelstein，Hambrik，1996）。董事长和总经理这两个职务，重要的不再是分离与否，而是在多大程度上进行分离（吴淑琨，柏杰等，1998）。

通过现有文献回顾可以看出，学者从理论和实证角度探讨了董事长和总经理合职与分离对公司绩效的影响。董事长和总经理两职到底是分还是合以及多大程度上分离与合职并没有确定性的答案，可能与企业性质、企业规模等具有一定关系。然而，研究发现，现有文献很少涉及分析董事长和总经理合职与分离对农业龙头企业绩效的影响，这可能与大规模农业龙头企业数据难于获得有一定关系。本研究借助农业部产业化办公室对846家国家级农业产业化龙头企业的监测数据，构建实证模型着重分析董事长和总经理合职与分离对农业龙头企业绩效的影响，旨在为农业产业化龙头企业所有权与经营权是合并还是分离提供依据，从而促进农业产业化龙头企业健康持续发展。

一、实证模型与样本选择

验证董事长和总经理合职与分离对农业龙头企业绩效的影响，参照相关研

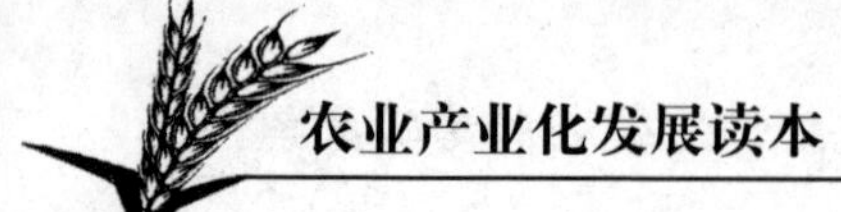

究，构建两个多元回归模型。

$$\ln y_{it}=C+a_1\ln x_{1it}+a_2\ln x_{2it}+a_3\ln x_{3it+}+ a_4\ln x_{4it}+a_5\ln x_{5it}+a_6\ln x_{6it}+\varepsilon_{it} \quad (9-3)$$

其中，因变量1为农业龙头企业绩效，采用该企业销售收入y_{it}，选取的主要自变量为资产总额x_{1it}、劳动力人数x_{2it}、董事长和总经理合职x_{3it}，同时考虑到农业龙头企业与其他类型企业的区别[①]，逐步引入其他变量，如订单量x_{4it}、合同带动农户数x_{5it}和科技投入量x_{6it}等变量，这些变量更能突出农业龙头企业的特性。

式9–3是从各变量的绝对值考虑自变量与因变量的内在联系性，而式9–4则是从上述对应变量增长的角度考虑了其中各变量之间的关系，从而构建多元回归方程。

$$y'_{it}=C+a_1x'_{1it}+a_2x'_{2it}+a_3x_{3it+} +a_4x'_{4it}+a_5x'_{5it}+a_6x'_{6it}+\varepsilon'_{it} \quad (9-4)$$

其中，因变量2为农业龙头企业销售收入增长，各变量具体含义如下：y'_{it}、x'_{1it}、x'_{2it}、x'_{4it}、x'_{5it}和x'_{6it}分别表示销售收入增长$\ln\frac{y_{it}}{y_{it}\text{-}1}$、资产总额增长$\ln\frac{x_{1it}}{x_{1it}\text{-}1}$、劳动力人数增长$\ln\frac{x_{2it}}{x_{2it}\text{-}1}$、订单量增长$\ln\frac{x_{4it}}{x_{1it}\text{-}1}$、合同带动农户数增长$\ln\frac{x_{5it}}{x_{5it}\text{-}1}$和科技投入量增长$\ln\frac{x_{6it}}{x_{6it}\text{-}1}$。

研究所使用的数据为农业部农业产业化办公室对846家国家级农业产业化龙头企业调研而得，该数据主要包括2010年和2011年相关企业财务和经营数据。从地区来看，其中东部、中部和西部农业龙头企业数据分别为326家、277家和243家。从企业性质来看，其中民营企业581家，占调研农业龙头企业总数的69%，其他类型（主要包括合资企业、国有企业）的企业数量相对较少。参照回归方程1、2对各变量数据进行对数处理，由于个别企业变量数据缺失，同时具有异常数值的企业样本数据[②]等，回归方程1有效样本使用量为1 189个，其中东部、中部和西部地区有效样本本量分别为471、382和336个；回归方程2所使用的有效样本使用量为588个，东部、中部和西部地区有效样本本量分别为234、188和

① 农业龙头企业与其他类型企业存在着一定的差别，如收购方式采用订单收购、市场收购等方式。

② 异常值主要是由于失误而填写的数据，如企业的利润率为正数，但是企业当年所使用的单项成本却高于企业的销售收入。

166个。见各变量的描述性统计表9–4。

表9–4　各变量的描述性统计

变量名称	变量符号	变量定义及赋值	均值	标准差	最小值	最大值
销售收入	y_{it}	企业当年销售收入（万元）	11.08	1.25	7.70	16.72
资产总额	x_{1it}	企业拥有的资产总额（万元）	10.93	1.18	8.57	17.07
劳动力人数	x_{2it}	企业当年拥有的劳动力人数（人）	7.10	1.17	3.81	11.41
董事长和总经理合职	x_{3it}	董事长和总经理合职赋值为1，否则为0	0.50	0.50	0.00	1.00
订单量	x_{4it}	通过订单基地采购主要原料的金额（万元）	9.83	1.52	2.40	20.75
合同带动农户数	x_{5it}	通过订立合同的形式能带动的农户数量（户）	9.58	1.64	2.25	14.52
科技投入量	x_{6it}	农业龙头企业当年所投入的科技投入量（万元）	5.38	1.64	0.69	11.65
销售收入增长倍数	y'_{it}	2011年销售收入与2010年销售收入之比取对数	0.20	0.29	–0.52	2.26
资产总额增长倍数	y'_{1it}	2011年资产总额与2010年资产总额之比取对数	0.23	0.71	–0.90	11.68
劳动力人数增长倍数	y'_{2it}	2011年劳动力人数与2010年劳动力人数之比取对数	0.07	0.16	–0.47	1.22
订单量增长倍数	y'_{4it}	2011年订单量与2010年订单量之比取对数	0.23	0.62	–0.87	11.91
合同带动农户增长倍数	y'_{5it}	2011年合同带动农户数与2010年合同带动农户数之比取对数	0.08	0.20	–0.90	1.70
科技投入量增长倍数	y'_{6it}	2011年科技投入量与2010年科技投入量之比取对数	0.31	0.40	–1.00	4.00

二、实证结果分析与讨论

根据所构建模型采用Stata软件对所构建方程进行回归。见回归方程1OLS模型回归结果，表9–5。

表9-5　回归方程1OLS模型回归结果

变量	总体		东部地区		中部地区		西部地区	
	系数	T值	系数	T值	系数	T值	系数	T值
$\ln x_{1it}$	0.48***	20.62	0.51***	13.93	0.43***	9.60	0.49***	13.30
$\ln x_{2it}$	0.21***	9.17	0.17***	4.85	0.24***	5.78	0.20***	5.37
$\ln x_{3it}$	–0.01	–0.26	–0.08	–1.45	–0.04	–0.63	0.18***	2.78
$\ln x_{4it}$	0.28***	19.48	0.25***	10.26	0.26***	10.59	0.27***	10.81
$\ln x_{5it}$	0.02*	1.96	0.03	1.44	0.06***	2.81	–0.01	–0.64
$\ln x_{6it}$	0.04***	2.99	–0.01	–0.69	0.02	0.68	0.11***	5.12
C	1.20***	6.38	1.73***	5.94	1.65***	4.40	0.80***	2.65
R^2	0.75		0.74		–0.68		0.82	
样本量	1 189		471		382		336	

注：*、**、***分别表示10%、5%和1%显著性水平。

1. 董事长和总经理合职与分离对农业龙头企业销售收入的影响

从模型的拟合度来看，其R^2均在0.7左右，模型回归结果相对较好。从各变量对因变量的影响来看，资产总额和劳动力投入依然是农业龙头企业绩效增长的重要因素，其中资本投入对于东部地区农业龙头企业绩效增长的影响最大，资本投入每增加1%，将使得东部地区农业龙头企业销售增加0.51%；对于中部地区农业龙头企业绩效的影响较小（0.43%）。劳动力投入对于中部地区农业龙头企业绩效的影响较大（0.24%），对于东部地区的影响较小（0.17%）。订单量对农业龙头企业绩效增加呈正向作用，但是对于3个地区农业龙头企业绩效的影响差异并不明显，3个地区订单量同时增长1%，对3个地区农业龙头企业绩效的影响差异仅为0.01%～0.02%。合同带动农户数对农业龙头企业绩效的影响为正，但是对于东部和西部地区的影响并不显著，对于中部地区的影响较为明显，这可能与龙头企业和农户所签订的合同履约率较低有关。尽管龙头企业和农户签订了合同，但是由于市场价格变动的缘故，极有可能导致一方失约，两者的相关性并不强，两个变量的相关系数验证了这一点。农业科技投入量对于农业龙头企业绩效的影响总体为正，但是东部和中部地区的农业科技投入量对农业龙头企业绩效的影响并不明显。见回归方程1固定效应模型回归结果，表9-6。

表9-6　回归方程1固定效应模型回归结果

变量	总体		东部地区		中部地区		西部地区	
	系数	T值	系数	T值	系数	T值	系数	T值
$\ln x_{1it}$	0.48***	20.55	0.51***	13.84	0.43***	9.53	0.49***	13.28
$\ln x_{2it}$	0.21***	9.19	0.17***	4.88	0.24***	5.80	0.20***	5.35
x_{3it}	–0.01	–0.26	–0.08	–1.45	–0.04	–0.63	0.18***	2.78
$\ln x_{4it}$	0.28***	19.45	0.25***	10.25	0.25***	10.55	0.27***	10.78
$\ln x_{5it}$	0.02*	1.97	0.03	1.45	0.06***	2.81	–0.01	–0.64
$\ln x_{6it}$	0.04***	2.95	–0.01	–0.72	0.01	0.64	0.11***	5.12
C	1.21***	6.41	1.74***	5.97	1.67***	4.44	0.80***	2.63
组内R^2	0.75		0.74		0.68		0.82	

注：*、**、***分别表示10%、5%和1%显著性水平。

董事长和总经理合职对于农业龙头企业绩效的总体影响并不明显，但是对西部农业龙头企业绩效的影响总体为正，且通过了1%显著性水平检验，这也意味着对于西部地区农业龙头企业，董事长和总经理两职由分离转变为合职会使得企业绩效上升19.17%。之所以董事长和总经理合职会对西部农业龙头企业绩效的影响为正，可能是因为西部地区农业龙头企业规模相对来说较小，所有权和经营权的有效集中更加有利于企业管理，农业龙头企业大多由个人发起或者由几个合伙人共同成立，在企业规模较小时，这些人的能力尚能满足企业发展的需要，董事长和总经理合职更加有利于企业形成决策，也更利于企业的发展。伴随着农业龙头企业规模的不断扩大，企业也逐步向现代企业进行转变，现代公司制的本质是委托——代理制，董事长和总经理的两职合并将使董事会的独立性受损，并削弱董事会的控制作用，从而导致总经理的权力膨胀，引致了损害公司利益的动机和行为。

同样，采用Hausman检验对面板数据模型进行检验，结果显示，无论是使用固定效应模型还是随机效应模型，回归方程结果均无差异，因而，本章使用固定效应模型，回归结果如表9-6所示。比较表9-5和表9-6可以看出，对于各个变量的显著性水平均没有产生影响。

2. 董事长和总经理合职与分离对农业龙头企业绩效增长的影响

为了更好地验证所选取的各个变量对农业龙头企业绩效的影响，在此重点考察各个自变量数值增加倍数对农业龙头企业销售收入增长的影响。从各个模型的

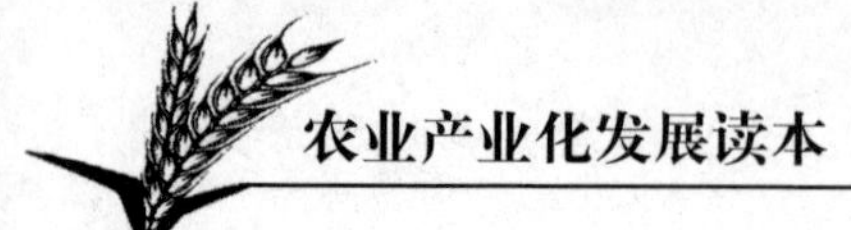

回归总体结果来看，模型的R^2相对来说较低，但是对于面板数据而言，这一结果是可以接受的。

从总体模型的回归结果来看，劳动力投入增长、资本投入增长、订单量增长依然是农业龙头企业绩效增长的重要因素，但是劳动力增长变动对农业龙头企业销售收入增长变动的影响高于订单量增长倍数、资本增长倍数的影响，整体上来看，对于农业龙头企业而言，加速增加劳动力人数可能更利于绩效的提高。从不同地区的模型回归结果可以看出，劳动力投入增长变动对于东部地区农业企业绩效增长的影响明显高于中部和西部地区，而资本增长投入变动对农业龙头企业绩效增长的影响与之相反。对于订单量增长对各个地区农业龙头企业绩效增长的影响而言，对东部地区与中部地区的影响基本相等，而明显高于对于西部地区的影响。见回归方程2 OLS回归结果，表9–7。

表9–7 回归方程2 OLS回归结果

变量	总体		东部地区		中部地区		西部地区	
	系数	T值	系数	T值	系数	T值	系数	T值
x'_{1it}	0.11***	4.18	0.04*	1.34	0.24***	3.51	0.29***	4.19
x'_{2it}	0.32***	5.76	0.51***	5.95	0.14*	1.38	0.18*	1.90
$'x_{3it}$	0.00	0.19	0.00	0.02	–0.01	–0.34	0.02	0.86
x'_{4it}	0.21***	8.96	0.23***	6.58	0.24***	5.57	0.10***	2.26
x'_{5it}	0.06*	1.75	0.04	0.68	0.13***	2.45	–0.05	–1.00
x'_{6it}	0.05*	1.83	0.02	0.35	0.11**	2.23	0.05	0.97
C	0.08	6.36	0.09	4.60	0.07	2.76	0.08	3.46
R^2	0.23		0.25		0.35		0.20	
样本量	589		233		189		167	

注：*、**、***分别表示10%、5%和1%显著性水平。

伴随着农业龙头企业规模的不断扩大，董事长和总经理职务合一并不能有效促进农业龙头企业绩效的增长，原因在于农业龙头企业中大多为民营企业，这些企业的管理者可能就是企业的最大股东，董事长和总经理合职并不能对总经理的权力形成有效监督，导致其权力过大，同时这些企业管理者能力可能不能适应农业龙头企业规模的扩大，因而两个职务应该分离。

3. 基于企业性质的农业龙头企业绩效影响

为比较两者合职与分离对农业龙头企业绩效的影响，根据企业性质区分民营企业和其他类型企业。从不同模型整体的回归结果来看，董事长和总经理合职对于农业龙头企业绩效的影响并不明显，但是在不同地区存在着一定的差异。对于西部地区而言，董事长和总经理合职使得民营农业龙头企业和其他类型农业龙头企业的绩效分别上升15.03%和47.70%；两者合职对于东部地区民营农业龙头企业绩效的影响并不显著，对于东部其他类型农业龙头企业绩效的影响较为显著，达到1%的显著性水平；董事长和总经理合职对中部地区农业龙头企业绩效的影响并不明显。见董事长和总经理合职对农业龙头企业绩效的影响，表9-8。

表9-8　董事长和总经理合职对农业龙头企业绩效的影响（基于企业性质）

变量		总体	东部地区	中部地区	西部地区
民营企业	系数	-0.00	0.03	0.10	0.14***
	T值	-0.09	0.45	-1.41	2.21
	样本量	876	341	290	245
	R^2	0.77	0.78	0.70	0.85
其他类型企业	系数	-0.05	-0.38***	0.04	0.34**
	T值	-0.56	-2.77	0.31	2.49
	样本量	313	130	92	91
	R^2	0.72	0.72	0.68	0.85

注：*、**、***分别表示10%、5%和1%显著性水平。

为了验证模型的有效性和稳定性，对所构建回归方程采取了逐步回归的形式，在控制有效变量的基础上，逐步剔除模型中的不显著变量。然而，其研究结果中董事长和总经理合职这一变量的显著性水平均未提高，只是其他变量的系数数值发生了微小变动。

三、结论与政策启示

根据所构建回归方程，利用Stata软件对董事长和总经理合职和分离对农业龙头企业绩效的影响进行分析，在模型设计过程中，在有效控制变量的基础上，结合农业龙头企业和农业产业化经营的内在联系性，逐步引入订单量、合同带动农户数以及科技投入量等变量。研究结论如下：

（1）董事长和总经理合职对农业龙头企业绩效增长的影响并不明显，这也从侧面反映出，伴随着企业规模的扩大，董事长和总经理这两个职务势必要进行分离。董事长与总经理合职对西部地区其他类型农业龙头企业绩效的影响高于对民营农业龙头企业绩效的影响，两者合职对东部地区其他类型农业龙头企业绩效

的影响显著为正。资本投入和劳动力投入对农业龙头企业绩效的影响最为明显，订单量和合同带动农户对于农业龙头企业绩效也起到正向作用，但是订单量对农业龙头企业绩效的影响明显高于合同带动农户数对其的影响，这可能是由于农业龙头企业和农户之间履约率相对较低造成的。从短期来看，资本投入对农业龙头企业绩效的贡献高于劳动力投入的贡献，但是，从两者增长对农业企业绩效增长的影响来看，劳动力投入增长对农业龙头企业绩效增长的影响明显高于资本投入增长。

（2）研究具有一定的政策启示意义：应加大对农业龙头企业的资本投入与劳动力投入，增加对农业龙头企业的贷款力度，加强对农业龙头企业的扶持力度；农业龙头企业应与企业职工签订合同，保障企业职工的合法利益等；继续加强与农户合作，签订农产品生产与销售合同。现有数据显示，尽管农业龙头企业与农户所签订合同呈现出增加趋势，但是其合同履约率较低，双方或单方违约较为严重，应建立双方的利益联结机制；有效提高管理者的管理能力和水平，大多民营农业龙头企业的所有者既是企业的董事长，又是企业的总经理，伴随着这些企业规模的不断扩大，这些管理者的能力未必能够应对企业在发展过程中所遭遇的各项问题。

第十章　重庆北碚区在农业产业化和农地流转方面的实践

在关于农业产业化和农地流转的讨论中，有观点认为规模化的经营适于平原地区，可以使用大型农机具的资本投入替代劳动投入，但在我国的重庆、四川、云南、贵州等西南地区，人多地少，且地貌以山地、丘陵为主，无法使用大型农机具，因而并不适合规模化的经营。但是，重庆北碚区的实践，在一定程度上否定了上述观点，尽管规模经济会受到地形地貌的制约，但是也与具体的行业特征以及契约安排相关。从表10-1可见，在这一地区，种粮行业可能不存在规模经济，不存在种养大户，农业企业经营中也没有这一项目，但是在养鱼、果树和花卉苗木等经济作物方面，存在明显的规模经济①。所以农业产业化、农地流转以及相应的规模经营不仅适于发达地区、平原地区，也是欠发达地区、山地地区农业经济发展的路径之一。在本章中，我们将介绍重庆市北碚区在发展农业产业化和促进农地流转方面的经验，分析不同农业产业化项目的契约安排和农地流转方式之间的关系，最后是结论性评述。

表10-1　北碚区农业投资收益情况调查表[a]（单位：元／亩）

	家庭经营			种养大户经营			农业企业经营		
	投资	收益	收益率	投资	收益	收益率	投资	收益	收益率
种粮	374	406	8.5%	—	—	—	—	—	—
养鱼	5 100	6 222	22%	5 100	7 500	28%	6 300	8 500	35%
果树	529	815	54%	1 200	1 992	66%	—	—	—
花木	4 450	7 222	62%[b]	6 700	9 700	45%	22 000	30 522	39%

注：a数据来源于《北碚区农村承包土地流转情况》（内部资料，2008）；

b家庭经营中的花卉苗木项目项未包括土地和人工成本。

① 如果将土地和劳动力成本计入到家庭经营的花卉苗木的成本，收益率低于种养大户和农业企业。

第一节　北碚区典型案例介绍

地处重庆都市经济发达圈北部的北碚区，坚持科学发展观，立足于优良的生态环境优势，大力推进生态文明建设，实施生态经济发展战略，着力构建“生态高效农业、生态工业、生态旅游和生态城镇”四大体系。作为践行生态文明建设的重要举措，北碚区的三大组团之一的江东产业区建立了重庆生态农业科技产业示范区。园区规划以“一线八点”项目为主要内容，具体是碚金路及沿线分布的八个项目：江东花港、大地渔村、重庆农谷、乡村嘉年华、台湾农民创业园、多彩园艺、金峡桃源、胜天牧野，探索出了以“大地渔村”为代表的农民自主型、以“重庆农谷”为代表的政府主导型、以“多彩园艺”为代表的企业主导型的农业产业化契约安排和农地流转方式。我们将重点介绍上述三个典型案例。

一、农民自主型

“大地渔村”以该区大地村为核心，规划面积3 000亩，成片养鱼面积达1 500亩，初步形成了集休闲、娱乐、旅游、垂钓、餐饮为一体的具有川东民居风貌的园林式渔村。“大地渔村”是一种基于个体农户主导型农地流转、合作社（养鱼协会）进行垂直协调的农业产业化与农地流转方式。

农民之间采取土地互换、租用方式，自发调剂土地，土地流转2 500余亩。同时，该村于2004年成立养鱼协会，120个养鱼农户自愿入会。该协会以市场为导向，邀请相关教授和专家进行水产养殖培训和技术研发，提高养鱼户的科技文化素质和生产技能，引进胭脂鱼等名优鱼类养殖，提高养鱼单产和养鱼收入。此外，该协会对养鱼户进行指导，按照无公害水产品的生产标准，整治池塘环境，控制生产操作规程，成为重庆市无公害商品鱼基地和国家有机鱼养殖基地，其中无公害渔业基地200亩，有机渔业基地600亩，形成了“大地渔村”的品牌效益。目前，该村年产鱼1 200多吨，实现销售收入1 000万余元，利润近500万元。[①]

二、政府主导型

“重庆农谷”位于北碚区静观镇素心村和水土镇三元桥村，规划面积4 500

① 数据引自《江东花木及旅游农业产业带简介》。

亩，是一个集现代农业生产展示、温泉休闲、旅游观光于一体的综合性项目。该项目是由政府统一规划、出资并运行的农业用地与农村建设用地流转。

“重庆农谷”项目奉行五大基本原则：一是“自愿、有偿、依法、规范”原则；二是耕地总面积不减少、建设总用地面积不增加原则；三是规划先行、分类指导原则；四是切实保障农民利益不受侵害原则；五是“政府引导、市场运作、农民参与、社会支持”原则。基于以上原则大胆探索，创新机制。在政策支撑上，由北碚区国土分局、静观镇人民政府及农业园区建立土地流转管理机构；建立健全失地农民社会保障制度；修编土地利用总体规划，积极提供土地规划计划服务；大力支持农业产业化项目的实施；明确集体土地流转的土地收益金分配，目前的流转收益金比例按政府：集体经济组织：个人以1：6：3的比例进行分配，其中集体部分主要用于农民社会生活补助和社会事务管理。

该项目由重庆市生态农业科技产业示范区管委会下属国有独资公司——重庆绿韵生态农业科技责任有限公司负责实施，其流转形式为土地作价入股。将农民的土地包括农业用地承包经营权和非农用地重新集中，统一经营，拆旧建新，农民入住农民新村，获得商业门面、就业机会、年底分红和土地租金等。目前该公司筹资1 000多万元流转整治土地815亩，完善基础设施建设和农民新村建设，搭建招商平台，引进业主进行农业产业开发，以土地出让收入偿还投资成本，实施滚动开发。

从该项目的流转绩效来看，首先农地逐渐连片，适于规模化经营，有利于促进产业化项目的引进和开发；农民居住环境得以明显改善，农村建设用地有所减少，农民收入多元化，失地农民可以获得以承包地入股的股金收入、在园区务工获得劳务收入以及商业门面的租金或者自主经营的收入，并获得了管委会为其购买的医疗保险和养老保险，60周岁以上农民每户每月可领到160元的生活补助。

三、企业主导型

“多彩园艺”项目布局在静观镇陡梯村，规划面积800亩，由浙江森禾集团投资启动建设，将成为集新品种选育、新技术开发和应用示范以及工厂化、规模化、标准化栽培技术为一体，具有国际先进水平的彩叶观赏植物生产示范中心。这一方式以龙头企业为主导从事农业产业化开发，以村社为中介进行农地流转。

静观镇是“中国花木之乡”，是全国花卉盆景艺术五大流派之川东花卉艺术的发祥地，已有520年的种花历史，该地区的花卉苗木行业具有明显的竞争优势。“多彩园艺”项目一期投资为3 600万元，由森禾集团投资，用地面积700亩，包括智能化温室2万平方米，项目建成后，将形成各类小容器苗800万株、大容器苗40万株的年产规模。森禾集团通过发挥村集体的中介作用完成近700亩的农地使用权的集中，支付固定租金，租期一直到第二轮承包期满为止。该公司在用工时优先考虑土地承包经营权流出农户，甚至在劳务事宜公告上对基本条件直接限制在静观镇陡梯村的范围内，雇佣当地劳动力近百人，男工工资为900～1 500元/月，女工工资为800～1 200元/月。[①]

第二节　三个典型案例的理论分析

对于上述的三个典型项目，从农业产业化垂直协调契约安排来看，包括“合作社+农户”和企业垂直一体化的要素契约等形式，从农地流转形式来看，包括个体农户主导型、地方政府主导型和以合作社为中介的中介组织介入型等多种形式。此外，江东花港、重庆农谷、乡村嘉年华、台湾农民创业园、金峡桃源、胜天牧野等项目也各具特色，但是其农业产业化的组织方式以及农地流转形式基本上也可归入到上述几类典型方式。鉴于上述三个案例的典型性，在本节，根据理论篇的理论分析框架，我们将分别对三个案例在契约选择和农地流转的合理性上以及存在或者可能存在的问题进行理论分析。

一、农户主导型农地流转与协会运作

北碚区大地村地势平坦，水源丰富，从20世纪90年代开始，当地农民开始挖池养鱼，从事渔业生产。根据笔者的调研，规模经济主要体现在该行业的产前和产后环节，比如鱼苗的引进、饲料的购买、养殖技术指导以及商品鱼的出售等，特别是对于回报较高的名贵鱼养殖而言，上述环节的重要性更为突出。显然，大规模经营必然涉及大片土地承包经营权的流转，从而需要中介组织的介入或者在村集体（地方政府）主导下完成。但是，在大地渔村的个案中，并没有较大规模的养殖企业，也没有中介组织介入的农地流转，农地流转基本上是以农户主导型为主，主要流转方式是农户之间土地互换和租用，这解决了土地承包经营权过于

① 数据引自《江东花木及旅游农业产业带简介》。

分散的问题，鱼塘经营因之主要采取家庭经营或者大户经营方式。显然，这一农业产业化经营方式很难满足渔业养殖行业对规模经济的需求，这一制度选择很大程度上受制于农地流转方式，而农地流转方式的选择受地租的影响。对于追求利润最大化的企业而言，需要在规模经济收益和为追求规模经济而产生的农地租金之间权衡。当地农地用于商品鱼养殖的收入明显高于粮食作物种植的收入，要在这一地区实现农地流转，对农户支付的租金必然不能低于其养鱼的收益，从而抬升了土地承包经营权的地租。所以，在潜在高额农地租金的情况下，从事渔业养殖的农户主要通过农户主导型农地流转来降低农地细碎化程度，以满足该行业对农地规模最基本的要求，进行家庭经营。

但是，家庭经营在产前、产后等环节具有明显的规模劣势，如何在家庭经营的基础上尽可能地获取规模优势呢？“大地渔村”养鱼协会的成立，在一定程度上解决了上述问题。一方面，作为专业合作社，养鱼协会是由120户养鱼农户自愿加入的，农户也可以自由退会，协会对农户的家庭经营并不进行直接的干预，农户自负盈亏。自由退出的机制设计和对农户自主经营权的尊重，使农户可以采取“用脚投票”的方式来约束协会的运作，既保护了农户的利益，又可以充分发挥这种商品契约联结方式对农户的激励作用。另一方面，养鱼协会的运作主要集中在具有规模经济的环节上。首先，在鱼种的引进上，对于单个农户而言，缺乏必要的资金和技术，也难以承受较大的风险尝试名优鱼的养殖，而养鱼协会通过农户间的联合，可以克服资金短缺的瓶颈，有效地分散风险，建立了专业的中华倒刺鲃、胭脂鱼的养殖技术中心；聘请西南大学等科研院所的专家参与研发，对农户进行水产养殖培训。其次，养鱼协会积极引导养鱼户通过产品认证，进行品牌建设，从而在销售环节提高商品鱼养殖的附加值。该协会聘请水产专家，对养鱼户进行分散指导，按照无公害水产品的生产标准，整治池塘环境，控制生产操作规程，通过了国家有机食品认证和重庆市无公害商品鱼基地认证，促进了协会会员商品鱼附加值的提升。此外，在饲料的购买、产品的运输等方面，协会凭借其规模优势，可以获得更具价格优势的投入品供给以及更周到的供应商服务。因此，养鱼协会这一专业合作社的引入，有效地解决了单一农户家庭经营在规模上的劣势。

“大地渔村”的制度安排是典型的农地流转成本进而农地流转形式制约农业

产业化垂直协调契约安排的案例。农户主导型的农地流转基本上能够体现对农户自愿性的尊重，但是在土地承包经营权流转过程中应避免口头协议，签订规范的流转合同。这一方式有两个比较突出的问题。首先，在不确定程度和信息不对称程度较高的情况下，合作社统一协调作用的发挥在一定程度上是基于社员间的相互信任，能够对农户的机会主义行为进行监督和约束，而且这种信任有助于避免“搭便车”等问题。但在关系型社会中，信任分布呈明显的差序结构，所以，合作社社员人数有限，难以扩展到其他村社，合作社规模难以扩张。其次，“大地渔村”这一项目目前主要以商品鱼的出售为主，兼营垂钓等第三产业，因此产业链偏短，产品附加值有待进一步提高。产业链的延伸需要大量专用性物质资本和人力资本投资。比如建设高档休闲垂钓中心、对鱼产品进行深加工、名贵鱼种苗培育输出等，无论是一般中小农户的家庭经营，还是相对松散的养鱼协会，均缺乏足够的资本、技术和必要的经营能力。所以，向产业链利润高端延伸的投资，往往需要具有实力的龙头企业进行开发和投资。

二、政府主导型农地流转

农业产业化是对农业产业链的垂直协调，通过延长产业链来获取更高的附加值。产业链的延长，包括对农产品的加工或者农业休闲观光旅游等，需要部分建设用地。比如本书所提到的中粮南王山谷君顶酒庄有限公司的高端葡萄酒项目，其配套的酒庄、工厂等设施就需要大量的非农建设用地。为了保护耕地，我国对农业用地转为非农用途的规制非常严格；同时，以宅基地为主的农村建设用地分布较为零散，很难满足一些较大规模的农业产业化项目对非农用地的需求。因此，农业产业化发展，不仅受到农业用地流转的影响，也面临非农建设用地的制约。从农业产业化和农地流转的关系来看，“重庆农谷”项目的运作实际上是为解决上述问题通过理顺农地流转关系来促进农业产业化发展的思路。

以宅基地为主的农村非农建设用地分布零散，如何形成连片的建设用地涉及土地利用总体规划的修编，而这项工作必然需要政府来完成，因此，政府介入乃至主导是这一类型土地流转的必然要求。

同时，“重庆农谷”项目的运作以农地流转先行。尽管流转后的农地具有明确的规划，如农业开发区（冬桃项目、特色梨项目、荷花项目）、农业投资区、滨水休闲区、腊梅生产区和花市生产区，但是目前部分项目并没有进入开发阶段，也没有相应的企业或农业大户入驻。因此，在没有形成明确的用地需求，而且国家规定明确禁止房地产等高利润项目开发的状态下，出于对较高不确定性的规避，农户或者营利性组织一般不愿意介入，所以，这一农地流转先行项目需要由地方政府主导，而且其关键是需要积极培养农地需求方，比如引进大型农业龙头企业或者扶持本地中小企业和农业大户。

地方政府应该在实施这一项目之前制定合法、详细、可行的规划，确定具体的原则并提供完善的配套政策和措施。从“重庆农谷”的实践来看，在土地流转之前便制定了《北碚区静观镇素心村集体土地使用权流转试点方案》，将上述内容具体化了，为农业用地和非农建设用地使用权的流转提供了操作依据。

“重庆农谷”项目通过农业园区管委会下属的国有公司——重庆绿韵生态农业科技责任有限公司负责实施，投资1 000多万元，新建占地15亩、建筑面积1.6万平方米的芳泽居农民社区，实现天然气、水、电、有线电视、电信、道路六通，而公司通过宅基地置换的方式，遵循了耕地占补平衡的原则，获得该村相关组的剩余非农建设用地使用权，这部分土地使用权和农户的农业用地承包经营权作价入股，使农村土地使用权重新集中，实现农业用地和建设用地的统一经营。根据试点方案，在该地区内，农业产业化结构调整和农业产业化项目，可以获得总用地面积8%的土地作为建设用地，基本上满足了产业化链条延伸所需的非农建设用地需求。这一条件有利于吸引具有较强竞争优势的农业产业化龙头企业在该地区实施以要素契约垂直协调为主的农业产业链建设、促成农产品深加工和农产品高附加值实现的本地化，有助于农村工业化发展、农村剩余劳动力就地吸收和城乡统筹事业发展。

最后也是最重要的，政府主导的农地流转，最核心的是农户权益保护的问题。一些政府主导型农地流转案例之所以失败，往往与农户的权益受到侵害有关。所以，这类农地流转形式最关键的是对农户自主性的尊重和对农户利益的充分保障。重庆农谷项目在设计和操作过程中也将这一问题作为贯穿全局的主线。在试点方案中的五大基本原则中，有两项直接解决这一问题，强调“集体土地使用权流转必须建立在农民自愿的基础上，平等协商、有偿流转，且依法有序地进行；农民土地流转必须保障流转收益归农户所有，任何组织和个人均不准截留、扣缴和挪用”。在上述原则的指导下，地方政府将芳泽居农民社区的住房设计为“前店后院”的模式，宅基地置换农户可以获得门面房用于经营或者出租；其次，农户土地承包经营权作价入股，获得固定收益，而集体经济产业项目的收入，农户也可以按股分红；第三，促进土地承包经营权流出户的就业，重视农户再就业培训，并规定使用该村土地的业主所雇佣工人20%以上必须是素心村的失地农户；最后，实施失地农民的社会保障制度并完善农村最低生活保障制度，规定因土地流转全部或剩下人均不足0.5亩承包土地的农户，男年满60周岁、女年满55周岁以上的在籍人口，享受160元／人／月的生活补助费。根据我们的调研，农户对于地方政府的补偿政策比较满意，其收益远高于一般的政府土地征用，较好地保护了农户的权益。不过根据《试点方案》，试点区域集体土地使用权流转收益政府、集体经济组织、农户按照1：6：3的比例进行分配，最主要的部分归村集体所有。根据规定，这部分用于农民社会生活补助及社会事务管理，但是规定较为含糊，没有具体明确，最主要收益部分的分配还需要进一步的规范化。

三、要素契约与中介组织介入型农地流转

（1）要素契约与过程可程序化

“多彩园艺”项目的主营业务是花卉苗木新品种的选用、研发、栽培。苗木行业尤其是生产过程的规模经济突出、资产专用性程度高、结果可分性程度较低、交易持续期偏长、不确定性程度高而倾向于要素契约。而且，“多彩园艺”项目更关注新品种选育、新技术开发应用，尝试建立具有国际先进水平的生产示范中心，因此，在技术研发和人力资本投入的专用性更为突出，强化了其要素契约的指向。此外，为了解决要素契约在解决低过程可程序化下的激励案例，龙头企业通过建立规范的劳动管理制度和尽可能量化的评价体系来降低由此带来的交易成本。

首先，龙头企业泰禾公司根据作业性质的差异，将务工报酬分为两种形式：计件工资和计时工资。计件工资是该企业主导计酬方式，适用于具有一定结果可分性水平的作业，如苗床平整、铺地步、装杯、种苗上钵、打顶、拔草、分级、选苗出圃、装车等。该公司规定，对宜使用计件工资制的作业，一律采用计件工资，并制定了不同作业对应的计酬标准，比如铺地步的报酬为20元／亩、种苗上钵6厘／株、装车7厘／株等。而对于结果可分性水平较低的作业，无法采用计件形式，则采用计时工资，基本作业时间为8小时／日，工资标准为男工25元／日，

女工为20元／日。通过细分作业环节，根据各种作业不同的任务属性，建立合理的报酬激励机制，降低了种植过程中的劳动监督成本。

其次，龙头企业明确规定了工人生产作业程序，具体为：现有公司技术员指导工人队长，工人队长带领工人完成生产任务；同时，技术人员负责生产技术环节的记录、成本台账的记录、各项生产项目成本的分摊、产品数据处理等。通过这一安排，监督和评价职责属于公司技术员，而在对工人的监督和评价中，其利益和公司利益不存在冲突，可以较好地实行这一职责。工人作业由工人队长带领。通常，工人队长是该村较有威望的人担任，因此，工人采取机会主义行为的动机弱于企业直接和工人之间的交易，而且，企业通过设立奖惩机制激励工人队长的表率作用及其对工人的监督作用。

第三，龙头企业通过制定《泰和重庆基地生产劳动管理制度》，对工人的劳动生产纪律做出明确规定，包括思想观念、考勤、生产安全、作业技术规程、企业财产维护等多个方面。上述制度化可以在一定程度上提高过程可程序化水平。

所以，龙头企业对工人工资报酬机制的设计、作业程序以及劳动生产纪律方面的规定有助于进一步提高过程可程序化水平，从而降低要素契约实施过程中的交易成本。

（2）中介组织介入型农地流转

这一行业的性质以及过程程序化可能带来的制约的缓解，使这一项目具有明显的要素契约指向，因此，龙头企业面临如何集中规模连片的农地使用权的困难，而且根据行业的需要，这些使用权期限很长。显然，700多亩土地承包经营权的流转，如果直接与单个农户进行交易，企业面临高额的交易成本。特别是对于个别因为观念陈旧或者想乘机敲竹杠的农户，企业可能面临更高的土地承包经营权流转成本，甚至无法完成最终的交易。而且，泰禾公司作为外地企业，为了完成农地流转，不得不依赖于中介组织的介入。

在本项目中，龙头企业依赖村集体的中介作用完成农地流转。村集体介入之后，企业可以直接与村集体交易，避免了直接与多个农户交易，减少不必要的交易次数和交易成本。同时，村集体在农村事务中具有一定的权威性，其介入有助于增进农户对龙头企业的信任和对农户以及企业的机会主义行为惩罚的可置信性，从而降低交易成本。此外，村集体的一个明显优势是凭借其农地所有人的身份，可以通过地块调整的方式，用很低的成本调整愿意和不愿意参与农地流转农

户所承包经营的地块。当然，农户自愿参与流转的前提仍然是其土地承包经营权流出之后的收益要高于其机会成本。这取决于龙头企业在租金的安排等有利于农地流转的制度安排。根据我们的调研，农户土地承包经营权的流转价格具体为：田按900市斤／亩普通稻谷计算，地按700市斤／亩普通稻谷计算，粮食价格按当年政府粮站中等粮收购价折合成人民币支付。而2007年北碚区户均耕地不到2.4亩，农业人口人均耕地仅为0.8亩，而在人均纯收入中，农业家庭经营收入为641元，即亩均收入在800元左右。因此，这一租金远高于农户自己种粮收益，且是在不需任何投入的前提下，基本上等于该地区农业家庭经营的平均收入（未扣除劳动力成本）。其次，龙头企业通过尽可能安排土地承包经营权流出户劳动力在企业内部就业来提高农户的收入，促进农地的顺畅流转。比如泰禾公司联合静观镇陡梯村村民委员会联合发布《关于劳务事宜的公告》，表明出于公司与村民“共赢”的基本原则，规定务工人员的基本条件中明确要求为该村村民。从工资水平来看，男工和女工工资的平均水平分别为1 200元／月和900元／月，而2007年北碚区农民人均纯收入为4 627元，其中工资性收入为2 863元，相比较而言，农户收入有明显提高。[①]

在这一方式中，农户的收入来自租地收入和工资性收入，这一部分收入相对而言比较稳定，且高于当地平均水平，一般农户福利得以增进。但是，我们在调研的过程中也发现，个别农户原先种植经济作物，其收益高于龙头企业泰禾公司所支付的租金。对于企业而言，不可能公开给这些农户支付更高的租金，这会引致其他农户的加价要求，企业将面临更高的农地流入成本。这也是绝大多数中介组织介入型或者政府主导型农地流转过程中所经常面临的困难，即农户整体福利增进而部分农户利益受损。搭便车行为的存在，使得通过农户间的利益转移补偿受损农户成为不可能。实践中有两种方法，一是由村集体出面给这部分农户调整地块，辅之以其他交易利益，比如在解决与其相关的乡村事务中给予方便等，但是由此引致的损失如何赔付却存在很多争议；二是企业对其农地上作物进行赔偿，赔付标准一般根据国家征地标准，但这一标准因为隐含着政府所谓的公共利益性质而偏低。不过，如果企业提高赔付标准，有可能会使农户在农地流转的谈判阶段，突击性地进行经济作物种植，以期获得更高的补偿。所以，在不损害农民利益，包括每一个农民的利益的前提下，龙头企业和村集体在农地流转过程中

① 北碚区的数据来源于《重庆北碚统计年鉴2008》。

面临很大困难。此外，这一方式下，农户的收入主要涉及产前和产中两个环节，进一步提高农户收入的后劲不足，如何引导农户获得利润最为丰厚的产后的销售等环节的收益以促进农户收入的可持续增进需要进一步思考，但是，产后环节的风险也比较大，主要由企业控制，农户和企业在这一环节的信息不对称程度很高，简单地引入股份制未必能够提高农户的收入，反而会增加农户的风险。因此，如何解决这一问题也是这一方式制度变迁的方向。

四、结论性评述

北碚区生态农业科技产业示范园区的开发和发展，表明农业产业化经营和农地流转在山地丘陵地区也是可行的，只是在具体行业的选择上会有所差别。而且，农地流转形式涉及政府主导型、中介组织介入型和农户主导型等多种类型，农业产业化垂直协调也涉及要素契约、“龙头企业+合作组织+中小农户”、“合作组织+中小农户”和“龙头企业+中小农户”等多种形式的契约安排。

在本章中，我们重点介绍和详细分析了最具代表性的三种农地流转类型以及相对应的农业产业化垂直协调契约安排。“大地渔村”项目是典型的农户主导型农地流转。养鱼业的成功提高了大地村的农地租金，进而提高了农地流转成本，限制了农地流转的规模，导致农户养鱼业规模偏低。为了克服在鱼苗的引进、饲料的购买、养殖技术指导以及商品鱼的出售等产前、产后等环节的规模劣势，养鱼农户自愿联合组成大地渔村养鱼协会这一专业合作社，在尊重农户自主经营权和维护市场机制激励的同时，解决资金分散的缺陷，共担风险，将养殖技术和品牌建设所存在的外部性内部化，使单个养鱼农户获取部分环节规模经济的优势。这种“农户主导型农地流转+‘合作组织+中小农户’”方式的运行，需要解决好农地流转合同的规范化问题；基于关系型社会的合作组织在规模上如何实现扩张需要在制度上进一步创新；而产业链向更高利润端的延伸，也因为合作组织的松散性而受到制约。这些问题在这一方式的推广以及进一步发展的过程中需要注意并通过制度创新来加以解决。

“重庆农谷”项目是农地流转先行的运作方式。考虑到农业产业链的延伸一般需要建设用地的匹配，因此，在“不得改变土地用途”的原则下整合农村分散的建设用地，涉及土地总体规划的修编，如占补平衡等问题；同时，由于农地流转先行于农业产业化对农地的有效需求，且对房地产等高利润项目明确禁止，那

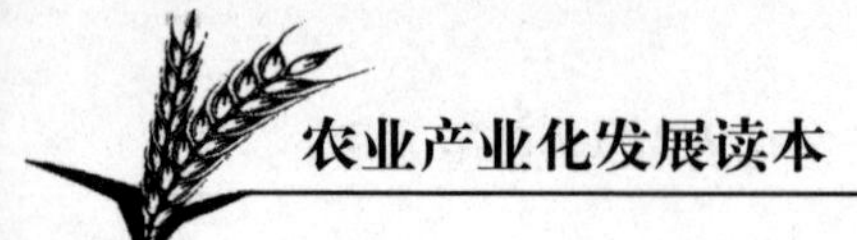

么偏高的不确定性和可能并不高的利润水平导致营利性组织不愿意介入，所以这一形式的农地流转一般是政府主导型的。这一方式在推广和运行的过程中，要做好详尽可行的规划，其关键是要根据产业规划，引进或者扶持本地龙头企业，培养农地需求方，其核心是要尊重和保护农户的土地承包经营权，从农地流转收益的分配、农户的居住、就业、医疗、养老等方面保护、增进农户土地承包权益，通过增进农户福利来促成农户自愿流转。

花卉苗木新品种的选用、研发、栽培是“多彩园艺”项目的主营业务，这一行业具有明显的要素契约指向。但是，相对于商品契约，要素契约在解决低过程可程序化任务的激励问题上有明显缺陷。龙头企业应该通过制订规范的劳动管理制度，构建尽可能量化的评价体系和合适的评价监督主体，通过细分作业环节，根据不同作业的任务属性，建立合理的报酬激励机制，降低种植过程中的劳动监督成本。要素契约型的农业产业化垂直协调的契约安排，涉及农地规模流转。村集体作为中介组织的介入，可以降低龙头企业在农地流转过程中面临的交易成本。不过，在成片土地使用权流转过程中，这一形式的农地流转往往对所有农户采取一致性的收益分配或受损利益补偿。但是，因为农户的能力和种植农产品的种类差异，农户土地承包经营权的收益也存在明显差异，如何避免高收益农户福利在“少数服从多数”的集体决策下受损，是这一农地流转形式需要重点解决的问题。此外，还需要进一步制度创新，解决产后、产前环节的信息不对称、不确定性等问题，突破这一方式下农户难以共享农业产业化垂直协调形成利润的不足。

第十一章 我国实施农业标准化的意义及形势

第一节 农业标准化的重要作用和意义

农业标准化是社会生产发展的产物，也是消费者和生产者自身发展的需要。消费水平的提高，呼唤安全健康的农产品，引导农产品市场优质优价，从而激励农产品生产者采用先进标准组织农产品的生产、加工、运输和销售等，提高产业化的组织程度，以提高农产品的市场竞争力。任何一个国家要实现现代化的大生产都离不开标准化工作。从一定意义上来说，标准化是衡量和反映企业，乃至一个国家现代化水平的重要标志。中国要推进农业现代化进程，就别无选择地要走农业标准化的路子，其重要性具体表现在以下几个方面。

一、提升农业产业化水平

农业产业化是我国农村生产力发展的内在要求，是农村和农村经济改革与发展的必然趋势。推动农业产业化将是当前乃至今后农村经济改革与发展的重大主题。农业产业化的实质是市场化和社会化，按照市场需求组织农业生产是产业化的发展方向。在我国以家庭经营为主体的农产品生产模式中，如何将市场对农产品的具体需求如品种、规格、加工、包装、质量、品牌等量化为农民可以操作的标准，就成为具体而现实的问题。农业产业化引入“标准化”机制和理念，将科技成果、科学技术转化为现实生产力时，由于“标准化”的作用，可大大提高其转化效率和适用性，也就大大提高了农业产业项目的生产能力，提升了农业生产效率。同时，一切技术标准，一切生产技术操作规程都将规范生产经营者的行为，约束生产经营者行为的随意性，改变投入物的无序滥用，禁用高毒高残留农药，生态环境在农业标准化实施中得到改善，从而在生产效率和产品质量上有效

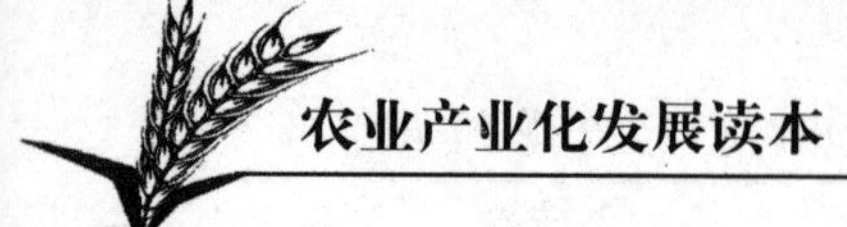

提升农业产业化水平。

二、促进农业现代化

从科技生产力角度看，农业现代化实质是农业生产力发展的过程，是依靠农业科技持续创新，不断转化农业生产力，推动农业发展的过程。科技是第一生产力。而农业标准化本身既是源于科技创新，同时又是经标准化将科技成果转化应用于农业的过程。农业标准化是科技应用体系，从农产品品种标准化、生产技术标准化到农业生产经营管理标准化，都体现农业现代化的实质性要求。标准化的结果大大提高了科技成果转化为生产力的能力，其适用性特点又提高了标准技术应用的覆盖面。并且随国内国际市场对“标准”要求的提高，又将推动科技创新，创建更高“标准”的农业生产体系。从农业结构看，现代农业结构是高质量、高效益、多元化结构。农业标准化是从市场需求出发制订的农业标准，涉及粮棉油、畜禽、水产养殖、林果、蔬菜、奶蛋等各个方面，并建立起保证高质量、高效益的生产体系。所以，农业标准化推行必将改变传统农业种植模式，以标准化方式从品种、质量效益上推动农业结构优化，使农业结构上升到现代农业结构。从农业生产者素质角度看，现代农业是依靠现代科技知识武装农业生产者而发展的农业，很显然，现代农业要建立在农业生产者的科技知识和技能发展的基础上。农业标准化的推行，将使农业生产者不断学习并接受培训，促进农业生产者熟知农业标准化知识，掌握标准化科技应用能力，这将大大提高农业生产者的素质和劳动能力，对推动我国农业现代化意义重大。所以，农业标准化是现代农业发展的现实选择，农业标准化的发展必将促进农业现代化的发展。

三、保障农产品质量安全

农产品是人类消费必需品，其质量安全关系到人类身体健康和安全，也与生产者切身利益相关，农业标准化的首要作用就是保障农产品质量安全。农业部于2001年启动了“无公害食品行动计划”，组织制订了无公害农产品行业标准。在行业标准中，详细规定每一种农产品的经营标准和要求。如韭菜，对它的农药残留含量、检测方法、运贮条件有着详细要求；再如生猪饲养，对环境、饲料、饮水、免疫、兽药使用等都有严格规定。农业标准化正是以它一系列的技术标准、标准化措施、标准化行为规范、标准化管理来改变陈旧的、不规范的种植方式和饲养方式，改变粗放经营来提高农产品质量安全水平，从生产源头上保障农产品质量安全。如山东省寿光市在国内率先建立了标准化生产检测基地，全市每月检测200多个农产品样品，最大程度地避免质量不合格产品流出寿光地区。农业标准化构建的也是这样一种全新保障机制，农业生产中禁用高毒高残留投入物，消除农药、化肥、除草剂、生长调节剂等农用化学品对农产品和环境的残留污染。这种加强对土壤、水源环境治理的行为体现了农业标准化严格管理和控制机制的作用。

四、提高农业综合生产能力和农民创收能力

农业发展能力是建立在农业综合生产能力持续提高的基础上的。而农业综合生产能力的提高，从生产要素角度看，很大程度上取决于农业科技应用和农业劳动者素质的提高。农业标准化实施，一方面将大量的农业科技成果、科学技术经过“标准化”后转化为适用技术标准，应用到农业生产过程中形成现实农业生产力；另一方面农业劳动者在农业标准化实施中不断学习，不断受到培训和现场传授指导，从而提高农业劳动者自身对标准化科技知识和标准化技术的应用能力。就这两方面结合来讲，也必然能提高农业综合生产能力。农业综合生产能力提高的结果是农民创收能力的增强，这在我国实施农业标准化的农村地区可以得到印证。比如山东寿光的农民，按照标准化要求种植蔬菜，大大提高了蔬菜质量和农民的收入水平；山东莱阳的农民在龙头企业的带动下，按统一标准种植蔬菜，也取得了较高的收入。

五、提高农产品市场竞争能力

农产品市场竞争力的提高，主要依靠农业可持续生产能力的增强和农产品质量安全水平保障机制的建立。由于农业标准化的推行，农业可持续生产能力增强，形成效率增长的长效机制，农产品的生产有了持续稳定增长的基础。它不仅是在量的增长方面满足市场需求，也在质的提高方面提供能力保证。况且，农业标准化的首要作用就是保障农产品质量安全。所以，由农业标准化产出的无公害农产品，认证而标有“A”级、“AA”级的绿色农产品，往往是消费者期盼的产品，在市场上就具有很强的竞争能力。即使到国际上，由农业标准化产出的农产品，其质量往往能达到进口国产品质量安全标准而大量出口到对方市场。可见，农业标准化对提高农产品国际市场竞争力也有重要意义。

六、是落实科学发展观，实施农业可持续发展战略的需要

我国人均耕地和水资源比较贫乏，人均耕地仅为1.17亩，不足世界平均水平的1／3；人均水资源为世界平均水平的1／4；资源和环境压力已成为制约我国经济和社会发展的重要因素。目前，我国还存在着耕地锐减，土地严重盐渍化和沙漠化，水土流失严重，草原严重退化，工业“三废”污染耕地，农业生产中化肥农药等的不当使用，造成农产品中有毒有害物质残留量超标严重等问题。针对这些问题，制定和实施有关方面的农业标准，对改善生态环境、保护人们的身体健康、实施可持续发展战略具有十分重要的意义。

第二节　国内外农业标准化的发展历程

一、国外农业标准化发展

自20世纪70年代以来，全球农业标准化迅速发展，尤其在一些发达国家中，农业的产前、产中、产后基本上都实现了标准化，形成了较为完整的支撑体系。

1. 农产品生产过程标准化

首先，注重农产品生产环境标准化。如日本对其农田道路坡面植被设计、施工等制定标准，使坡面形状、排水沟和不同地区种植的植被类型、种类等都要按照标准进行建设；德国和其他欧盟国家按照欧盟农业环保法规的有关规定，要求农民在经营常规农业转为有机农业的生产过程中，必须按照有关标准或法律规定进行。

其次，注重农业生产过程与工艺的标准化。如欧盟各国在进行农产品生产过程中，严格依据国际统一标准（ISO9001）、欧盟统一标准（HACCP）、国家标准（BRC）、行业标准（EU-REP／GAP）等，并把这些标准贯穿于生产、加工、流通全过程，其标准覆盖率达到98%～100%。

2. 农产品质量标准化

发达国家除履行ISO9001、《动植物卫生检疫措施协议》等有关农产品质量标准外，各国政府还根据本国实际颁布了一系列农产品质量标准化的法规和政策，并通过对不达标农产品采取严厉的惩罚手段及农产品质量识别标志制度，建立强大的执法体系。如欧盟国家多年以前就制定法规禁止抗生素残留超标牛奶上市，若上市前发现牛奶中有抗生素，该牛奶场不但要停产和要求追回产品进行销毁，而且要处以罚金；日本所有农产品进入市场前都要按照标准进行严格的筛选和分级，等外级的农产品只能作为加工原料；法国对于载入生产加工技术条例标准的特色产品，使用认定其符合条例的标准合格证书。

3. 提高农产品质量标准，构筑“技术壁垒”

国际贸易的游戏规则，其实质就是技术标准的规则，谁控制了技术标准，谁就掌握了进入市场的主动权。针对发展中国家农产品进入发达国家市场的速度日益加快的趋势，发达国家制定了越来越严格的农业标准，借以抵制发展中国家农产品进入其市场。这些农业“技术壁垒”包括不断提高农产品质量标准。如日本的“肯定列表制度”；制定严格的质量认证和检测程序，如美国已建立的近60种认证体系，尤其在实行HACCP管理后，要求所有对美国出口的农产品企业都必须获得HACCP的资格认证；制定严格的标签和包装标准，欧、美、日等国家对标签不符合规定的产品，不允许进口。

二、国内农业标准化发展

我国的农业标准化在世界标准化发展史上曾留下了光辉的一页。然而在近代，我国落伍了。解放后，尤其是改革开放以来，由于政府的大力支持与重视，农业标准化正以前所未有的速度发展。不但制定、实施了一大批农业标准，而且在系统理论思想的指导下，标准化工作者已开始把农业标准放在系统的有机联系中来考虑，从系统的角度出发，制定出了一整套相关的农业标准，并在这个基础上建立起了现代农业综合标准化的理论。同时，运用动态的观点来考察和处理标准系统，提出了农业动态标准化和农业超前标准化理论，为我国农业标准化向纵深发展奠定了坚实的基础。我国的农业标准化工作，大体经历了以下几个阶段。

1. 农业标准化起步阶段

1949～1956年是中华人民共和国成立后，基本完成社会主义改造的7年。在此期间，有关部门为了促进农业生产的发展，适应农村经济发展的大好形势，开始在农产品、畜牧、林业、兽医、兽药、植物保护等方面开展了标准化工作，制订了一些标准。有些标准是在外国专家的帮助下，由我国农业科技人员参照国外资料，结合当地实际情况制订出来的。例如，1951年农业部颁发的《种马饲养标准》《植物病虫害检验暂行标准》等都是比较早的标准。这一时期的农业标准化

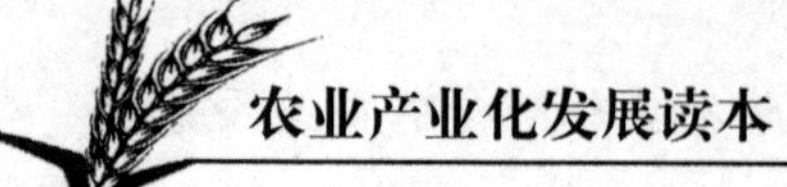

工作，实际上处于起步阶段，它是为了适应我国的经济发展形势而发展的，标准的数量不多。农业部门的标准化工作没有统一的专门机构管理，只有有关业务局负责制定所主管的农业标准。

2. 农业标准化发展阶段

1957～1966年是开始全面建设社会主义的10年。在这10年中，我国的社会主义建设取得了可喜的成绩。1966年同1956年相比，全国固定资产按原价计算，增长了3倍，工业布局也有了很大改善。农业的基本建设和技术改造开始大规模地展开，并逐渐收到成效。全国农业用拖拉机和化肥用量都增长6倍以上，农村用电量增长70倍。在经济建设全面发展的情况下，我国的标准化工作也进入到一个新的发展阶段，在国家科学技术委员会的领导下，开始制订国家标准。在农业方面较早制订国家标准的是林业，在这一时期共制定了GB142—1958《直接使用原木》、GB143—1958《加工用原木》、GB144—1958《原木检验规则》三项国家标准。

一些跨部门的农业标准得到了各主管部门的重视，并联合开会进行讨论，或联合下文发布标准。例如：1958年9月，农业部、纺织部、对外贸易部、全国合作总社一起开会讨论麻类标准；1960年8月，商业、纺织、农业、农垦部联合发布《长绒棉暂行品级标准》等等。至1962年末，我国发布了稻谷、糙米、玉米等原粮、食用油部颁标准共37项。在此期间还召开了一些全国性的标准化工作会议。提出了一些有方针性、政策性的问题。例如：1963年4月份，召开了全国标准计量工作会议，分组讨论了粮食及工业原料等农产品的标准问题，提出农产品标准关系到国家与集体和广大人民的消费水平，应按照使用要求和在正常年景的质量情况下来制订；当实际质量有波动时，标准价格仍维持不变，而采用国家补助或奖励的办法，解决农民的收入问题，并确保提供工业用原料的质量稳定。1964年5月，国家科学技术委员会在北京召开农业方面的标准化工作会议。农业、农垦、粮食、林业、水产、卫生、纺织、轻工、商业、外贸、全国供销总社、全国手工业合作总社等部门和省、市、自治区科学技术委员会、标准计量局以及部分省属厅（局）和省属市科学技术委员会的负责同志和干部参加了会议。会议讨论了以下几个问题：关于当前农业标准化的形势；关于农业标准化的规划与任务，提出“抓两头、打好基础”的工作方针，拟定了1964～1967年的农业标准化规划；关于农业标准化工作中的若干政策问题；地方应当怎样开展农业标准化工作；关于加强农业标准化的研究和管理工作；会议还拟订了制订农业标准十年规划。这些全国性的标准化工作会议，对统一农业标准化工作的思路，明确政策，推动农业标准化发展起到了积极的作用。

在这一阶段，为了适应标准化工作的开展，国家陆续颁布了一些关于标准化工作的指导性文件，如：1962年国务院正式颁布了我国标准化工作的第一份法规：《工农业产品和工程建设技术标准管理办法》；1963年6月，国家科学技术委员会制订了《工农业产品国家标准的制订和报批办法》；1963年8月，国家科学技术委员会下文统一规定部（局）标准代号。其中农业部为NY，农垦部为NK，水产部为SC，林业部为LY。这一时期的特点是农业生产部门与农产品使用、加工、经营部门共同协商制定了一些重要的农产品标准，农业标准化工作受到了有关领导的重视。但总的来说，这期间制定的标准数量还不多，与其他部门比较起来，还是落后的。

3. 农业标准化停滞阶段

1966年5月至1976年10月的文化大革命，使党、国家和人民遭到建国以来最严重的挫折和损失，使我国的经济几乎到了崩溃的边缘。在这10年中，农业标准化工作也和其他各项工作一样，不能正常进行，甚至出现了倒退状态。已有的标准也不执行了，有的地方还出现了“眼标”“手标”等各种“土标准”。标准化工作受到了很大损失和破坏。

在文化大革命后期，由于生产上的客观需要，1974年原农林部科教局成立了标准处，专门负责管理农、林、牧、渔、农垦等方面的标准化工作。1975年原国家标准计量局还在湖北省召开了农业种子标准经验交流会。

4. 农业标准化全面恢复阶段

1976年10月，我们国家进入了新的历史时期，农业标准化工作也同其他各项工作一样进入了一个全面恢复时期。特别是党的十一届三中全会以来，农村落实了各项政策，农业生产责任制不断发展完善，农村由自给经济向较大规模的商品生产转化，由传统农业向现代化农业转化，农业标准化工作的作用越来越显著，并逐渐被人们所普遍认识。标准化机构的建设得到了迅速的恢复和加强。1978年5月国家标准局正式成立；1979年4月，农业部科技局成立了标准处；1979年林业部科技司成立了标准处。农、林、牧、渔、农垦等部门普遍开展了标准化工作，充实了人员，拟订了中、长期规划。农业标准化工作围绕提高农产品质量，积极向综合性、系统性发展，向国际和国外先进标准靠拢。

在这个时期相继召开了全国性的农业标准化工作会议和农业标准化学术会议，并成立了几个专业农业标准化技术委员会。各省及市、县农业标准化工作也

都有了很大的发展。一些省标准局成立了农业标准处。市、县标准部门也有专人负责农业标准化工作。

在这个时期，国家、各有关部门制定了大量的农业标准，据统计，到1984年底，农、林国家标准为148项，部（专业）标准为586项，以及其他大量的农业地方标准。全国涌现出了一大批开展农业标准化工作的好经验、好典型，农业标准化工作沿着健康的方向全面发展。

5. 农业标准化高速发展阶段

20世纪90年代以来，随着我国社会主义市场经济体制的建立和逐步完善，农业生产力水平迅速提高，农产品总体上已经告别短缺状态，农产品市场由卖方市场转向买方市场。我国农业生产进入以市场为导向，不断调整和优化生产结构，发展高产、优质、高效农业的新阶段。2001年中国正式加入WTO，为了适应加入WTO对我国农业标准化的要求，我国对农业标准化工作越来越重视，并不断出台相关的政策和法规，农业标准化已成为标准化界学术研究的热点，标准化应用范围不断扩大，由单一农产品标准拓展、延伸到产前、产中、产后的全过程，农业标准化组织不断完善和发展，我国农业标准化工作进入快速发展时期。

第三节　我国农业标准化的发展现状

一、农业标准化取得的成就

1. 标准化定义

标准化，就是为在一定范围内获得最佳秩序，对实际的或潜在的问题制定共同的和重复使用的规则的活动。这个活动过程由制定标准、组织实施标准和监督标准实施三个互相关联的环节组成，是一个不断循环、螺旋上升的过程。标准化的实质：通过制定、发布和实施标准，达到统一。标准化的目的：获得最佳秩序和社会效益。

农业标准化是指与农业有关的标准化活动，是运用标准化原理对农业生产的产前、产中和产后全过程，通过制定和实施标准，促进先进的农业科技成果和经验迅速推广，确保农产品的质量和安全的活动。其目的是将农业的科技成果和多年的生产实践相结合，制订成“文字简明、通俗易懂、逻辑严谨、便于操作”的技术标准和管理标准向农民推广，最终生产出质优、量多的农产品供应市场，不但能使农民增收，同时还能很好地保护生态环境。其内涵就是指农业生产经营活动要以市场为导向，建立健全规范化的工艺流程和衡量标准。农业标准化的对象主要包括：农产品、种子的品种、规格、质量、等级、安全、卫生要求；试验、检验、包装、储存、运输、使用方法；生产技术、管理技术、术语、符号、代号等。

2. 农业标准化发展现状

（1）农业标准化体系基本形成

质检总局和国家标准委高度重视农业标准化工作，会同各有关部门和地方积极推进农业标准化工作。截至2011年10月，制修订农业国家标准2196项、行业标准3706项、地方标准16000多项，覆盖了农业生产、加工、流通全过程，为推动农业标准化生产，促进现代农业的发展奠定了基础。农业标准范围从原来的少数农作物种子、个别种畜标准，发展到涵盖种植业、畜牧业、水产业、饲料工业、农业机械、乡镇企业、农村能源与环境保护等各个领域，贯穿了农业产前、产中、产后全过程。

（2）地方政府和农业主管部门加强了农业标准的制定、修订和推广工作

中投顾问在《2016-2020年中国现代农业投资分析及前景预测报告》中指出，近几年来，大多数省级政府和农业主管部门重视和加强了农业地方标准的制定、修订工作，成立了涉农全国标准化技术委员会、分技术委员会79个，集聚了近万名委员开展农业标准化研究及标准制修订；积极组织农业标准的宣传及贯彻实行，带动广大农业从业人员实施标准化生产，提高生产效率。

（3）农业标准化法规逐步健全

农业部门在推进农业标准化的同时，重视有关农业标准的规章和管理办法的建立。根据《中华人民共和国产品质量法》、《中华人民共和国标准化法》、《中华人民共和国计量法》及有关的法律法规，制定了8项规章。这些法规的制定和实施规范了农业标准的制定和质检体系的建设，有力地促进了农业标准化工作。

（4）农业质量认证开始起步

质量认证是对产品的质量水平、生产企业的质量体系进行的第三方公正确认。产品质量认证是以具有国际水平的国家标准、行业标准和相应的技术要求为依据，经认证机构确认并通过颁发认证证书和认证标志的形式，证明某一产品符

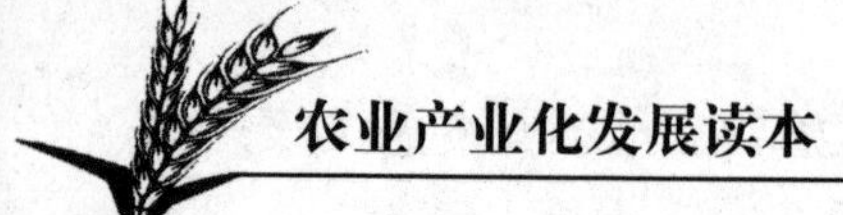

合相应标准和技术要求的活动。认证可以保证产品的质量，提高产品的信誉和知名度，增强产品的竞争能力。农业部已分别建立了农机产品和水产品的认证机构，广泛开展了绿色食品认证工作和农业系统生产许可证管理；正在筹备组建农作物种子、种植业产品、畜产品、饲料产品的认证机构。近年来部分省在发展绿色食品、有机食品、无公害农产品方面取得了显著成效，在培育、发展和认定名牌农产品方面取得了突破性的进展，得到社会和广大消费者的认可。

二、我国与发达国家农业标准化的差距

1. 农业标准化意识较低

过去，我国农产品长期短缺的国情使人们把目光集中在提高农产品产量上，不可避免地导致对农业标准化工作的忽视，不少农民对农业标准化缺乏正确的理解和应用。农业标准信息化建设滞后，导致学科建设和理论研究不能适应市场经济条件下对农业标准化的新要求。

2. 我国的农业标准化体系仍不完善

有关农业标准化的法律法规体系、农业标准化信息和管理科学、农业标准化实施推广体系、农业标准化监测与监督体系、农产品认证体系与国际尚存在较大差距。农产品质量安全标准、基础标准等缺乏，相应的技术操作规程、方法标准等配套不完善。制定的标准中，产中技术规范多，产后标准和系列标准少，且标准与市场结合不紧；制定标准时考虑国内因素多，与国际市场接轨的少，引用国际标准的速度不快。现行农业标准还无法构成适合我国农业生产和经济建设需要的农业标准体系。

3. 标准水平偏低

现行农业标准中，基础标准占4.9%，包装、储存、运输标准占1.3%。在分类标准中各标准之间比较混乱，结构不合理。农业标准采标率很低，只有部分检测方法标准采用了国际标准，大部分质量标准只是部分指标采用了国际标准，与国际标准接轨存在较大差距。标准水平不高，对于技术指标的要求普遍低于国际标准和国外先进标准。

4. 农业标准的制定与实施存在问题

制定和实施标准还处于自发和分散状态，针对性不强，导致标准的重点不突出，主导产品缺少配套和完整性，不能适应农业产业化的要求。由于农业行

业自身固有的多样性、复杂性的特点，部分国家标准与行业标准之间，特别是相关行业之间农业标准出现交叉重复，技术要求不统一，严重影响了标准的实施和管理。

5. 农业监测手段落后

对农产品的农药、兽药残留以及种子、化肥等农业生产资料的质量监测，多数还停留在感官评判阶段。监督实施不力，导致了我国长期以来农产品分级不严、质量不高，甚至出现了安全性差、假冒伪劣产品泛滥等严重问题。近年来，我国已发生多起因食用含有违禁药物或药物残留超标的畜产品而中毒的事件。

6. 我国农业标准化的基础平台尚未形成

农业标准化是一个系统工程。农业标准化的顺利推进有赖于一些基础平台的建设和完善，如思想意识平台、农业基础设施平台、生态环境平台、科学技术平台、资金投入平台等。目前，我国对上述平台的建设尚不完善、不规范，尚不能满足发展的需要，还没有形成一个系统的公共基础平台，这是当前我国农业标准化面临的突出问题和艰巨任务。

三、我国农业标准化面临的机遇

改革开放以来，我国农业综合生产力有了明显提高。长期困扰经济社会发展的农产品全面短缺的局面发生了根本性变化，农产品供求已从卖方市场向买方市场转变，农业发展的主要障碍已经从资源约束转向资源配置与市场需求的双重约束。社会经济协调发展迫切要求农业生产必须从满足人民的基本生活需求向适应市场多样化、多层次消费要求转变，从追求数量为主向数量和质量并重转变。这既是对农业标准化工作的巨大挑战，同时也为加速农业标准化进程提供了千载难逢的机遇。

1. 农业产业化需要农业标准化

农业产业化要求农业的规模经营、农业产业部门之间的协调以及市场的规范组织与流通。农业标准化有利于将千家万户的农民组织起来进行规模经营与规范管理，有利于各产业链之间的技术和产品对接。同时，农业标准化有利于开拓和组织市场，有利于对相关市场起到调节作用、激励作用、监督作用和宏观调节作用，进而可以保护农产品规范经营和农民的利益，因此，农业标准化也是推动农业产业化和市场化健康发展的重要保证。

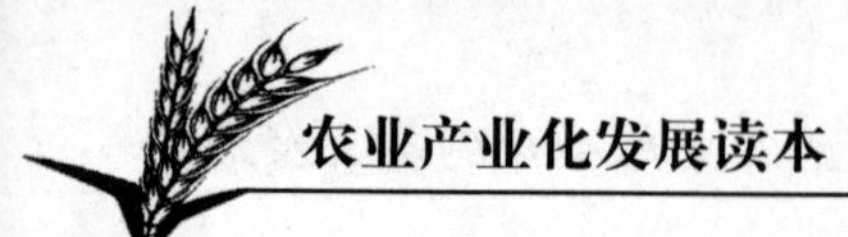

2. 深化农村经济体制改革需要农业标准化

解决“三农问题”是实现我国农业可持续发展的重要任务。随着生产力和生产关系的不断发展，解决“三农问题”就必须不断深化农村经济体制改革，就必须对传统农业进行改造，实现农业结构的战略性调整与优化升级，就必须实施土地规模经营和产业化经营，就必须加强农业社会化服务体系建设，完善流通体制，加快流通体制改革，加快农村市场体系建设；就必须解决“销售难”问题，增加农民的收入，提高农民从事农业生产的积极性。农业标准化将在上述的建设和发展过程中起到不可缺少的作用。

3. 农民增收需要农业标准化

确保农民收入持续稳定的增长是农村经济发展的需要，也是整个国民经济增长的需要。农民收入的增长速度不仅直接影响生产者的积极性和再生产的投入，而且关系到整个农村市场的启动。在目前的条件下，单纯依靠增加农产品数量或提高农产品价格来增收的余地很小。农民也不可能通过扩大种植规模或脱离土地另谋出路，最切合实际的办法是提升产品档次，提高单位面积产出率，规范农产品生产、储藏、加工、增值等过程，扩大农业标准化的应用范围。

4. 科技进步需要农业标准化

科技是第一生产力，充分发挥科技进步在国民经济中的作用，是实现我国经济发展战略目标的关键。然而科技进步必须投入到经济建设的主战场，才有可能发挥出巨大的效益，促进生产力的发展。众所周知，每一项应用技术都有其独特的技能、技巧、诀窍等要素，如果生产者能较好地掌握这些要素，就能使资源合理利用，降低成本，提高农产品数量和质量，满足市场的需求；若搞不清这些要素，科技成果的作用就不能充分地体现，或者根本不能发挥作用。当前，科技发展和创新日益加快，科技及其产业要在市场竞争中取得成功，就必须依靠标准化桥梁，达到通用、兼容、可靠和整体等目的。

5. 宏观调控需要农业标准化

市场经济条件下国家对经济运行情况进行宏观调控是必要的。干预的目标是为了创造就业机会、协调资源配置、推进可持续发展、引导经济向协调发展的方向转变，在建立公平竞争的市场秩序、维护国家权益、保证社会总体利益、净化经济运行的外部条件和消除自然垄断方面都必须进行宏观调控，这种调控不是传统的直接参与经济活动的方式，而是运用经济手段和制定规则，这些规则除了法规以外，就是标准。在我国，市场经济体制刚刚建立，特别是农业市场的基础更为薄弱，对农业标准化的要求就更为迫切。

6. 应对WTO需要农业标准化

当今世界经济一体化和国际贸易自由化的趋势势不可挡，特别是中国加入WTO以后，中国的经济发展已逐步融入世界经济发展的轨道，参与国际竞争。国际贸易发展的一个重要基础就是各国产品间的标准化对接。也就是说，某一产品要想在国际市场占有一席之地，就必须首先实现标准化，特别是农产品。目前一些发达国家的农业标准化已发展到了一定水平，而我国的农业标准化工作仍方兴未艾。中国加入WTO以后，国际贸易壁垒（如关税壁垒）将逐步减少，而绿色壁垒（或技术壁垒）却又成为一个新的问题，因此，农业标准化是打破国际贸易壁垒和绿色壁垒的唯一途径。这对我国农业标准化发展既是一个机遇，也是一个严峻的挑战。

四、我国农业标准化面临的挑战

随着全球经济一体化格局的逐步形成，整个国际贸易呈现出自由化的趋势。世界各国，特别是欧盟、美、日、澳等发达国家，为了保护本国农业市场，限制国外农产品的进口，制定了一系列繁多的标准、法规。如欧盟以环保为名，对进口茶叶制定了非常苛刻的农药残留最大允许限量（MRL）标准，受检农药品种多达56个。据欧盟经济委员会调查，非关税壁垒中25%以上的贸易障碍是由技术标准造成的。中国在加入世贸组织以前，关税、数量限制和外汇限制等因素是影响农产品出口的主要壁垒。而现在，复杂苛刻的技术法规、标准和质量认证制度，以及名目繁多的进出口商品包装、标志、检验和卫生、环保等要求，构成了更为隐蔽、更难应对的技术壁垒，对我国农产品出口的影响日益增强。

随着粮棉油糖等重要农产品国内市场价格高于国际价格的差价越来越大，关税及关税配额的国内市场保护功能显著弱化，“十三五”期间，我国高成本农产品受到国际低价农产品冲击压力加大。要充分利用WTO边境保护措施，围绕我国重要农产品，加强反补贴、反倾销措施和“农业协定”中特殊保障措施的触发条件及应对办法研究，借助大国地位，联合具有共同贸易政策诉求的新兴工业化国家，形成统一政策立场，通过WTO多边谈判机制，建立基于农业资源禀赋的公平贸易规则，争取享受类似欧盟和日韩等农业资源短缺型国家的边境保护措施。借鉴日本和韩国加入跨太平洋伙伴关系协议（TPP）经验，在与各国自贸区谈判中，按照有保有放的原则，放开一般农产品贸易，确保口粮免

受进口产品冲击。

第四节　农业标准化体系的建立

一、农业标准化体系的构成

农业标准化体系是指在一定范围内相互联系、相互制约的一系列农业标准的集合体，包括种植业、林业、畜牧业、渔业、农用微生物业的标准化。它是指按照“统一、简化、协调、优选”的原理，以国际先进标准为参照，通过制定标准和实施标准，把农业生产的产前、产中、产后全过程纳入标准化生产和标准化管理轨道。建立农业标准化体系的目的在于指导、规范农业生产、加工、销售等全部活动，以促进农产品及其加工制成品质量、科技含量的不断提高，实现社会、经济、生态效益的最大化。农业标准化体系是集农业标准制定体系、示范实施体系、监督管理体系和认证体系等相关体系于一体的大集合体。

1. 农业标准制定体系

各种标准由其制定主体（国务院有关行政主管部门、企业组织等）编制计划，组织草拟，统一审批、编号、发布，并报国务院标准化行政主管部门备案。以科技为手段，以质量为核心，以市场为导向，建立农产品生产、加工、贮藏、销售全过程以及操作环境、安全控制等方面的标准体系，把农业生产的产前、产中、产后诸多环节都纳入标准化管理轨道，逐步形成与国际标准相配套的标准体系。

2. 农业标准实施体系

贯彻实施体系中的标准指导农业生产，降低农产品成本，提高农产品质量。严格要求各农业生产单位根据标准体系中涉及的生产环境、产品质量、产品加工、标志、包装、运输、贮存等标准，规范生产各个环节，保证生产出符合标准的合格农产品。

3. 农业标准化服务体系

各级政府设立的农业技术推广机构、地方合作经济组织、农民技术协会等组织应为农民提供宣传教育技术培训、标准信息咨询、标准化示范等服务。

4. 农业标准监督体系

完善的农业标准化监督体系是维护市场秩序、打击假冒伪劣产品、增强标准化生产意识、监督产品质量安全的重要手段。农产品质量监督的目的是为了维护市场秩序，满足人们对农产品质量的要求，保障国家和消费者的利益。

5. 农业检验检测认证体系

检验检测认证体系是农产品标准化体系的重要内容。根据农产品标准化的要求，对产品质量进行检验检测。只有达到一定的质量标准，农产品才能通过某项认证。农业标准检验检测认证体系对农业结构调整、农产品质量升级、农产品消费安全、提升农产品市场竞争力都具有重要的技术保障作用。

6. 农业标准化评价体系

一项农业标准由制定初的新标准逐渐演变到被其他标准所替代的整个过程中，农业标准化评价体系起着关键作用。农业标准化经济效果评价体系是农业标准化评价体系的重要内容。标准化活动的成果主要由其取得的经济效果来衡量。农业标准化的经济效果是实施标准化获得的有用效果与劳动成本耗费的比较，反映投入成本和产出效益的关系。在$E=R/C$或$E=R-C$式中，E为农业标准化的经济效果，R为实施标准化带来的收益，包括收益的增加和生产成本的降低；C为标准化成本，包括制定、实施标准等与标准化活动有关的投入成本。从“成本——收益”角度分析，只有$R>C$，才能产生正的经济效果，农业标准化才有意义。农业标准化体系的各组成部分是有机的结合体，标准化是一个动态的过程（图11-1）。

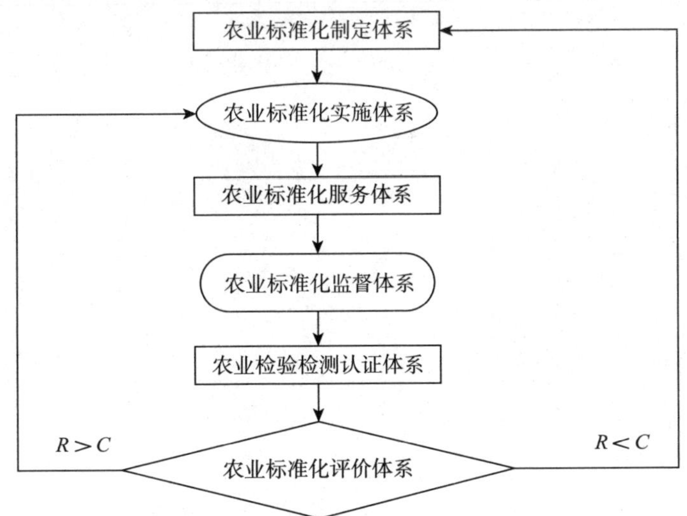

图11-1　农业标准化体系基本结构框架

二、农业标准化体系组成部分的关系

农业标准化体系的这些分体系贯穿于农业标准化从标准制定、修订、实施直

到评价的全过程。它们相互配合，共同作用，保证了农业标准化的顺利实施。

农业标准化是从标准的制定开始的，标准的制定过程是技术应用的过程，需要将在当前生产中证明有效的经验或技术以标准的形式固定下来。同时标准的制定过程也是一个管理过程。标准制定以后必须被贯彻实施，标准被实施的过程基本也是一个管理过程，要选择适合标准推广实施的模式：是政府主导强制推行，还是靠市场的利益诱导，还是靠集体经济组织或行业协会的力量来推动。质量监督和检验检测体系是农业标准化体系的重要内容。质量监督不仅包括对最终农产品质量的监督，而且包含着对生产过程和管理体系的监督。监督体系包括对监督方式、监督内容、监督主客体等的管理。而对农产品质量的检验检测则主要是一个技术问题。对通过检验检测，质量达到一定标准的农产品，可以按照规定的程序予以认证。农业标准化体系建设的最后一个环节是对农业标准化实施效果的评价和总结。农业标准从制定一直到组织实施，整个系统是否协调，农业标准化的成本与农业标准化实施收益之间的关系如何，如何改进农业标准化的组织实施等都是农业标准化评价体系要解决的问题。

第十二章　农业标准化与国际贸易

第一节　农业标准化的基本知识

农业标准化是隶属于标准化学科的内容，也就是说，农业标准化是标准化学科的一个分支。那么，在弄清农业标准化之前，有必要了解标准化这一学科的基本情况。

一、标准的概念

“标准”的概念是在工业革命后发展成型的。近一个世纪以来，国际组织、各国标准化机构和专家根据自己对标准的理解从不同角度提出了标准的定义。1996年，我国颁布的国家标准GB／T3935.1–1996《标准化和有关领域的通用术语第1部分基本术语》对“标准”的定义是：“为在一定的范围内获得最佳秩序，对活动或其结果规定共同的和重复使用的规则、导则或特殊的文件。该文件经协商一致制定并经一个公认机构的批准。（注：标准应以科学、技术和经验的综合成果为基础，以促进最佳社会效益为目的）。”该定义主要包括了以下5个方面的含义：

1. 标准产生的依据

“重复使用”是标准产生的依据，这里所说的“重复使用”是指同一事物反复多次使用的性质。事物只有被重复使用，才具有制定标准的必要。而重复使用是在一定范围内进行的，具有明确的边界。比如，在一条生产流水线上，或者在一片果园或蔬菜地进行，或者在一个办公室里，等等。

2. 标准产生的基础

“标准”定义特别注明了“标准应以科学、技术和经验的综合成果为基础”，这是标准产生的基础。标准是在综合分析、比较、选择科学研究的新成果，技术进步的新成就和实践中的先进经验基础之上产生的，是对科学、技术和

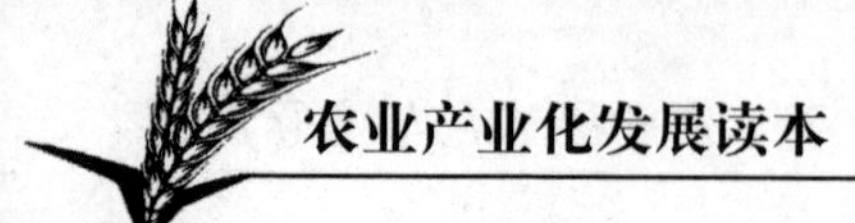

实践经验的提炼和概括。

3. 标准产生的程序

“经协商一致制定并经一个公认机构的批准”，是标准产生的最基本的程序。标准要考虑有关方面的共同利益，就必须进行协商。协商体现了标准的科学性和民主性，尽可能做到公正、合理和科学。“经一个公认机构的批准”则体现了标准的权威性。标准只有经过这一机构的批准，才具有了其特定的法律效力和特定意义上的通用性和约束性。

4. 标准的形式

“规定共同的和重复使用的规则、导则或特殊的文件”，说明标准本身有自己的一套特定格式，其编写、印刷、幅面、格式等都有严格的规定。

5. 标准的作用

“标准”定义特别注明了“以促进最佳社会效益为目的”，这体现了标准的作用。制定标准的目的就是要获得最佳秩序和在社会上获得最佳效益，这也是标准制定的基本出发点。

二，标准化的概念

标准化是人类由自然人进入社会共同生活实践的必然产物，它随着生产的发展、科技的进步和生活质量的提高而发生、发展，受生产力发展的制约，同时又为生产力的进一步发展创造条件。1996年我国颁布的国家标准中明确了关于“标准化”的定义：“为在一定的范围内获得最佳秩序，对实际的或潜在的问题制定共同的和重复使用的规则的活动。（注：①上述活动主要是包括制定、发布及实施标准的过程。②标准化的重要意义是改进产品、过程和服务的适用性，防止贸易壁垒，并促进技术合作。）”该定义明确地反映了标准化的广义性，即对其适用领域采用了泛指的形式，“为在一定的范围内获得最佳秩序，对实际的或潜在的问题制定……”。

三、标准化的领域

标准化活动几乎已经深入到了人类社会生活的一切领域，包括农业、工业、勘探、建筑、运输、通讯、商业、房地产、公用事业、卫生、体育、教育、文化艺术、科研、金融、保险、行政管理等领域。在标准化活动领域中，标准化主要是围绕成果、过程、行为和条件展开的。

1. 成果。指经过某种转换过程产生的结果，如产品、劳务和服务。成果是标准化最基本的对象，成果标准如产品质量标准、旅游服务标准等。

2. 过程。指成果产生的转换过程，如生产过程、设计过程、工艺过程、流通过程、管理过程，以及这些过程所包含的阶段和作业。过程标准如设计规程、工艺规程、订货规程、管理规程等。

3. 行为。指人的活动。人是人类社会一切活动过程的主体，人的行为包含过程和动作，也存在程序和方法问题，行为标准如工作标准、生产操作规程等。

4. 条件。指实现过程和取得预期成果所需要的条件因素。主要包括资源（原材料、能源、信息等）、装备（设备、工装、设施等）、人员、环境等方面的条件，它们也是标准化的重要对象。如材料标准、设备标准、工装标准、人员素质标准、环境条件标准等。

四、标准化的作用

标准化是人们在改造、利用自然的物质生产活动中，力求主客观统一而对客体施加的规范化的干预和处理。其作用体现在以下5个方面：

1. 规范作用

作为“共同规则”的标准付诸实施，即界定某种事物的经济本质，促使相关事物的统一协调。符合标准，产品就合格，否则就不合格。对技术也是如此，符合它就存在和发展，否则就失去价值而被淘汰。将标准的这种规范作用与法规相结合，就成为宏观调控经济的强有力的手段。

2. 先导作用

标准是科研和实践经验的综合成果，它的推广应用，将有利于普遍提高人们改造客观世界的总体能力，即生产力。对科技人员来讲，可以通过标准这个载体，尽快地将先进成熟的技术成果转化为现实生产力；对生产者来说，可以通过标准明确地知道做什么，怎么做才能做好；对经营者来讲，可以依据标准所反映质量的差异，进行按质论价，实行优质优价；对消费者而言，则可以通过标准认识和了解产品或服务满足需求的可能性，以增加选择权，从而获得满意的质量和服务。

3. 评价作用

标准是一种评判规则。肯定和褒扬那些符合需求的行为，鼓励人们运用标准；否定和依法制裁那些不符合要求的行为，防止人们的不轨行为。在现代生活中，由于社会结构的不断分化、多元文化的影响以及对外交流的增多，人们对客体评判得越来越复杂和多样。人们要和睦相处，推进经济的有秩序发展，就不得不依赖于一个为大多数人所认可的评判准则，标准就是这个评判准则。如果没有标准，贸易双方就会发生纠纷，依法打击制假者就缺乏技术鉴定依据，社会生活的稳定和谐就难以保证。

4. 保护作用

标准化的保护作用体现在市场竞争中。一方面通过合理简化产品品种规格，全面节约投入，降低成本，获得竞争的优势地位，保证自身利益的实现；另一方面，强化对某种特定对象的规定，如涉及安全、卫生、环境的指标，形成一种非关税的技术屏障，限制同类产品的冲击，保护自身不受伤害。

5. 沟通作用

标准化是人们有意识的经济活动和社会活动，它是在所有各有关方面协作下推行的，并在促进社会共同理解、确保产品互换性和人畜安全、健康以及保护环境、明确产品性能、调整多样性、保护消费者利益等多方面达成的沟通与共识。

五、标准化方法原理

作为一门学科，标准化应该有其独特的原理。我国早在2000多年前提出的“不以规矩，不能成方圆”的观点，至今仍被作为提示标准化本质特征的至理名言，这可算是古典的标准理论。标准化是人类社会实践的产物，它跟随着人类历史的发展经历了漫长的历史发展过程，但作为一门独立的标准化学科还属于一门新兴的学科，由于它涉及面广，许多理论与有关学科，如数学、系统科学等等，纵横交错、互相渗透、彼此难分。因此，近半个世纪以来，越来越多的标准化工作者，对标准化原理的研究表现出极大的兴趣和特别的关注。世界上很多学者，在对标准化的起源，标准化的发展历史及标准化实践进行深入研究的基础上，提出了对标准化原理的各种见解和论述。这些不同观点与看法，一方面说明标准化理论研究工作正引起国内外人士的高度重视与热烈争鸣；另一方面也说明标准化理论正处于探索阶段，实践经验不够充分，结论还不成熟，还有待于进一步深入研究。

我国标准化工作者对标准化原理的研究和探讨，虽然起步较晚，但经过大量的标准化工作实践的总结、提炼，也提出了一些具有独特见解的理论，如“四原理”“五原理”“六原理”等提法，相互之间虽各有差异，但大都认为“简化”“统一”“协调”和“优化”是标准化的基本原理。

1. 简化原理

是针对具有同种功能的标准化对象而言的。当其多样性的发展规模超出了必要的范围时，才允许简化。对标准化对象的结构、形式、规格或其他性能进行筛选提炼，剔除其中多余的、低效能的、可替换的环节，精炼并确定出能满足全面需要所必要的高效能的环节，保持整体构成精简合理，使之功能效率最高。简化原理包含以下几个要点：

（1）简化的目的是为了经济，使之更有效地满足需要。

（2）简化的原则是从全面满足需要出发，保持整体构成精简合理，使之功能效率最高。所谓功能效率是指功能满足全面需要的能力。

（3）简化的基本方法是对处于自然存在状态的对象进行科学的筛选提炼，剔除其中多余的、低效能的、可替换的环节，精炼出高效能的能满足全面需要所必要的环节。

（4）简化的实质不是简单化而是精炼化，其结果不是以少替多，而是以少胜多。

2. 统一原理

在标准化实践中的具体表达形式为统一化，也就是说使标准化对象中的某些事物的某些方面或某一方面，在其发展过程中具有一致性。即把同一事物的两种以上的表现形态归并为一种或限定在一定范围之内。因此正确地选择统一对象和确定合适的统一时机、统一范围，是统一化的前提。统一原理包含以下要点：

（1）统一是为了确定一组对象的一致规范，其目的是保证事物所必需的秩序和效率。

（2）统一的原则是功能等效，从一组对象中选择确定一致规范，应能包含被取代对象所具备的必要功能。

（3）统一是相对的，确定的一致规范，只适用于一定时期和一定条件，随着时间的推移和条件的改变，旧的统一就要由新的统一所代替。

3. 协调原理

其基本内容是在标准系统中，只有当各个局部（子系统）的功能彼此协调

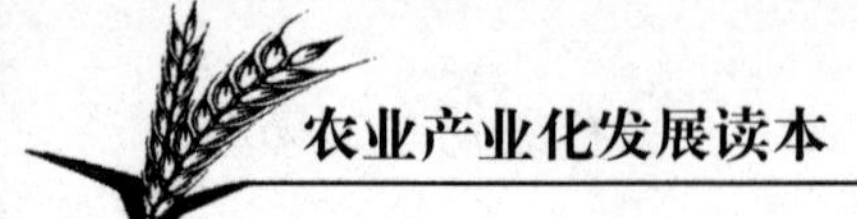

时，才能实现整体系统的功能最佳。协调原理包含：

（1）协调的目的在于使标准系统的整体功能达到最佳并产生实际效果。

（2）协调对象是系统内相关因素的关系以及系统与外部相关因素的关系。

（3）相关因素之间需要建立相互一致关系（连接尺寸）、相互适应关系（供需交接条件）、相互平衡关系（技术经济招标平衡、有关各方利益矛盾的平衡），为此必须确立条件。

（4）协调的有效方式有：有关各方面的协商一致，多因素的综合效果最优化，多因素矛盾的综合平衡等。

4. 优化原理

是指按照特定的目标，在一定的限制条件下，对标准系统的构成因素及关系进行选择、设计或调整，使之达到理想的效果。优化原理的核心是优化。优化的对象是标准系统的构成因素及其关系，也可看做是对标准系统中的标准与标准之间的相关关系及标准中的具体内容的优化，这种优化必须有明确的特定目标。这种目标可以是标准系统的整个功能目标，也可以是单项标准所要达到的目标。“在一定的限制条件下”有两层含义，如果是针对某个标准系统而言，指的是系统外部条件的限制，如科技水平、自然条件等的限制。按照特定的目标，在一定的限制条件下，对标准系统的构成因素及其关系进行选择、设计或调整，使之达到最理想的效果，这样的标准化原理称为最优化原理。

六、标准化的起源与发展

1. 古代标准化

人们在长期的、反复的生产劳动实践中，逐渐发现各种石器工具如石斧、石刀等，都有一种最佳的形状和尺寸，具有这种形状和尺寸的石器，使用起来效率最高，也最省力。于是，人们便把这种形状和尺寸固定下来，形成某种石器的标准式样。这就是最早的劳动工具的标准化。随着生产力的发展，出现了剩余产品。为了进行产品交换，需要有计量器具，需要统一的度量衡制度。最早的度量衡制度比较粗糙，是以人的某一部位来作为计量单位的，从而产生了“伸掌为尺”“手捧为升”和“迈步立亩”等一些简单的计量标准。尽管在不同的时期，我们的祖先曾经用过麦粒、手指、两臂等做过计量单位，但随着生产的发展，人们总是一次又一次地对计量单位进行改革和统一。秦统一中国之后，用政令对度量衡、文字、货币、道路、兵器进行大规模的标准化。宋代毕昇发明的活字印刷术，运用了标准件、互换性、分解组合、重复利用等标准化原则，更是古代标准化的里程碑。统一的度量衡制度的建立，表明具有独立形态的标准已经产生。

2. 近代标准化

进入以机器生产、社会化大生产为基础的近代标准化阶段。科学技术适应工业的发展，为标准化提供了大量生产实践经验，也为之提供了系统实验手段，摆脱了凭直观和零散的形式对现象的表述和总结经验的阶段，从而使标准化活动进入了定量地以实验数据为依据的科学阶段，并开始通过民主协商的方式在广阔的领域推行工业标准化体系，作为提高生产率的途径。如1789年美国艾利·惠特尼在武器工业中用互换性原理以批量制备零部件，制定了相应的公差与配合标准；1897年英国斯开尔顿建议在钢梁生产中实现生产规格和图纸统一；1901年英国标准化学会正式成立；1911美国泰勒发表了《科学管理原理》，应用标准化方法制定“标准时间”和“作业”规范，在生产过程中实现标准化管理，提高了生产率，创立了科学管理理论；1926年在国际上成立了国家标准化协会国际联合会（ISA），标准化活动由企业行为步入国家管理，进而成为全球的事业，活动范围从机电行业扩展到各行各业，标准化使生产的各个环节、各个分散的组织到各个工业部门，扩散到全球经济的各个领域，由保障互换性的手段，发展成为保障合理配置资源、降低贸易壁垒和提高生产力的重要手段。1946年国际标准化组织正式成立，现在，世界上已有100多个国家成立了自己的标准化组织。

3. 现代标准化

工业现代化进程中，由于生产和管理高度现代化、专业化、综合化，这就使现代产品或工程、服务具有明确的系统性和社会性，一项产品或工程、过程和服务，往往涉及几十个行业和几万个组织及许多门类的科学技术。随着经济全球化的需要，特别是信息技术高速发展和市场全球化的需要，要求标准化摆脱传统的方式和观念，不仅要以系统的理念处理问题，而且要尽快建立与经济全球化相适应的标准化体系，标准化的特点从个体水平评价发展到整体、系统评价；标准化的对象从静态演变为动态、从局部联系发展到综合复杂的系统。现代标准化更需要运用方法论、系统论、控制论、信息论和行为科学理论的指导，以标准化参数最优化为目的，以系统最优化为方法，运用数字方法和电子计算技术等手段，建

立与全球经济一体化、技术现代化相适应的标准化体系。

4. 我国标准化的发展沿革

自1949年10月新中国成立以来，党和国家非常重视标准化事业的建设和发展，并成立了中央技术管理局，内设标准化规格处。随后标准化事业不断发展，至1966年已颁布国家标准1 000多项；1979年开始，国家标准化行政部门已组建了200多个全国专业标准化技术委员会，400多个分技术委员会。1988年12月29日第七届全国人大常委会第五次会议通过了《中华人民共和国标准化法》，并以国家主席令颁布，于1989年4月1日起施行，这标志着我国以经济建设为中心的标准工作，进入法制管理的新阶段。至1999年底，我国已有国家标准近2万项，其中强制性国家标准2 600多项，推荐性标准16 625项，依法备案的行业标准30 000项；近9 000项地方标准和依法备案的35万项企业标准。基本形成了以国家标准为主，行业标准、地方标准衔接配套的标准体系。标准的覆盖面已从传统的工农业产品、工程建设向高新技术、信息产业、环境保护、安全与服务等领域扩展，同时在农业标准化、信息技术标准化、能源标准化以及企业标准化等项工作方面都取得较好进展。标准化工作已对提高我国产品质量、工程质量和服务质量，规范市场秩序，发展对外贸易，促进国民经济持续快速健康发展发挥了重要保证和技术支持作用。

5. 新时期我国标准化体系建设发展规划（2016-2020年）

到2020年，基本建成支撑国家治理体系和治理能力现代化的具有中国特色的标准化体系。标准化战略全面实施，标准有效性、先进性和适用性显著增强。标准化体制机制更加健全，标准服务发展更加高效，基本形成市场规范有标可循、公共利益有标可保、创新驱动有标引领、转型升级有标支撑的新局面。“中国标准”国际影响力和贡献力大幅提升，我国迈入世界标准强行列。

（1）标准体系更加健全。政府主导制定的标准与市场自主制定的标准协同发展、协调配套，强制性标准守底线、推荐性标准保基本、企业标准强质量的作用充分发挥，在技术发展快、市场创新活跃的领域培育和发展一批具有国际影响力的团体标准。标准平均制定周期缩短至24个月以内，科技成果标准转化率持续提高。在农产品消费品安全、节能减排、智能制造和装备升级、新材料等重点领域制修订标准9000项，基本满足经济建设、社会治理、生态文明、文化发展以及政府管理的需求。

（2）标准化效益充分显现。农业标准化生产覆盖区域稳步扩大，农业标准化生产普及率超过30%。主要高耗能行业和终端用能产品实现节能标准全覆盖，主要工业产品的标准达到国际标准水平。服务业标准化试点示范项目新增500个以上，社会管理和公共服务标准化程度显著提高。新发布的强制性国家标准开展质量及效益评估的比例达到50%以上。

（3）标准国际化水平大幅提升。参与国际标准化活动能力进一步增强，承担国际标准化技术机构数量持续增长，参与和主导制定国际标准数量达到年度国际标准制修订总数的50%，着力培养国际标准化专业人才，与“一带一路”沿线国家和主要贸易伙伴国家的标准互认工作扎实推进，主要消费品领域与国际标准一致性程度达到95%以上。

（4）标准化基础不断夯实。标准化技术组织布局更加合理，管理更加规范。按照深化中央财政科技计划管理改革的要求，推进国家技术标准创新基地建设。依托现有检验检测机构，设立国家级标准验证检验检测点50个以上，发展壮大一批专业水平高、市场竞争力强的标准化科研机构。标准化专业人才基本满足发展需要。充分利用现有网络平台，建成全国标准信息网络平台，实现标准化信息互联互通。培育发展标准化服务业，标准化服务能力进一步提升。

第二节　农业标准和农业标准化概述

农业是国民经济的基础，是国家稳定、人民安居乐业的基础。随着市场经济的充分发育，对农业提出了新的要求，农产品的生产和经营方式必须适应产业化和市场化的变化。中央提出的实现农业现代化、产业化，发展效益型农业，是一项革命性的战略和宏大的工程，而实现这一伟大的系统工程，需要方方面面的努力，其中农业标准化不失为一种科技成果转化为现实生产力的载体、一座从传统农业走向现代农业的桥梁、一条千千万万农民与大市场联系的纽带。

一、农业标准的概念

原国家标准局于1988年11月出版的《农业标准化》教材认为：“直截了当地以标准化的对象来为各行业的‘标准’‘标准化’下定义，将更为明确、适用。”因此教材中为“农业标准”下的定义是“农业标准，就是以农业为对象的标准”，是对农业生产活动中重复性事物和概念所做的统一规定。通常农业有广义和狭义之分，狭义的农业仅指农业生产，即种植业和养殖业；而广义农业则指的是农业产业，其不仅包括种植业、畜牧业、畜业，还包括了农产品加工业、林业、农业工业等。由于农业概念有广义和狭义之分，因此农业标准也同样有广义和狭义之分。从我国国家标准化管理委员会对农业标准的统计情况看，我国的农业标准是广义的概念。

二、农业标准化概念

农业标准化是指运用“统一、简化、协调、优选”的原理，在农业生产产前、产中、产后全过程中，通过制定标准和实施标准，促进先进的农业科技成果和经验较快地得到推广应用。它让农业的科技成果和丰富的实践经验浓缩在一张“放心卡”和“明白图”中，变成简单易行、便于操作的东西，农民们按图操作，就可以收到预期的效果。它是产前、产中和产后全过程的标准化，在关键的生产环节有了保障后，再辅以完善的种苗供应、技术服务和产品销售网络，农产品的产量和质量就有了保证，农业生产和经营的现代化和产业化就有了基础，效益也就有了保证。

三、农业标准化的任务

农业标准化主要有以下三项任务：农业标准的制定修订、发布实施以及对实施过程的监督，这三个环节不断循环，推动农业标准化向更深、更广的领域发展。农业标准的制定修订是指在一定原则指导下，按照一定程序，由指定部门对农业生产经营活动中需要制定标准的项目，编制计划、组织草拟、审批、编号、发布及修订等活动。这既是农业标准化的重要任务之一，也是农业标准化活动的重要起点。农业标准的发布实施是指有组织、有计划并有措施地贯彻执行农业标准的活动，是农业标准制定部门、使用部门、农业企业或农户将标准规定的内容贯彻到生产、流通和使用等领域中的过程。这是农业标准制定部门和农业标准应用单位的共同任务，也是农业标准化的主要目的。农业标准实施的监督是指对农业标准实施情况依法进行的监督、检查和处理。对农业标准实施过程的监督检查，既是保证农业标准实施的各项内容落到实处的重要措施，也是对农业标准实施行为的总结和归纳，为下一步制定修订出更科学、更合理、更切合实际的农业标准奠定基础。

四、农业标准化的分类

根据我国农业传统的分类方法，农业标准化共分为五个大类。分别是种植业标准化、林业标准化、畜牧业标准化、水产标准化和农业综合标准化。

广义的种植业标准化的对象，是指对人类有利用价值，并经人工有意识种植和利用的所有种植作物和野生植物。包括农作物、果树、蔬菜、绿肥、牧草、药用植物和观赏植物及食用菌等。而狭义的概念通常仅指粮、棉、油、麻、丝、茶、糖、菜、烟、果、药、杂而言。本文中的种植业标准化是指广义的概念。

目前我国的林业标准化，已形成了具有一定数量、门类较齐全的标准化体系。林业标准化的内容，概括分为五大类，分别是林业基础和通用方法标准化、种子和苗木标准化、造林标准化、森林经营管理标准化和林产品标准化。

畜牧业是向人类提供肉、蛋、奶等动物蛋白食品和毛、皮等工业原料以及动力的部门。我国的畜牧业标准化共分为畜禽品种标准化、饲养标准化、饲料标准化、畜牧业管理标准化、畜产品标准化、兽医药品与动物检疫标准化六个大类。

水产业的生产体系是由基础或第一线与第二线生产组成。第一线生产包括海洋捕捞、海水养殖和淡水养殖渔业。在此基础上组成的第二线生产有水产品保鲜和加工综合利用，渔具及渔具材料的制造，渔船、渔机及仪器的修造，渔港及基地设施等。水产标准化的对象就是构成水产业的各专业，如海水养殖、淡水养殖渔业及海洋捕捞，水产品保鲜及加工综合利用等。水产标准化所研究的内容，就是为各专业制定基础标准、产品标准、方法标准和环保及安全卫生标准等四大类。

农业综合标准化是指在进行标准化时，应针对不同的标准对象，以考虑整体最佳效果为主要目标，把所涉及的全部因素综合起来进行系统处理。农业综合标准化，是以现代科学、技术和试验的综合成果为依据，以考虑综合标准化整体最佳效果为主要目标，针对农、林、牧、渔及多种经营各业中的某一具体标准化对象的整体及所有相关要素，全部综合起来进行系统化，协调处理，其实质在于把那些能够保证使标准化对象达到最佳质量水平的全部相关要素的系统性和最佳关系反映出来。

五、农业标准化的特点

1. 生命性

农业标准化所作用的对象是以生命体或有机体为核心，这是农业标准化的最

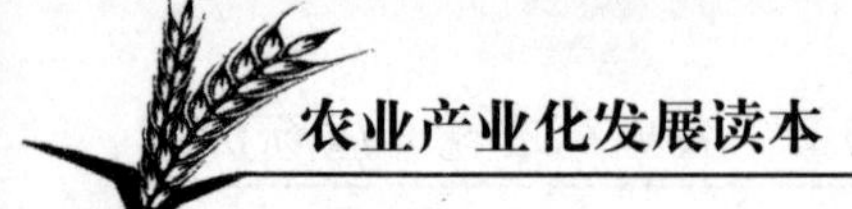

显著特点。这一特点表明，农业标准化不但是人有目的的活动，而且必须遵从生命有机体自身的规律特点。而其他标准化面对的是无生命客体，以达到最大利益的劳动增值，人具有极强的主动性。

2. 体系性

农产品准入市场之前，必须符合质量安全标准，这种保证是用农业标准化体系网络来严格控制实现的。它一般由农产品质量标准体系、农产品质量检测体系和农产品质量认证体系所构成。农业标准化是内容详尽、种类齐全、体系完整的农业生产体系。

3. 先进性

农业标准化的先进性在于它的标准制定和操作的科学性。一切技术标准和生产操作规程都是经过科学分析、筛选、优化和论证确定的，在标准制定上是先进的。在应用过程上，产前、产中、产后的各个环节都是以相应的“标准”来规范操作行为和管理的。产品产出后还要通过检测、认证来确保产品质量符合标准要求。在质检上，运用先进的检测仪器设备和方法，确保产品质量标准检测的准确性。

4. 复杂性

由于农业生产的周期较长，所以制（修）定农业标准的周期也较长。制定工业标准试验验证工作，一般在较短的时间内即可完成。而制定一项农产品标准至少要有1年的统计资料，一般要有3年以上的统计资料。制定一个农作物品种标准也需要1年以上的时间。制定种畜、种禽品种标准的时间要更长一些。推荐性的农业管理标准也要总结多年的农业生产实践经验和科学实验，通过试点验证才能完成。而且农业生产受众多的相关因素影响。成批新品种的育成、使用和推广，总是需要农机、化肥、农药、兽药、排灌机械、温室和地膜等先进技术设备与之相配合，其中不管哪一项没有跟上去，都会给农业生产带来影响。农业标准化的主要对象是活的有机体，它们种类繁多，各有其生长和发育的规律等等，这就使得农业标准化工作要比其他行业的标准化工作复杂一些。

5. 区域性

我国地大物博，东西南北自然环境差异很大。因此，同一品种，在不同地区的生长表现不尽相同，同一农业技术因地区不同，生产条件不同，其效果也不一样。所以，农业标准化具有很强的地域性，需因地制宜，根据不同的地区和不同的自然条件，制定不同的地方标准。地方标准中，也只有农业地方标准可以制定省、市、县三级地方标准，这是考虑了农业标准化区域性较强的特点。

6. 统一性和适用性

我国农业标准既反映了市场对产品质量安全水平的要求，又结合了我国农业生产的实际特点，这一科学性是体现在标准统一性和适用性上的。从已制定的农业行业国家标准、地方标准看都体现统一性特点，即要求农业生产遵从统一的生产环境标准，统一的生产技术规范，统一的产品质量标准和通过统一手段实施检测。正是“统一性”使得农业标准能在我国各地农业生产中具有可操作规范性，农业标准可在农业各地得到普遍推广应用，又呈现适应性特点。

7. 公信力和权威性

农业标准化实施的国家行业标准、地方标准都是由代表国家和政府的机关制定的。政府代表的又是人民大众公共利益，代表人民意志，并对人民和整个社会负责，因而政府能得到人民的信任，在人民心目中具有权威性。由此，政府制定和要求实施的农业标准化就具有公信力和权威性。

六、农业标准化基本原理

农业标准化基本原理最初由农业标准化专家西北农林科技大学李鑫教授经过多年的研究和实践而提出来的。它是建立在标准化原理基础之上，根据农业特点而产生的农业标准化体系中的一般原理。将农业过程的特点和标准化科学要求相结合，归纳和总结出了农业标准化科学的普遍本质和一般规律，成为农业标准化过程的理论基础和指导原则。随着更广泛的理论到实践的探索，以及对农业标准化实际过程的观察及其理论的归纳演绎和逻辑推理研究，农业标准化基本原理得到了更深入的研究。具体可归纳为以下几条：

1. 顺应生长原理

研究和认识生物生长发育过程的本质，顺应其过程规律，实施标准化以获得最佳秩序。因为，生物产品的质是由生物本身的质所规定的，一旦进入生产过程，就会在自身规律的约束下前进，任何措施只能让这种运动的进程速度产生变化，否则，运动方向就会逆转。因此，农业标准化既然是对这一过程的客观反映和规则制定，那么就必须顺应这种运动的规律本质，并且通过制定标准促进对生物过程本质的更明晰、更精确地发现和反映。

2. 环境依赖原理

生物生产及其产品内在的质，取决于该生物对产地生态环境的优适性。特殊环境下的生产过程，直接受不可控因子的控制；即使在可控因子范围内，对可控因子的操作也受环境条件的限制。很显然，该原理从环境角度说明了农业标准化过程并不能提前设定，而是在大原则下动态进行。环境不可控因子和在可控因子范围内的有限活动，构成了农业标准化必须对其过程的环境依赖性。

3. 时滞效应原理

农业标准化的任意措施的结果与效果表达之间总存在着明显时差。这一原理指导我们，从事农业标准化运作，从目标需要到生产实际，总要提升一个适当时差，以取得生产、经营上的主动权。这一原理同时告诉我们，当生产的某一过程因偶然因子而发生突变或者突变之后，去阻止或者尽量减少这种突变所带来的结果，生物过程已经留给我们一个时间机会可供利用。

4. 平衡限制因子原理

在农业标准实施操作中，始终寻找和调整过程中可控因子内的限制性因子到非限制水平。农业标准化的生产秩序经常会因某一方面的因子水平过低而导致过程不能达到最优水平。这种情况往往直接用标准无法规制，只能在农业标准化过程中，运用巧妙调节手段或者另外措施的加入，得以消解这种限制。该原理表明了农业过程的变弹性，说明要使生产过程真正达到最佳秩序，既定的标准采用方案，不可能完全一成不变，而要求实施标准化的执行者必须根据具体过程加以理性分析，与时俱进地恰当调节，排除过程限制因子，保证秩序不因限制因子而降低质量。同时该原理还从深层次告诉我们农业标准之间存在着预先有机联系与相互嵌套机制。因为，按一般理解，在采用既定标准以实现生产的标准化过程中，标准内容已经明确规制了过程的一切，最低因子问题也不会出现。实际上，农业标准化所实施的平台，全部或大部分属于自然性平台，农业标准化是在最复杂系统中进行的，最低因子随时可能出现。

5. 过程多路原理

农业过程的每一个位点或者阶段，由于采取措施达到同一目标而产生多通道现象，导致生产同一结果的过程表现非唯一性。这一原理表现了农业标准化过程具有较强的灵活性。这是由于系统内影响因子的复杂性和生物本身生活的多样性所致。即每一个目标的实现，至少有两种途径可以达到。由这一原理看出，农业标准化，在不同层次上的既定要求精度是不同的。在农业标准制定、农业标准化方案建设和采标类型乃至标准具体应用的时空距离上都可以采取精确的量级，唯独在具体操作时必须强调具体情况具体分析。要满足实际中的“最佳秩序”这个目标，操作者的判断和调控能力在其中起着极其重要的作用。该原理必然引出一个质量多层现象的结果。即使完全相同的农业标准化过程，其结果产品的质量也表现出多层现象。

6. 系统补偿原理

在农业标准化中，充分审视与随机把握过程振荡脉搏，并采取动态调制措施以取得系统新质的正向发生而把握最佳秩序过程的平稳推进。农业生产即以生物为主的繁育性生产过程。生物本身的系统复杂性及其系统之上的新质涌现特征，和生物所存在的环境系统一起构成的高一级复合性复杂系统，使新质涌现始终存在着结果的瞬时变化，其外征即表现过程振荡。比如某种环境因素的刺激，在某个程度范围内导致的量的增加；或者受甲因子灾变性刺激后，对不利的乙因子的显著抑制而出现的有利补偿；或者过程出现异常迹象的同时利用过程管理措施加以补偿，等等。在这些情形下，实施农业标准化的最佳管理就是审时度势，动态调制，于既定标准方案中，及时采纳新的或者应急标准以补偿方案系统，使结果最终不受影响的同时可能增加质或者量。

第三节　标准化在国际贸易中的作用

一、促进作用

世界上许多国家的外贸政策都是推动出口，限制进口，争取外贸顺差。在国际市场上，竞争非常激烈。为了争夺市场，推动出口，在竞争中取胜，就需要采用“技术外交”，而标准化就是这种“技术外交”的最好途径。

二、协调作用

全世界有各类标准上千种，总数达80万个。尽管世界上标准数量如此之多，但国际标准的数量却显得不足，满足不了数以万计的各种产品的要求。利用标准化的协调性，对由不同的标准化机构批准的标准进行协调，使之成为在技术上相

同或认为在实际使用中技术上是等效的某一领域中的标准，取代那些重复繁杂、不统一的标准，这就是标准化的协调作用。

三、保护作用

各国为了占有更多的国际市场，使得国际市场的竞争愈来愈激烈。为了保护自己的利益，保护民族产业，各个国家总是利用标准的不同要求，或提高标准来设置壁垒，限制外国产品的进入，以最大限度地保护本国的利益。

四、仲裁作用

在产品的生产和流通过程中，标准始终是产品放行和接收的依据。同样，在国际贸易中，标准也是商品交货和验收的依据。当买卖双方出现对产品的质量纠纷时，一般不会依据样品、样机进行仲裁，而是以技术标准作为依据。由于国际标准本身的客观性、中立性和合理性，为买卖双方提供了一个均能接受的质量范围，包括检验和试验方法等。

第四节　技术性贸易壁垒

一、技术性贸易壁垒的概念

技术性贸易壁垒（Technical Barriers to Trade，TBF）指一国或区域组织为维护国家或区域安全、保障人类生命健康和安全、保护动植物健康和安全、保护环境、防止欺诈行为、保证产品质量等，而采取的一些有别于其他国家的强制性的或自愿性的技术法规、技术标准、合格评定程序，对本国市场上的商品实施管理。一国农产品要进入他国消费市场，首先必须从各方面达到农产品出口对象国相关标准的要求。由于国与国之间经济技术水平的差异，技术标准和法规差别很大，这些所谓的相关标准就转变成其限制进口、保护本国农产品的技术性贸易壁垒，现在它已替代传统非关税壁垒而成为主要的贸易障碍。

二、农产品国际贸易中的主要技术壁垒

国际贸易中的技术壁垒主要是技术标准和技术法规。因为凭借技术标准、技术法规很容易使所实施的技术壁垒具有名义上的合理性和形式上的合法性。技

术标准、法规繁多，让出口国防不胜防。为了阻碍外国产品的进口，保护本国市场，许多国家制定了繁多、严格的标准、法规，甚至用法律明确规定进口商品必须符合进口国标准。目前，欧盟拥有的技术标准就有10多万个，日本有近500个农产品标准，美国是公认的法制、法规比较健全的国家，技术标准和法规之多并且要求严格，让发展中国家很难达到其要求的标准。发达国家凭借其经济、技术优势，制定出非常严格苛刻的标准，有的标准甚至让发展中国家望尘莫及。欧盟茶叶中农药最高残留限量的部分标准远远高于国际标准。食品法典委员会（CAC）是SPS协定特别推荐的制定国际标准的国际组织，它制定了10种茶叶中农药最高残留限量。欧盟茶叶标准中农药的残留限量与其相比，仅有3种农药与CAC相同，其他7种农药比CAC的标准严格了2～200倍。如氟氰戊菊酯CAC的农药最高残留限量为20mg／kg，而欧盟的为0.1mg／kg。目前我国对欧盟出口的茶叶数量明显减少。

有些标准经过精心设计和研究，可以专门用来对某些国家形成技术壁垒。美国为了阻止墨西哥的土豆输入美国，对土豆的标准规定有成熟性、个头大小等指标，这就给墨西哥种植的土豆销往美国造成了困难。又如法国为了阻止英国糖果的进口而规定禁止含有红霉素的糖果进口，而英国的糖果普遍采用红霉素染色剂制造。法国禁止含有葡萄糖的果汁进口，这一规定的意图就在于抵制美国货物，因为美国出口的果汁普遍含有葡萄糖这一添加剂。

此外，一些国家还利用商品的包装和标签标准、法规给进口商品增加技术和费用负担，设置技术壁垒。如德国和法国禁止进口外形尺寸与本国不同的食品罐头。美国和新西兰禁止利用干草、稻草、谷糠等作为包装或填充材料，在某些情况下，这类包装材料只有在提供了消毒证明后才允许使用。

三、技术性贸易壁垒对我国农产品的影响

作为我国主要农产品出口对象国，欧盟、美国、日本等纷纷发布政策法规和技术标准，内容涉及范围相当广泛，从水产品、禽肉等动物性农产品，到花生、蔬菜、水果等植物产品和加工制品，几乎覆盖了我国所有出口农产品。国际农产品贸易壁垒出现了新特征，表现如下：

1. 技术壁垒要求更高

自2006年开始实施的《欧盟食品与饲料安全管理法》，进一步拉长了食品安全控制的链条，除了禁止带有320种农药残留的农产品在整个欧盟市场销售外，

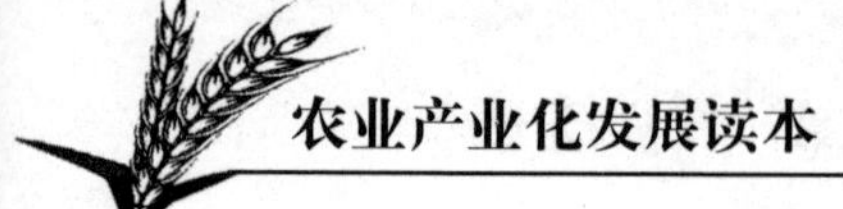

还要求食品生产与销售的每一个环节，即“从农田到餐桌”的全过程，均须符合新出台的一系列标准，否则欧盟委员会将取消其进口资格，并将相关外国企业列入“黑名单”。

2. 技术壁垒带有歧视性

为遏制我国出口农产品占领相应国内市场的趋势，发达国家往往针对我国农产品的特点，量身定做地设计技术壁垒，对我国出口农产品特意制定一些歧视性标准、法规和检验程序等。如欧盟对中国花生出口专门设置了贸易壁垒，因为我国出口欧盟的花生存在的主要问题就是黄曲霉素超标；日本对我国大米进行103项农药残留的检测，而对其国内生产流通的大米都不进行如此多项的检测。

3. 检测标准更加苛刻

自2006年5月29日起，日本正式推行食品中农业化学品残留“肯定列表制度”。在该制度中，对所有农业化学品都制定了限量标准，其中涉及农药、兽药和饲料添加剂734种共51 392个标准，所涉及的农产品由l30种增至135种，被检测允许存在的残留农药的产品范围由724种缩小到229种，这意味着进入日本市场的农产品几乎不允许存在任何农药残留。在检测标准更加苛刻的同时，检测程序也更加复杂化。以山东出口到日本的冷冻菠菜为例，多年来，一般7天左右就可获得通关，如今则要拖延到30天以上才行。

4. 非质量性标准将进入贸易壁垒

随着国际市场竞争加剧，加上出于对本国相关产业的保护，发达国家根据WTO规则设置了一系列的技术性贸易壁垒，内容已涉及生态环境、动物福利、知识产权等多个领域。如美国已在试行的SA8000认证标准中，把知识产权、劳工利益等非产品本身的质量标准加了进去，欧盟国家则把动物福利纳入进口农产品标准中。如果完全按照欧美这类动物福利性质的要求进行养殖和加工，必然增加生产成本，加大了我国农产品出口难度。

第五节　农业标准化与消除贸易技术壁垒

一、农业标准化在消除贸易技术壁垒中的作用

要抑制或消除各成员国之间的这种技术性贸易壁垒，就必须实现各国间技术标准的协调统一，而采纳国际标准是协调技术性贸易措施最简便、最有效的办法

之一。但是，不同的国家又会形成自己的标准，这些国别标准又会产生国际贸易的障碍，从而限制竞争。所以，各国政府希望本国公司能够掌握国际标准更大比重的知识产权，把国际标准变成实际上的国别私有标准。随着关税和配额等传统贸易壁垒的重要性日益下降，各国政府越来越依赖知识产权、标准和质量安全检验这些更加隐蔽的工具来保护国内厂商免遭外国企业的竞争。人们对农业标准化也就有了更清楚地认识，农业标准化在消除贸易技术壁垒中的作用主要表现在以下几方面：

1. 农业标准化是提高农产品质量的重要保证

农业标准化是将农业的科技成果制定成标准，并控制农产品生产的全过程，是提高农产品质量的保证。国外对我国的农产品设置“门槛”，说明我国的农产品质量水平标准还有待提高。现在我国不少农产品在质量指标上达不到国际标准，缺乏竞争力。我国农产品要在更大范围内和更深程度上参与经济全球化进程，就应该搞清楚国际或进口国农产品质量标准，只有顺应农业国际化发展趋势，按照国际农产品质量标准和规范来生产，才能增强我国农产品在国际市场上的竞争力，获得更大市场。可见，实施农业标准化，通过对农产品全过程的控制，既能保证农产品的安全和规格质量，又能在更高的质量水平和层次上实现供需平衡。并且通过农产品标准的不断提高，形成一个良性循环、螺旋上升的农产品质量提高过程，不断提高我国农产品的国际市场竞争力。

2. 农业标准化是确保农产品安全卫生的基础

随着国民经济的发展和人民生活水平的不断提高，城乡居民对农产品的需求，已从追求解决温饱的数量型转向追求质量，追求营养和无污染的生态保健型，越来越多的中国人对绿色食品的需求正在由潜在的变为现实的。而健康消费的突出问题是农作物的受污染和农药的残留量过高。国际市场对农产品的农药、兽药残留量要求非常严格，这是导致我国农产品难以走出国门的症结所在。只有在我国广大的农产品生产地区都实施农业标准化，并且将安全卫生作为最基本的标准和目标，才能较为有效地实现农产品的安全卫生。

3. 农业标准化是提高农产品市场竞争力的核心

国际农产品市场竞争力的焦点如同工业产品一样是质量的竞争，而质量的优劣又取决于标准的水平。农业标准化作为国内外贸易的技术依据，是提高农产品质量、消除绿色贸易壁垒的重要手段，它直接关系到农产品能否进入或占领国

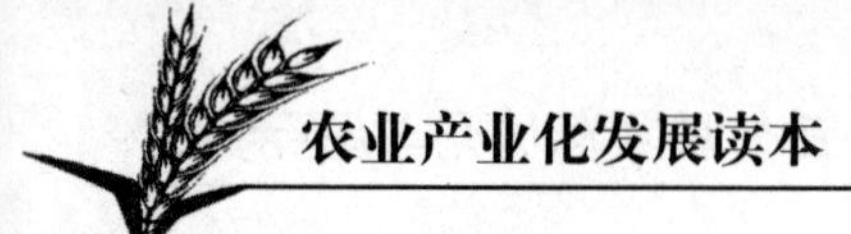

内外市场。欧洲、美国、日本高度重视现代农业，无不以高度的标准化为基础，农业生产的每个环节，都实现了标准化，形成了现代农业的生产方式、协作方式、管理方式，极大地降低了农业的生产成本，提高了生产率，增强了国际市场竞争力。

4. 农业标准化有利于发展民族产业

许多国家为了保护农民和消费者利益，都根据自身市场特点建立本国标准，并以此影响国际标准，使自己取得国际贸易中的有利地位。我国有许多独特的农产品和食品，例如：豆浆、油条、馒头、腐乳等等，只有建立其产品标准，方可促进传统食品的工业化生产。欧、美等国为了加大向我国出口小麦，便组织调查研究我国馒头品质和馒头用小麦的评价标准。因此，研究开发适合我国国情的农产品标准体系是一项重要而紧迫的任务。

二、解决我国国际贸易标准化问题的对策

1. 积极采用国际标准和国外先进标准

按照WTO／TBT协议的要求，WTO成员在制定本国技术法规和标准时，除因基本气候、地理因素或基本技术等原因不能采用外，都应以国际标准为基础。这意味着采用国际标准对于避免不必要的技术性贸易壁垒具有普遍意义。同时，采用国际标准和国外先进标准也是提升我国技术水平和产品质量，实现产业结构调整的需要，较之于独立开发自己的技术系统或标准更为经济有效。国外学者的研究表明，对于发展中国家来说，最现实的选择是向国际标准或发达国家看齐。因此，在我国加入WTO的背景下，我国的标准要全面向国际技术准则靠拢，制定技术法规和标准要以国际标准为依据，鼓励企业采用国际标准，加强采用和推广普及国际标准和技术引进工作。

2. 进一步完善我国标准法规体系和出台鼓励扶持政策

长期以来，我国法律法规体系并没有对标准做出明确界定，人们对技术标准与技术法规概念模糊，而将强制性标准当做技术法规。然而在WTO／TBT协定中，只有技术法规是强制执行的，标准只有被技术法规引用才能成为技术法规的组成部分。TBT协定规定国家干预只限于涉及安全、健康、环保和国家安全及防止欺诈等方面，这些必须制定相应的技术法规，包括法律、法令、规章和管理规定等。我国应按照WTO规则对技术法规给予明确定位，对现行的技术法规进行

全面清理、充实和协调。充分发挥财政、金融等政策导向作用，鼓励企业加大对标准化工作的投入，激发企业建立标准体系、采用国际标准的积极性。

3. 加强对农业标准化问题的研究

要继续开展农业标准化重点项目的科学研究，要研究反映优质要求的主要农副产品等级划分的科学方法。从确保人们身体健康的要求出发，加快研究一些农产品安全因素的限量指标，加强农业标准化信息建设，及时了解国际农业标准化发展动态。

4. 切实加大舆论宣传力度

采取形式多样的宣传方式，大力宣传《中华人民共和国标准化法》，普及标准化基础知识，增强标准化意识，营造开展标准化工作的良好社会氛围，把实施标准变成广大农户的自觉行动；切实抓好标准化良好行为企业的创建工作，通过标准化良好行为的评价，树立企业形象，发挥典型示范带动作用；建立标准信息平台，完善现有数据库，整合信息资源，扩大标准信息总量，逐步在基层建立标准信息网，为政府和企业提供方便、快捷的标准化信息服务。

5. 开展国际双边和多方位合作

国际贸易中，标准问题的形成有多种原因，其结果往往也很复杂，但是，我们可以从两方面着手加以解决：一是加强双边合作，二是加强多边合作。国际贸易交易种类繁多，标准也数以万计，仅仅通过标准化解决问题，在短时间内是不可能的，这就要通过双边和多边合作来解决，这种解决方案直接而且结果有持续性，还能促进双方或多方贸易的融合，增加友谊，推进双边或多边全面解决标准问题。当然这种解决方案在《TBT协议》中已有倡议，在双方或多方使用共同的国际标准，而且评估标准相同或类似的时候，鼓励进口方接受出口方评估机构的评估结果，为此鼓励各方就此开展谈判。

6. 加大对农业标准化的投入

各级政府要拿出一定的资金投入到农业标准化中去，同时，要鼓励农业生产企业、研究机构、高等院校或它们之间的联合体，按一整套国际先进的标准组建高水准的实验室，这样不仅可以为企业产品出口提供权威的质量保证平台，还可以促进标准化工作的深入发展。

第十三章　国外农业产业化发展经验与财政支持政策

农业产业化最早产生于20世纪50年代的美国，然后迅速传入西欧、日本、加拿大等发达国家和地区，充分显示了农业产业化给农业乃至整个国民经济带来的积极作用。虽然各个国家对农业产业化的称谓不尽相同，依托的载体与模式各异，但所走的都是产业化发展之路，具有相同的特点，即按照现代化大生产的要求，在纵向实行产加销一体化；在做法上实行资金、技术、人才等要素的集约经营，形成生产专业化、产品商品化、服务社会化的经营格局。本章重点梳理国外农业产业化发展的主要做法和启示、典型模式和主要特征，分类总结国外推进农业产业化的财政支持政策。

第一节　国外农业产业化发展的主要做法

纵观美国、法国、日本、荷兰等发达国家的农业现代化历程，无一不是以农业产业化作为实现农业现代化的前提条件，其主要做法及成功经验值得我国借鉴。

一、美国的农业产业化及其主要做法

美国是世界上最早开始农业产业化经营的国家，自20世纪50年代起步至今，经过近半个世纪的实践和创新，农业产业化已经成熟，也因此成就了美国发达的农业产业体系。目前，生产布局区域化、生产高度专业化、经营一体化、服务社会化的产业化大格局已全面形成。

（一）农业产业化经营形式

美国农业产业化经营形式主要有以下三种：

1. 农业的合同制经营

这种形式是通过工商运输大公司与农场主签订合同的办法，把农业生产资料的生产和供应与农产品的加工和销售联结起来，形成产供销（或产加销）的有机综合体。美国的很大部分农产品如饲料、肉鸡、水果、蔬菜、蛋类等都是根据合同生产的。

2. 农场主合作社经营

这种形式是由若干农场主自愿联合组成合作社，通过合作社联合经营农业。这种合作社并不改变家庭农场的经营地位，它主要为农场主提供包括农业生产资料供应、农产品收购、销售、储运、加工等产前、产中、产后各个环节的服务。

3. 农工商综合企业

这种形式是指大公司（工业、商业或金融垄断资本）直接投资经营大农场，并把农业生产资料的生产和供应、农业生产本身、农产品的加工和销售乃至科学技术研究等各个环节联结起来，组成有机的农工商综合体。这种农工商综合体的特点是实行完全垂直一体经营，生产技术水平比较先进，经营规模也较大。

（二）推进农业产业化的主要做法

1. 政府立法和制定相关保护性政策

美国国会制定了一系列与农业有关的法律，建立了稳定的农业投入机制。加强对农业教育、科研和推广的投入，帮助农场主掌握先进的农业技术和农场管理方法。加大对道路交通、信息网络和农产品市场体系建设的投入，为农场主了解市场、运销农产品创造了良好的基础设施条件。

2. 健全社会化和专业化的农业服务体系

每个州至少有一所以农科为主的“赠地大学”，每个“赠地大学”建立一所农业试验站，由联邦农业部与“赠地大学”合作，在每个州建立一个从事农业推广和普及的机构——州合作推广站向农民提供各种培训。

3. 重视高新技术在农业上的应用研究

侧重于动植物基因工程、生物防治、遥感技术与促进农业可持续发展相联系的农业环保技术的开发和研究。在农业生产实践中，农场主结合市场需求，采用优良品种和标准化耕作栽培技术，尽量降低和减少化肥农药的使用量，生产无公害、标准化的农产品，满足消费者需要。

4. 培养和造就懂经营、会管理的高素质农场主

许多农场主都具有大学学历，文化基础扎实，经营思路清晰，管理经验丰

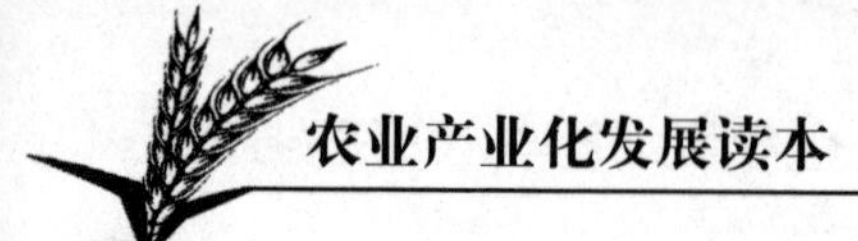

富，在市场经济大潮中游刃有余，创造了较好的经营业绩，满足了农业产业化、现代化的内在要求。

二、法国的农业产业化及其主要做法

法国不仅较早地实现了农业产业化，而且产业化的组织形式完善，规模大，实力强。农业产业化的立足点都在农村，参与者主要是农民，其基本组织形式是“合作社（及其所办企业）+农户”。

法国农业产业化具有以下特点：一是区域规模特色明显。农庄经营是法国农业的主要形式，一个农庄就是一个家庭。农业发展区域特色明显，已形成北部粮食、奶制品和牛肉，西部家禽和生猪，南部葡萄、酒、蔬菜、橄榄油等区域特色明显的产业化生产与经营。二是农业产业链条较长。法国高度发达的食品工业闻名全球，农业加工企业是法国工业体系中最大的行业，凡是适宜加工的农产品绝大多数都实现了一体化经营，加工后的农产品一般增值1～2倍，高的达十几倍。三是专业合作健全规范。法国农民的生产经营活动主要依靠民间农业合作社和农业协会等专业组织。通过比较完善规范的民间合作组织和农业协会，把分散的农民产前、产中、产后各项经营活动有机地联系起来，几乎所有的农户都参与了产、供、销经营活动，农业生产、加工和流通等环节利益相互联结。四是产品质量监管严格。建立食品安全追踪和监测系统，设置风险评估部门和检查部门，推行全程监测控制原则和企业完全责任原则，在食品生产的各个环节进行全程监督和检验，投入市场的产品都具有可追溯性。五是政府调控有效合理。制定一系列法律法规，在全国推行标准化、规范化生产。实行区别对待政策，促进平衡发展。

法国农业产业化是农业政策支持与农民自觉自愿、互助合作的共同产物，这一原则贯穿于各种农业经济活动和组织形式之中。

1. 多种政策扶持

国家采取有力的宏观调控手段，制定了一系列有利于农业发展的政策：一是通过国家预算对农业进行财政支持；二是发展农用工业，支持谷物生产；三是实行优惠的农业金融制度和税收政策；四是建立农民社会保障体制，鼓励农民安心务农。

2. 创办农业合作社

农民参加合作社，必须入股成为合作社的股东。合作社与农户签订农产品收购合同，合同规定农户提供农产品的质量等要求，合作社提供相应的价格和收购保证。合作社把各农户的股金作为自有资金向银行申请贷款兴办农产品加工、农资等企业。

3. 发展农业信贷银行

法国的农业信贷银行是在农民之间资金互助合作的基础上逐步发展起来的。尽管它已发展成为一家综合性的银行，在其他领域的贷款日益增加，但其服务农民、服务农业的宗旨始终不变。

三、日本的农业产业化及其主要做法

日本用于农业生产经营的土地规模十分有限，农业资源非常短缺，基本上是以一家一户的家庭个体经营为主。日本在家庭经营的基础上通过农业产业实现农业现代化，成功地创造了一条不同于美、英、法、德等国的农业现代化道路——小规模家庭经营为基础的农业产业化，有效提高了土地产出率、资源利用率、农业劳动生产率和经济效益。

1. 积极培育农协组织

日本如此之快地实现农业现代化，是与其农业社会化服务组织——农业协同组织（简称“农协”）的作用息息相关的。日本农协是一个具有二重属性的农业合作社，它既是农民自愿联合起来的经济组织，又是政府借以推行农业现代化及其他农业政策的中介机构。农协围绕产前、产中、产后开展一系列的服务，解决一家一户办不了的事情。比如，农协组织可以为组员集中采购生产资料和生活用品，价格上可以得到优惠。在实际运作过程中，农协组织的主要任务是围绕发展农业和农村社区福利，开展包括对农业经营进行宏观和微观上的指导、生产资料购买、资金存贷、农产品仓储、运输、加工、销售、保险，以及与农业、农村和农民有关的问题研究、出版和教育活动，深受农民的欢迎。同时，日本政府对农协在税收、价格、信贷、流通以及设施等方面有许多优惠政策。如，在税收上，日本对农协法人采用特殊税制，农协所得税率为23%，事业税率为8%；而一般企业的所得税率为40%，事业税率为12%，等等。

2. 大力开展“一村一品”运动

自1979年日本大分县实施“一村一品”运动以来，已有30多年历史，在推进农业产业化经营方面发挥了重要作用。主要做法如下：立足本地资源，发展特色

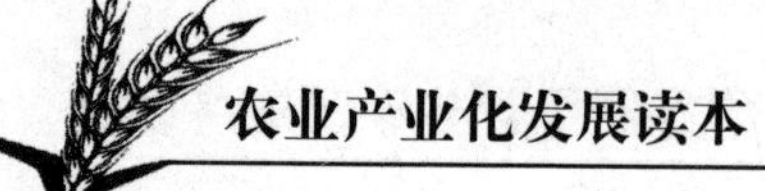

产品；发展加工业，打造知名品牌；培养和造就一批具有全球战略眼光、富有挑战精神的地区带头人。

3. 加大农业扶持力度

一是立法保护农业，对农业的重要作用进一步确立，对非农企业投资农业予以扶持。二是加大农业投入，日本政府和各县、市都有扶持农业的财政预算，主要用于农村基础设施建设和农业项目开发。三是建立粮食生产保护制度，当粮食过剩时，政府负责收购，当粮食因灾减产时，农民损失的70%由政府和农协给予补助。

四、荷兰的农业产业化及其主要做法

荷兰是一个位于欧洲大陆西北的发达国家，享有“欧洲门户”之称。荷兰虽然农业人口少，但却是一个农业和农村发展非常成功的国家，也是世界农产品出口的主要国家之一。2011年，荷兰农业出口总额达728亿欧元，仅次于美国，排名世界第二。这主要得益于它充分运用了适合本国国情的农业发展战略，充分利用了自己的优势，发展高效农业，走出了一条农业产业化之路。

荷兰的农业产业化经营形式主要有两种：一是以家庭农场为主的大农场经营，实行高度集约经营和专业化经营；二是农业合作社组织。荷兰采取以家庭农场为主的集约化、专业化经营模式，一方面是因为荷兰人多地少，特别是农用地缺乏；另外一方面是因为农民普遍接受了较高的文化教育、国家的农业教育，农业科研机构也十分发达，并且建立了完善的农业科技服务网络进行农业技术推广。合作社组织是荷兰农业产业化经营中不可缺少的一部分，它不仅存在于农业生产领域，而且广泛存在并作用于农产品加工、销售、贸易和农业信贷、农业生产资料供应等领域。合作社组织在农业产业化经营中发挥了巨大作用。

荷兰的农业产业化经营的主要做法有：

1. 充分发挥农业的比较优势

按照比较优势原则进行农业资源配置和结构组合，对于优势领域就下大力气多发展、多出口，对于非优势领域就少发展甚至不发展，用进口来弥补国内消费，形成了以能够集约使用土地的园艺业和畜牧业为主体的农业结构。

2. 高度重视市场体系建设

政府制定严格的市场准入制度和公平的交易制度，维护市场秩序，对市场交易活动进行严格管理。农产品营销活动紧紧围绕消费者的需求和市场变化进行，以产品链为核心将产前、产中和产后的各项活动联结为一个有机整体。

3. 为农民提供良好的金融服务

荷兰建立了农民合作金融制度，其组织资源是“农民合作银行”，职能是为其社员提供信贷支持和其他金融服务，信贷资金完全来源于所吸收的存款和经营活动。政府不干预“农民合作银行”的经营活动，仅为其发展提供必要的社会环境。

4. 为农业构建坚实的科技基础

政府把发展农业教育、科研和推广事业作为重要职责。教育使荷兰农民具有很高的素质，能够跟上世界农业科技发展的步伐。农业科研由农业实验站、区域研究中心、研究所和大学等组成，研究成果及时向农民推广。

五、国外农业产业化发展实践的启示

1. 充分发挥政府在农业产业化发展中的推动作用

农业产业化既是一个长期的过程，也是一项相当复杂庞大的系统工程，必须以全新的思维、借鉴发展工业的理念、用现代化的手段统筹谋划。政府要加强综合服务和监督协调功能，有效克服条块分割、部门封锁等体制障碍。制定和落实扶持政策，研究制定WTO框架下加快农业产业化发展的法律法规，优化农业产业化的经营环境。加快构建农业产业化信息支持系统，提供农业产业化所需要的各方面信息。强化对农业的投入支持，从战略上调整工农关系，推行“以工补农”政策。

2. 积极培育和扶持农业产业化龙头企业做大做强

农业产业化经营的关键是发展龙头企业，要坚持新上项目与资源开发相结合，通过加大投入和积极利用资本市场，重点扶持一批规模大、技术含量高、带动力强的龙头企业，使其真正发挥在农业产业链条中的龙头作用。龙头企业必须把市场放在首位，建立现代企业制度，加速企业科技进步，提高企业管理水平，有效加强行业自律，真正发挥其辐射带动作用。采取积极措施，大力推进资产结构和企业结构调整，鼓励龙头企业之间按照产业关联度、通过联合重组走集团化发展之路，建设具有较强市场竞争力的大型产业化集团。

3. 支持农民在自愿联合的基础上发展专业合作经济

各级各地政府加强对合作经济的宣传，消除因我国过去农业合作化中的失误导致的农民心理疑虑。从我国农业和农村发展实际出发，按照公认的合作社原则组织试点，以产权明晰为前提，以自愿互利原则为基础，实行民主管理，保障社员的权利，使社员真正成为合作社的主人。坚持多样化，不搞一刀切，坚决防止官办或政府包办代替。制定合作社法，从法律上规范合作经济组织，保障合作社和社员的权益，强化对合作经济组织的外部监督。从税收、信贷等方面扶持合作经济，帮助和支持农民专业合作经济组织发展壮大。

4. 建立龙头企业与农民间公平合理的利益联结机制

农业产业化健康可持续发展，其内在动力是利益联结机制。要按照市场经济规律，坚持农民和企业自愿互利的原则，采取建立稳定的合同关系、形成产权纽带和提供优质服务等措施，建立龙头企业与广大农户之间“风险共担、利益共享”的联结机制。允许企业和农户根据发展阶段和产业的不同特点形成多样化的利益联结方式。充分发挥行业协会和专业合作社的功能，提高农民的组织化程度和谈判能力，为获得合理的利益分配提供保障。积极推行产权明晰的以股份制为主体的经济利益共同体，真正形成“风险共担、利益均沾”的机制。

5. 在坚持家庭承包经营的基础上积极扩大经营规模

家庭承包经营具有很强的适应性和生命力，加之我国人地关系紧张，适度规模发展应在落实农村土地集体所有权、稳定农村土地承包关系并保持长久不变的基础上，通过调整农业生产结构，推行区域化种植和专业化生产，发展设施农业，提高农业的集约化水平，实施小规模大群体式规模经营。

6. 建立健全农业产业化经营的社会化服务体系

根据农业产业化的要求，围绕主导产业和龙头企业，建立相应的服务组织，提供全面、优质、高效的服务。加强流通基础设施建设，加快培育各类要素市场，大力发展市场网络。建立产学研共同体，进一步完善农业科技推广体系。着力构建以合作保险为主的农业保险体系，加大对农业产业化经营的金融支持，提升产业化经营竞争力。

第二节　国外农业产业化发展模式和特征

一、国外农业产业化发展模式总结

在农业产业化的浪潮中，各国的农业产业化发展模式多种多样，北美、欧洲和一些发展中国家的经济作物、畜牧、水产、林业等，都普遍推行了农、工、商一体化的经营体制。综合起来主要有合作社、专业协会、企业集团等模式。

1. 合作社模式

合作社模式主要包括农牧业生产合作、生产资料供应合作、产品加工销售合作、经营管理和技术信息咨询合作以及信贷保险合作等。这种模式在欧洲较为普遍，大多是中、小农户自愿联合集体加工或销售，“社务”由全体社员协商，一人一票，民主决议，其收入一般是在扣留必要的公共积累后，按社员投入份额进行分配。在合作社巩固和发展的基础上，各地合作社又自愿按产业联合，逐步组成从地方到中央的联社。例如，美国家庭农场一般都参加农机、种子、化肥、销售等几个不同性质的合作社；在芬兰，若干个奶牛户组成乳制品合作社，经营牛奶的加工和销售，合作社经过资产重组，以股份制形式组成全国联社性质的公司，企业资本迅速扩张，竞争力大大增强；德国几乎所有的农民都参加1～3个合作社，各种农民合作组织的最高联合机构是设在波恩的德国赖夫艾森合作联社，它代表农民在经济、法律、税收政策等方面的利益，负责咨询并设立合作组织基金，保持与政府及国内外农民合作组织的联系。

2. 专业协会模式

专业协会模式是一种以农民为主体自愿组成的社会团体，它把分散的农场或农户通过市场开拓、技术和信息服务等环节联结起来，形成利益关联、互相依赖的社会化生产和销售服务体系。日本的农业协同组合最为典型，它是以农民为主要成员共同出资建立的农民自我服务组织，其组织系统包括市町村、都道府县、中央三级，业务范围涉及信贷、购买、销售和生产指导等，日本农业协同组合批发的农畜产品占全国批发总量的60%以上。澳大利亚设有全国羊毛协会、羊毛销售经纪人协会、羊毛出售商协会和羊毛加工者协会，分别代表羊毛生产者、经纪人、销售商和加工商的利益开展业务。全国羊毛协会、羊毛销售经纪人协会、羊毛出售商协会和羊毛加工者协会的代表共同组成澳大利亚羊毛交易所，经营全澳大利亚90%以上的羊毛销售。交易所在全国设立8个销售中心，每个销售中心就是一个大型的室内市场，市场内陈列着各种展箱、样品以及质量鉴定书和价格标签。买主与经纪人签订购买合同，一般经纪人收到羊毛后两周内将其卖掉，收取货款。

3. 企业集团模式

企业集团模式是国际国内资本向农业倾斜而形成的综合或专业的企业集团。

企业集团向农业生产者提供财政、物资和技术援助，参与农场（农户）的经营管理，并根据市场情况对农畜产品的品种、数量、质量、供货时间等提出严格要求，农业生产者必须按合同约定进行大批量的、均衡的、标准化和高质量的生产，不能满足合同要求的农业生产者将被淘汰。典型代表如，意大利的全国农业合作社联合会菲亚特集团、皮雷利集团所经营的大型农场和公司，以及水果收购、分级、贮存、保鲜、加工和销售的产、供、销一体化的综合企业。20世纪90年代，跨国农业企业集团迅速崛起，它们在兼并有关食品加工企业之后，成为世界性的跨国农业集团。如可口可乐公司，1990年收购了与食品加工有关的销售额达39亿美元的华垂斯食品公司，一跃成为世界屈指可数的跨国农业综合企业。

4. 其他模式

一是泰国“政府+公司+银行+农户”模式。泰国的“农业工业化”战略与“政府+公司+银行+农户”模式使农业从单纯的原料供给者上升为制造业的参与者，使产品加工业成为泰国出口的支柱产业，使农业和工业的关系进入到一个相互依赖的新阶段，使国民经济保持了持续快速发展的势头。二是韩国的农协和产、学、管、研一体化模式。20世纪60年代以来，韩国农协在本国发展现代农业中一直起着举足轻重的支撑作用，它的主要任务是围绕发展农业和农村社区福利，开展资金存贷，生产要素购买，农产品仓储、运输、加工、营销、保险，以及与农业有关的研究、出版和教育等支持性活动，深受农民的欢迎。此外，还有前苏联的农业跨单位合作和农工一体化，等等。

国外在农业产业化经营中，不管采取哪种模式，都是立足农业实行农业一体化，以农业生产结构转变推进一体化发展，在一体化结构中加强农业社会化服务，政府积极采取措施扶持一体化的发展。

二、国外农业产业化经营的主要特征

1. 合作社、协会或龙头企业带动，组织化程度高

其一，因地制宜，大力发展各种形式的以自愿互利为原则的合作社和协会，提高农业的组织化程度。农业合作组织稳定并具有生命力的关键在于，加强农业产前、产中、产后各个环节的社会化服务，形成简便、完整、高效的服务体系，签订具有法律效力的经济合同或契约，完善农业产业化运行约束机制。其二，培育一批能够开拓市场、组织生产和具备综合服务功能的大型龙头企业，提高农业

的组织化程度。在龙头企业建设上，丹麦的畜牧业产业化经营搞得很好，主要靠加工企业带动，其畜禽产品全部经过加工才进入市场。丹麦最大的一个屠宰加工厂，每天屠宰1万头猪，有约5 000农户为其提供猪源，可加工鲜肉和数百种肉制品，75%出口。通过屠宰加工厂，很好地把农户和国内外市场连接起来了。

2. 农业科研投入足、创新能力强、技术水平高

目前，很多发达国家的农业科技贡献率已经在75%以上。韩国为了推进农业的研究与开发，有关部门成立了农业技术政策审议会，主要农产品基地建立品种研究所，把农村指导所改为地区农业开发中心，大力提高以基地为中心的民间技术，农林水产部门为开发农林水产尖端技术，确定了230项课题，将在近几年内投资170亿美元进行农业育种、种子处理、机械化和自动化系统、遗传工程技术、产品生产技术等的研究与开发。加拿大用于农业科研的费用占农业生产总值的比重一直大于2%，在联邦政府对自然科学的总支出中，农业科研的比重约占12%。

3. 贸工农、产加销一体化的内在机制基本成熟

芬兰最大的乳制品联合生产企业瓦利奥公司，是一个具有大规模生产能力的专业化、社会化和集团化公司，公司从奶牛的饲养、原奶的收购、运输，到乳制品的精加工、产品的销售和出口进行一体化经营，不仅效率高、周期短、生产成本低，而且随时可以根据市场的动态需求变化调整产品的品种和数量。该公司在全国各地拥有33个乳制品加工厂，加工能力占全国牛奶加工总量的77%左右，产品种类多达1400种，年营业额达到18亿美元。

4. 主导农产品区域化布局和专业化生产

发展规模经营是农业一体化的客观要求。只有不断扩大规模，讲求规模效益，才能降低成本、提高经济效益、提高劳动生产率和市场竞争力。美国的农业是世界上最发达的现代化农业，通过长期演进，已形成玉米带、棉花带、畜牧带等10多个各具特色的农业带。荷兰是农业产业化高度发达的国家，区域化布局突出，大田作物主要分布在东北部，水果主要分布在东南部，西部主要是花卉蔬菜和畜牧。加拿大以生产优质小麦在国际市场享有盛誉，在总体生产布局集中的情况下，根据各自优势，形成几个类型：在西部主要生产优质的硬质红粒春小麦，出口50多个国家；南部生长期长且气候温暖，适宜生产硬粒麦；在中部地区生产草原春小麦，以满足市场上对中等品质小麦的需求。

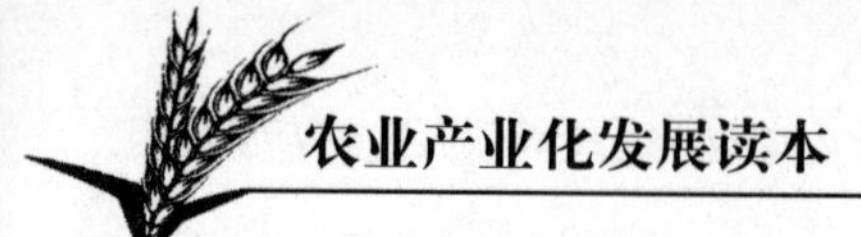

5. 政府对农业支持力度大，农业保障体制健全

由于农业的弱势产业地位和市场机制的失灵特征，农业往往在国民经济各部门中处于不利地位，实现农业产业化经营，政府必须长期采取一些支持和保护政策。在西方一些工业发达国家，政府对为农业提供低息贷款的金融机构予以补贴，对合作社、私人银行所发放的农业贷款提供担保，补贴农产品价格，提高农民收入和福利，帮助兴修水利和实现电气化，为农民免费提供农用辅助设备等；同时还对农业保险提供高额补贴及其他优惠政策。如美国颁布了《农作物保险法》，建立了农作物保险制度。欧盟各国农业规模经营的发展，明显可以看到政策作用的影子。法国在1962～1986年农业预算拨款增加了14倍以上，同时规定凡符合政策要求和国家计划的项目均可得到优惠的贷款，利率为4%～6%。欧共体通过制定干预价格（最低价格）与门槛价格（最低进口价格）等措施，保护农民利益，以防谷贱伤农。目前欧美等很多发达国家，农民收入40%以上都来自于政府补贴。

第三节　国外农业产业化的财政支持政策

欧美及亚洲的发达国家和地区在推进农业产业化过程中，将政府投资、财政补贴、财政贴息、农业保险支持和税收优惠等政策作为重要的引导和调节手段，在农业发展及一体化经营过程中发挥了十分重要的作用，具体做法值得我国学习和借鉴。

一、日本

（1）鼓励农业产业化技术研究与推广

日本为促进农业产业化良性发展，不断追加技术教育培训资金，建立高效的农业科研体系，使得农产品的生产与销售取得更大空间。日本在全国建有国立和公立科研机构、大学、民间三大系统组成的农业科研体系。促进农业产业化技术推广。日本农业技术推广投入力度较大，技术推广经费占农业总产值的1.2%。农业技术的推广服务主要通过国家借助农业改良普及业和农协两种组织形式进行，这种方式使农业推广形成一套完整的体系。

（2）农协为农业产业化资金投入注入活力

大规模的资金投入是农业产业化的基本前提，而单靠农户自身积累，难以保证资金需求。日本农协承担起了为农户筹集资金，拓宽农业融资渠道，发放农业贷款，与农户共担农业生产风险的责任。从20世纪中后期以来，日本农协信贷系统对农户的贷款数额及迅速不断提升，在全部金融机构农业贷款比重中占80%，成为农业资金、农业贷款的最主要来源。日本农协的信贷资金多数来源于农户散置资金，极少数来源于国家财政补贴。

农协信贷系统快速发展的重要原因在于它的非营利性质，在吸引散置资金时，农协利率一般高于社会普通金融机构利率0.11%，同时又低于其他金融机构同比的利率向农户发放贷款。通过农协信用系统所产生的收益，支付了管理费用与工作人员工资以后仍有余额，还可返还给农户，这一方法使农协规模不断壮大。为提升农户抵御自然风险和事故的能力，各级农协均建立了相对完善的保险业务。目前，农户几乎全部的生活与财产都纳入农协的保险系统，在使农协不断发展壮大的同时，降低了自身经营风险，保证了自身的收益稳定。

（3）实施鼓励农业产业化的政策

自20世纪中后期以来，日本不断提出鼓励农业产业化政策，实施“农工一体化”，主张大力发展农村工业。而日本的工业垄断集团也共同组建了“国际化农业问题恳谈会”和“农村地域工业导入促进中心”，加强农业产业化交流。政府制定了“农村地域工业导入促进法案”，鼓励农民转让土地。在农业工业化不断发展的时候，政府开始将商业机制引入其中，制订政策鼓励农村工商业的综合发展，在全国开设商品信息网，发布农产品供求信息，引导农产品合理流动，建设贮存特殊农产品的冷库和农产品商品交易市场。在农户最关心的农产品价格方面，日本也采用了不同价格制度保障农户利益。对于烟草类由政府组织收购的农产品，国家采用管理价格制度。价格由政府规定，即使市场供求出现较大波动，也可以保障价格的稳定性。

对于生活类食用农产品，采用最低保护价格制度和价格差额补贴制度，促进了小麦类低端生活品的生产和销售。当农产品市价低于国家规定收购价时，政府将直接补贴差价于农户，以免打击农户对农业产业化的积极性。我国对农业的技术投入、资金投入、政策投入在发展速度和总体规模上虽然也取得了不小进步，但是总体投入量较小，收效较差。

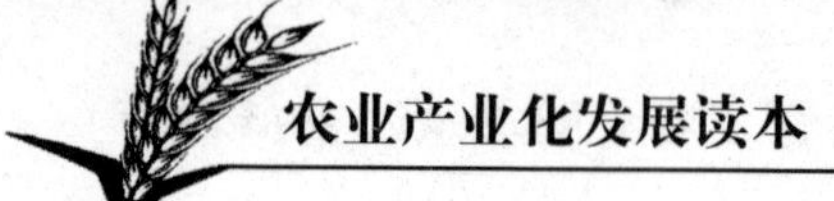

首先农业科研经费长期投入不足，难以满足科研机构正常运转。其次农业技术的推广面临着推广人员专业素质差，推广管理体制不顺等问题，使得农业技术的经济效用有限。第三，在政策投入方面，我国仍处于摸索阶段，农业产业化政策不断调整深化，在政策落实中出现一系列问题。为了改变农业产业化长期面临的投入低、总体科技水平低等问题，我国应该将科技兴农战略落实到位，大力发展农产品加工企业，完善农业产业化支持体系。

二、美国

绿色农业与农业产业化一直是美国联邦与州政府高度关注的问题。从20世纪90年代至今，美国历届政府所推出的一系列农业法案都把关注点放在了这上面。纵观美国近30多年公共财政扶持农业产业化的经验来看，美国联邦与州政府往往用财政拨款、税收优惠、专项资金与政策配套等四种方法扶持农业产业化。

美国许多州，特别是中西部各州目前都推出了专为“初涉”农业产业化的农民提供财政帮扶计划。这些计划除了使用“州支农资金”外，还对“支农债券”提供联邦税收减免优惠。在美国，“支农债券”主要指私营贷款机构为符合申请贷款条件的农民所发放的贷款，而该笔贷款则享受联邦政府所给予的税收优惠。与此同时，美国许多州还为广大农民提供“银行存款贷款”优惠“绿色通道”服务，即：凡是在州立银行存款的农民，都可以得到银行所给予的、用于发展农业种养殖业的低息贷款便利服务。此外，美国中西部各州还为小微农业企业提供专门的低息贷款。

近年来，随着自然灾害频繁出现以及农业产业化发展速度的加快，美国联邦与州政府也加快了对农业产业化的财政投入力度。除了《1996年美国农业法案》所规定的那样，美国联邦政府每年要为农业产业化培养师资支出3500万美元外，还特别为农业减灾提供专门的信托基金。随着现代农业速度的快速推进，改变基金也为城市农场以及“农超对接”提供启动资金。美国农业部官员称，农业产业化离不开农产与市场，财政拨款也应重视生产与消费环节。

此外，有机农产品的生产与销售目前也备受美国联邦与州政府的关注。美国农业部在其官网上发表的一篇题为《绿色农业产业化》的文章中，特别对有机农业产业化的发展前景进行了前瞻性的分析。该文章的作者认为，有机农业的发展离不开农场与市场，因此，公共政策的制定重点应放在这两方面。美国州与联邦政府应在加大财政投入的同时，用税收优惠政策为农场与市场实现“无缝对接”提供方便。

为了适应为了农业产业化发展的要求，美国联邦政府还为未来制定了较为详细的农业产业化发展目标。该目标除了政府要加大宣传投入，让广大民众及社区了解绿色农产品的生产过程外，还要加大对农学专业学生的教育投入，为适应未来发展的现代农业化培养更多的人才。与此同时，美国联邦政府与各州政府还加大了对特大城市发展“城市农场”以及“观光农场”的财政投入与税收减免力度，要让某些工业化城市在远离工业化所带给其“喧哗与骚动”的同时，为其打造出一块静谧的田园风光。

三、韩国

韩国曾是个落后的农业国，从20世纪60年代以来，由于国家推行“先工业化，后农业现代化”的战略，集中人力、财力和物力发展工业，在短短的30年间，韩国迅速实现了工业化。跃居“新兴工业化国家”之列，但农业上的问题却逐渐显露出来，并日益恶化。当时的金泳三政府调整了政策，先后制定了一系列发展农业的举措。其目标是把“劳动密集型农业”转变为“尖端技术型农业”，形成了高科技农业产业化的经营模式。同时韩国的农协在农业产业化中一直起着举足轻重的作用，它的主要任务是围绕发展农业和农村社区福利，开展包括资金存贷、生产要素购买、农产品包储、运输、加工、营销、保险，以及与农业有关的研究、出版和教育等支持性活动，深受农民的欢迎。韩国第一个民选政府执政以后，针对国民经济和农村的新情况，又提出一项发展农业的新举措一产、学、管、研一体化，即通过农民、学校、政府、科研机构的通力合作，最大限度地提高韩国农业的竞争力，使农业成为自主、自强、持续发展的经济部门。因此韩国政府在农业产业化过程中一直起着重要的作用，具体表现如下：

1. 增加对农业的投入，依靠技术进步促进农业的发展。

到2001年，政府共出资520亿美元作为农业发展资金，其中的1/3用于农业技术的研究与开发。农林水产部为开发尖端农林水产技术，确定了230项课题，将遗传工程、新材料、电子、信息等领域的尖端技术用于农业生产，包括尖端农业育种和种子处理技术、机械化和自动化环境、遗传工程技术、有机物质和产品生产技术，适用于尖端农业的软件开发。

2. 加强农业基础设施建设。

政府帮助农民整理耕地，提高土壤肥力，开发农业用水，完善排灌系统，确保农村电力供应，修筑农用道路。为提高农业效益，水稻耕作全部实现机械化，普及直播技术：以生产花卉和蔬菜为主的地方建立玻璃温室，使设施材料标准化、规范化；畜产基地实现污水和废水处理自动化、现代化。

3. 培养农业人才，推广农用技术。

政府规定，农业专科技术学校和农业大学要进行系统的技术教育，并鼓励毕业生奔赴农业生产第一线，各大农业院校和科研机构要加强对农业技术的推广。在农村地区，设立各级培训中心，由农艺师向农民传授先进的农业技术，提高农业掌握运用技术的能力。

4. 形成规模经济，提高单位面积产量。

为了形成规模农业，扶植专业农民，提高农业竞争力，从1994年开始，每个农户拥有土地的上限提高到20公顷，农业法人拥有土地的上限提高到100公顷。基层农、水、畜产品生产基地实行三位一体，建立大规模的产品组合，以提高经济效益。

5. 鼓励大企业参加“一社一村”运动。

“一社一村”运动是指每家大公司要和一个特定的地区结为姊妹关系，并向其提供长期支援。支援工作是多种多样的，诸如支援人力、直接购买农产品、提供农用机械、提供奖学金等。